天下文化

BELIEVE IN READING

韓國瑜VS.蔡英文

總統大選與兩岸變局

黃年◎著

台灣方案
大屋頂中國兩制

目錄

010 出版者的話 高希均教授
為歷史留下紀錄 為未來接受檢驗
014 馬英九總統序
用和平民主方式解決兩岸難題
021 王健壯教授序
一個孤獨者的呼號
030 自序 海天遼闊立多時

第1章 中國不能綁在馬克思毛澤東上 052
054 希望習近平看到此文

第2章 賴清德給蔡英文的公主抱 066

068 解讀賴清德「親中愛台」
072 親中台獨是自我凌遲
082 台獨彼得原理
086 去中華民國化是自殘行為
091 賴清德的政變與攤牌
096 蔡英文會是第三個李登輝嗎？
101 蔡英文撿到三把槍

第3章／台獨囚徒與民主叛徒／106

108 吳釗燮幫蔡英文再擠出一截牙膏
112 大家都給蔡英文留條路
115 不目逃！昔有北宮黝 今看蔡英文
118 蔡英文求救於中華民國
124 太平島顛覆了台獨論述

128 一中各表與一中同表
132 兩岸共同答卷 須有空中飛人的默契
136 納許均衡：不統／不獨／不武
142 台獨囚徒 蔡英文的什麼意志
147 蔡英文勿作台獨代理孕母
152 台灣勿敗於兩岸制度之爭
158 去台獨化：最大的轉型正義
164 中國崩潰論與中共回頭論
169 這是我們要的民主嗎？
174 民進黨應自問為何存在？
180 民進黨的三大謊言
185 警惕「台獨雅各賓專政」
190 從馬場町銘文看轉型正義
203 我們與正義的距離

第4章／頂層設計 北京繞不過中華民國／212

214 若在此杯喝水 勿在此杯吐痰
222 兩岸拔河 心靈台獨 vs. 心靈統一
230 統一三形態 兩岸五階段
236 兩岸三張沒有完成的答卷
244 「民主決定論」 終結「國共內戰決定論」
250 非武統的兩岸關係
256 平昌冬奧 看兩韓及兩岸
261 板門店啟示 兩岸路徑九原則
266 武統無可能 和統無希望
272 紅綠藍都在去中華民國化
277 統一難，重點在統一前

第5章／韓國瑜的枕頭與郭台銘的帽子／310

282 別讓九二共識走不下去
287 北京兩岸政策應思調整
293 兩岸關係的存量與增量
299 李毅或習近平誰說了算？
304 坦克車開不到香港金鐘
312 滾燙韓流 翻轉綠色敘事
318 借箸代籌民進黨新決議文
324 一張中華民國身分證的各自表述
329 無一中各表 即無九二共識
333 中華民國有哪點不比台獨強？
338 一國兩制：麵團或水泥塊

343 韓國瑜的枕頭與郭台銘的帽子
349 韓習會接續馬習會

第6章／台灣方案 大屋頂中國兩制／354
356 一九四九年國共內戰留下的民族密碼
367 想一想「大屋頂中國兩制」

結語
375 被台灣媒體辜負的一九八八
380 我們在意新聞，也在意歷史！

出版者的話

為歷史留下紀錄　為未來接受檢驗

高希均

（一）

一個時代的歷史，是由一些革命家、思想家、政治人物及追隨者與反對者，以血、淚、汗所共同塑造的。其中有國家命運的顛簸起伏，有社會結構的解體與重建，有經濟的停滯與飛騰，更有人間的悲歡與離合。

百年來我們中國人的歷史，正就徘徊在絕望與希望之中，毀滅與重生之中，失敗與成功之中。

沒有歷史，哪有家國？只有失敗的歷史，何來家國？

歷史是一本舊帳。但讀史的積極動機，不是在算舊帳；而是在擷取教訓，避免悲劇的重演。

歷史更可以是一本希望之帳，記錄這一代中國人半世紀來在台灣的奮鬥與成就，鼓舞下一代，以民族自尊與驕傲，在二十一世紀開拓一個中國人的天下！

以傳播進步觀念為己任的「天下文化」，自一九八二年以來，先後出版了實際參與改變中國命運與台灣發展重要人士的相關著作。這些人士都是廣義的英雄，他們或有英雄的志業、或有英雄的功績、或有英雄的失落。在發表的文集、傳記、回憶錄中，這些黨國元老、軍事將領、政治人物、企業家、專家學者，以歷史的見證，細述他們的經歷軌跡與成敗得失。

就他們所撰述的，我們尊重；如果因此引起的爭論，我們同樣尊重。我們的態度是：以專業水準出版他們的著述，不以自己的價值判斷來評論對錯。

在翻騰的歷史長河中，蓋棺也已無法論定，誰也難以掌握最後的真理。我們所希望的是，每一位人物寫下他們的經歷、觀察，甚至後見之明。他們的貢獻，是為歷史留下紀錄；他們的挑戰，是為未來接受檢驗。

（二）

主持《聯合報》二十年社論，黃年的思維與文字，不僅牽動台灣的政治社會論述，亦常主導兩岸事件與觀點的解讀。尤以提出「大屋頂中國」理論，是他從逾千萬字社論及專欄筆耕、累積數十年媒體經驗提煉而成的兩岸解方，深受各界重視。

面對僵局，任何方案不可能無懈可擊，在不完美的各種方案中，設法找出一個相對可以為各方接受的架構。「舊思維」中無法產生「新格局」；正如「舊地圖」中找不到「新航程」。黃年倡議的「大屋頂中國」架構，為兩岸提出了新格局與新航程。

民進黨蔡英文政府在二〇一六年五月二十日上台至今，兩岸關係漸成幾近無解的難題。閱讀黃年的大屋頂架構，他解開了兩岸「一個中國」的歧異點，為無解難題找到一套可依循的解法。只有得過台灣所有重要評論獎的黃年，才有這種見解，提出這樣的巧思。他曾自勉要做兩岸關係的尋岸人，現在的關鍵，就在兩岸的舵手，有沒有遠見看出這條新航程？

有了大屋頂還不夠，更重要的是領導人的開放思維，因此，二〇二〇台灣的總統大選至關重要。自一九七九年終止金門砲戰至今，兩岸維持了四十年的和平，和平讓兩岸在各方面的進步加快腳步，兩邊都嘗到了和平帶來的紅利。和平來自於開放的社會。過去兩岸都曾走過閉鎖的政治路，歷史已證明那是走不通的。

期待兩岸的領導人，深讀這本書所帶來的和平機會；台灣的總統候選人們，深思大屋頂中國帶來的新契機。

（作者為遠見．天下文化事業群創辦人）

用和平民主方式解決兩岸難題

馬英九

這是一本討論兩岸關係的書。作者黃年兄浸淫此道數十年，經常奔波兩岸，與雙方學者、官員深入切磋觀察。他又長期擔任《聯合報》總主筆，每次發表讜論，都備受矚目。本書分析精闢、研判準確、文字活潑，是關心兩岸關係的人不能錯過的巨著。

黃年兄請我作序，盼分享看法以相互激盪。我深感榮幸，在此謹提供從事兩岸工作超過三十年的心得。

一九八一年九月，我留美學成返國，在總統府第一局擔任副局長。到任當天，我與劉垕局長談到臺灣的兩個敏感問題。第一個是「二二八事件」；我認為一定要妥適處理，臺灣才會安定。第二個是臺灣的未來；我認為臺灣沒有獨不獨立問題，只有要不要跟中國大陸再統一的問題。

一九八七年開放大陸探親前，我奉　經國總統之命，在總統府張副秘書長祖詒的指導下，草擬探親方案呈送核定實施。我也開始更深入思考兩岸問題。一九八八年七月，我擔任行政院研考會主委，兼任新設「大陸工作會報」的執行秘書，開始有系統地參與擘劃兩岸政策與法規。一九九一年，陸委會、海基會陸續掛牌；同年十二月，中共也成立對口單位──國台辦與海協會。兩岸官方在隔海分治四十多年後，戴著「白手套」（兩會）開始對話。

一九九二年，國民大會廢止《動員戡亂時期臨時條款》，兩岸關係不再是「合法政府討伐叛亂集團」（「漢賊不兩立」）的定位；雙方也從軍事對峙，進入和解交流階段。就在這一年，兩岸兩會達成以「一中各表」為內容的「九二共識」。從開放探親起算，一晃三十二年就過去了。

眾所周知，二次大戰後美國與蘇聯角力，一九四八年後出現了四個分裂國家：越南、韓國、德國與中國。一九七五年四月，北越以武力征服南越，是迄今唯一「武統」成功的分裂國家。至於南北韓，雙方憲法均有統一主張，且在一九五三年簽署《朝鮮停戰協定》，六十多年來兩韓領導人會談頻頻，但北韓態度始終詭譎，忽戰忽和，雙方溝通不易，跟兩岸關係明顯不同。

一九六九年西德社民黨總理布蘭德（Willi Brandt）推動「東進政策」（Ospolitik），不再視東德為外國或「蘇聯占領區（SBZ）」。一九七二年兩德和解，簽訂《基礎關係條約》（Grundlagenvertrag，Basic Relations Treaty），確定「互派代表，互不視為外國」、「主權互不承認，治權互不否認」的大框架，放棄實施數十年的「霍爾斯坦主義」（Hallstein doctrine）（西德版「漢賊不兩立」）。一九七三年雙方同時加入聯合國。一九八九年柏林圍牆倒塌，東德社會統一黨（SED，即共產黨）隨之解散。一九九〇年三月，東德舉行自由選舉，西德各政黨均積極參與，兩德統一呼之欲出。同年十月，在美、英、法、蘇四國合作下，以東德五邦身分加入西德聯邦的方式，完成兩德統一。

德國的統一，是四個分裂國家中唯一成功「和統」的國家。黃年兄著名的「大屋頂中國」理論，似也可從兩德統一過程中找到蛛絲馬跡，例如「一個德意志，兩個國家」（Eine Deutchland, zwei staaten. One Germany, two states.）的理念。我特別要指出的是，黃年兄建議兩岸統一過程，中共必須「忘掉武統」與「丟掉中華民國已經滅亡論」，又比德國模式更能維護臺灣的安全與民主。

臺海兩岸從一九八七年開放人民探親互訪後，交流日趨熱絡，二〇〇八年我就任總統，開放三通與陸客來臺，每年近千萬人次往返兩岸六十多個航點城市，班機最多時每週高達八九〇班，七、八萬家台商投資大陸逾數千億美元，雙方政府簽訂二十三項協議，官員會面已成常態。二〇一五年十一月兩岸領導人在新加坡會面，更使雙方和解達到最高峰。相形之下，兩岸三十二年來努力促進和解、合作與和平的成果，顯然超越統一前的兩德與目前的兩韓。

但這不代表兩岸已具備統一的條件，變數還是不少。二〇一九年一月二日，中國大陸領導人習近平在「告臺灣同胞書」發表四十週年的紀念會上，提出「兩制臺灣方案」，對統一的急迫感溢於言表。

臺灣的主流民意從一九八〇年代以來，一直是支持「維持現狀」，反對「一國兩制」。尤其香港一九九七年回歸中國大陸後的發展，讓臺灣人民看在眼裡，難以認同。二〇一九年六月兩次號稱百萬人上街的「反送中」抗爭，更凸顯「一國兩制」在香港大失人心，港人對港府和大陸當局高度缺乏信任。

既然如此，我們應如何面對大陸「兩制臺灣方案」的攻勢？只說「No, thank you.」就夠了嗎？

二〇一八年十一月七日，馬英九基金會舉行「紀念馬習會三週年兩岸關係何去何從研討會」，我在開幕致詞時提出「不排斥統一，不支持臺獨，不使用武力」的建議。

二〇〇八年我就任第十二任總統時，曾提出「不統、不獨、不武」主張，在兩岸經歷十年交流互動後，我將「任內不談統一」，調整為「不排斥統一」；兩者是一脈相承，互不排斥。

「任內不談統一」，是指無論四年或八年總統任期內，臺灣尚不及完成統一談判的準備。「不排斥統一」，則是我卸任後，依據中華民國憲法的規定，所提出的長遠主張。《憲法增修條文》序文開宗明義說明：「為因應國家統一前之需要……」《臺灣地區與大陸地區人民關係條例》第一條第一句話就是「國家統一前……」可見憲法與法律都不排斥國家統一，只是沒有時間表。

換言之，兩岸是否統一，要看三個因素：民意、條件與時機。茲事體大，如何進行，臺灣內部與兩岸之間都必須有共識。

我認為兩岸統一有兩個前提：第一，必須採取和平的方式，不得使用武力或武力威脅。第二，必須履行民主的程序，依據雙方憲法的規定，經過雙方人民的同意。黃年兄的主張是：第一，兩岸方案必須在武統以外找解方；第二，兩岸方案必須在中華民國民主機制內找出路。這跟我的主張不謀而合。兩岸要統一，在臺灣方面，必須依循中華民國憲法的程序。具體而言，處理兩岸統一問題慎重的程度，不能低於修憲程序，必須先經立法院絕對多數通過後，再經全國公民投票大多數複決同意。

若公投未過，同性質的公投案在一定期間（如三至五年）內不得再提，此時兩岸又回到維持「一中各表」現狀，繼續和平發展，擴大深化交流；外交恢復「休兵」，雙方在國際間相互合作，共同振興中華，不要互挖邦交國或干擾我方參與國際組織。也就是說，在雙方人民未成達成統一共識前，先回到「九二共識，一中各表」的現狀，繼續和平發展，兼顧不排斥統一又維持臺海和平繁榮的立場。對臺灣來說，「進可攻，退可守」；對中共來說，不必走「武統」的路；對區域來說，和平可以確保。

總之，兩岸統一問題，應該循序漸進，才能水到渠成；如果揠苗助長，必然欲速不達。

黃年兄對於「統一前／未統一」的兩岸關係，他的想法是「回到『一中各表』」，體現「現在進行式的一個中國」。這跟我上面的看法十分接近。至於如何統一，他主張「共同締造論」、「不消滅中華民國的統一」、「互統一」、或「大屋頂中國兩制」，我認為黃年兄很有創意，可深入討論並透過民調決定。

這本書讓我印象最深刻與感佩的，就是黃年兄苦勸大陸當局不要再綁在馬克思毛澤東路線上。過去四十年大陸改革開放成功，使八億人民脫貧、基礎建設進步，國民經濟起飛，幾乎已超英趕美，靠的不是馬克思、毛澤東路線，而是走出馬毛路線；若再重回馬毛路線，不但是反潮流、開倒車，更可能帶來災難性的後果。所以黃年兄希望習近平先生能夠看到他這篇文章，並效法孔子「足食，足兵，民信之矣。」的說法，將之改為「足食、足兵、民主之矣。」

我衷心佩服黃年兄的一點，也是長年身為他忠實讀者的觀察，就是每當他提出對兩岸關係的理論與建言，都反映出他身為知識份子憂國憂民的深厚情懷，與對中華民族未來及兩岸人民福祉的深切關懷。黃年兄發自至誠，期盼兩岸避戰，和平共榮，兩岸的領導人倘若無此智慧，焉能不愧？

二〇一五年十一月七日，我與習近平先生在新加坡會面時就曾說過，今天兩岸領導人要昭告全世界，我們決心用和平方式解決彼此爭議。這是我們這一代人必須承擔的責任。

很榮幸能在黃年兄的大作中分享拙見，預祝本書風行，洛陽紙貴。

（作者為中華民國前總統）

一個孤獨者的呼號

王健壯

我跟黃年兄的關係是「特殊的報與報關係」，可稱「兩報論」關係。兩報指的是《中國時報》與《聯合報》。一九七〇年代兩大報互爭台灣第一大報，爭到最後，兩報老闆互不往來，兩報記者也互以「匪報」視之，類似「黃匪（年）」、「王匪（健壯）」這樣的稱呼，便由此而來；但別誤會，「匪」只是調侃，並非攻擊。

然而，在「敵我不兩立」之前，黃年與我曾一度是中時同事。他從《綜合月刊》來，先在《時報周刊》海外版當總編輯，後調專欄組主任；我從《仙人掌雜誌》去，先在人間副刊當主編，後調採訪組當記者。

但短短幾個月後，他因一篇署名「童舟」的文章「一個災禍的中國，必無苟免的台灣」，未獲余紀忠先生採用，憤而掛冠求去。他辭職當晚，我奉當時採訪主任周天瑞之命，去羅斯福路台大對面的西北火鍋餐廳企圖挽留他，但我癡癡等了一夜，他卻吃了秤砣鐵了心始終未現身，最後我祇挽留住本來準備與他同去的金惟純，黃年揮一揮衣袖，還是毅然投奔「匪報」去了；這是中時報史上第一樁高幹「叛逃」事件，報館內餘波盪漾了許久。

當年中時是戰後世代小憤青群聚的媒體，頭角崢嶸之輩比比皆是，但以黃年之才，若他續留中時，可想見遲早會變成那個世代的領頭羊之一。但中時雖有不拘一格降人才的傳統，卻也有人上人下猶如疾風驟雨的文化，而黃年投奔的「匪報」，卻有數十年難得一變的超穩定結構，人事調遷悉依典章制度，有斯才便有斯位，倖進者很難有出頭天。多年後回想，黃年當年「叛逃」，雖有傷有損中時，但於他個人，於《聯合報》，於新聞界，卻都是正確抉擇。

後來三十多年的故事是這樣的：留在中時的那些憤青，果然一個個在疾風驟雨中倏起倏落。我一度離開中時，在《新新聞周刊》苦守寒窯十八年，後來重回中時三年當總編輯，等到「余記」中時易手後，從此告別了老東家。最近十年，先辦「風傳媒」，後辦「上報」，老派記者竟然玩起了新媒體把戲，而黃年卻始終如一待在聯合報系，報系內的「總字輩」與「發字輩」職務，都被他做滿做好。

四十年歲月匆匆過去，回首來時路，我走的是坎坷歧嶇路，他走的卻是平坦高速路，講句帶點酸味的玩笑話，這樣的人生境遇對比，怎能讓人不像張季鸞那樣的感慨：「人生不平，至此極矣」。

但我跟他的「兩報論」關係，還有一段意外轉折。

二〇〇九年初我離開中時不久，黃年邀我替《聯合報》寫專欄，我當時想都沒想就立刻答應，理由說來好笑：能侵占「匪報」的言論高地，夢寐求之亦不可得，何樂不為？就這樣，從〇九年二月初開始，我在「匪報」每兩周寫一篇專欄，一路寫了十年有餘，迄今寫了兩百五十多篇，其間《聯合報》未改過我一個字一個標點符號，任我恣意點評時事人物，「匪報」如此惠我良多，要感謝的當然是黃年。我跟他從「敵乎友乎」到「敵我不兩立」再到「化敵為友」的「兩報論」關係，如今話說從前，難免有點天寶遺事的滄桑味。

新聞事業很特殊，本質上它是個英雄事業，唯英雄能無懼無畏，能有「獻身甘作萬矢的」的勇氣，也能有「著論求為百世師」的抱負，依此標準，黃年當然是英雄之一。

但在台灣新聞史上，黃年更是個「異數」。他的「異」，不是異在他比其他人幸運能歷任報系各項要職，而是異在他所擁有幾近霸權的話語權。在《聯合報》創報至今的四任總主筆中，黃年的二十一年任期雖比楊子（楊選堂）稍短，但他的話語霸權在報史上卻前無古人，很可能也後無來者。

具體證據罄竹難書，但舉一例即可概括其餘：李登輝時代頻頻修憲，第四次修憲時，《聯合報》在幾個月內以「修憲不可毀憲」為題，連續推出了五十八篇社論，其中四十二篇出自黃年手筆；一家報紙針對同一主題如此鍥而不舍反覆評析，已屬不可思議，總主筆不假手他人又親自操刀其中七成多社論，新聞史上更是聞所未聞。

但若非黃年在報系內擁有沛然莫之能禦的話語霸權，孰能致之？這種一人即一報的影響力，其誰能比？梁啟超當年因話語霸權而被人稱為言論界驕子，說黃年是《聯合報》或新聞界的言論驕子，亦當不為過；這非溢美，事實如此，黃年也曾自承「若非聯合報，恐怕無處容我」。

與同代人相比，黃年的文章有許多特殊之處。

其一，他是少見的造詞專家。台灣民主轉型初期的「過河論」與「上岸論」，李登輝執政時的「黑金政治」，分析台獨的「外擊型台獨」、「內殺型台獨」、「心靈台獨」與「借殼台獨」，討論兩岸關係的「筷子理論」、「大屋頂理論」與「杯子理論」，都是他的「發明」。

寫文章的人都知道，造詞是寫作的一種方法論，就像好記者能夠making hard fact easy reading（讓複雜事實易讀）一樣，好的評論者也能讓hard theory easy understanding（讓複雜理論易懂），靠的都是造詞功夫。但修辭祇是外形，理念才是血肉魂魄，否則再漂亮的修辭，也只不過是文青語彙而已；而黃年所造之詞，卻是正面範例。

其二，多數人寫文章都是「有意見無主張，有想法沒辦法」，但黃年卻非如此。民主剛轉型時，別人還在摸著石頭過河，他已經想好了上岸後的路徑圖；兩岸局勢渾沌難解時，紅藍綠白各式各樣政治人物，還在聒噪爭論和中親中抗中反中或獨或統時，他早已架構了幾套基於理論與現實而又具備可實踐性的方案；好的評論者既要彰顯信念倫理，也要實踐責任倫理，黃年文章庶幾近矣。

其三，有些人也許不是「黃粉」，或許還是「黑黃」人士，但多數人大概都會承認，黃年是一個理念一以貫之的評論者，而且是四十年如一日驚人的一以貫之。寫評論的人有三項禁忌絕對不能觸犯：一是不敢以道抗勢，而竟依附權勢，二是不敢違逆政治正確而隨聲附和，三是習於鄉愿偽善「不敢叫黑桃是黑桃」，以至於不論寫什麼文章都是依違兩端或吞吐其詞。即使有人不同意黃年的觀點，卻不得不承認，在他文章中很難找到這三項錯誤。

他的另一特殊之處是，在新聞界資歷愈深、職位愈高的人，通常都是為文低調、為人高調，但黃年卻正好相反。也因為他多年高調為文，當然也就難逃譽之所至、謗亦隨之的命運。這幾年他寫署名文章篇數雖多，但主題萬流歸宗其實只有一個：統獨，而台灣是個多元紛歧社會，統佔一邊，獨據一端，寫評論的人不管文章怎麼寫，結果都是掌聲與噓聲共伴，何況是柿子專挑硬的吃的黃年。

不同意他的人因此說他是統派。但統派這頂帽子戴在其他人頭上也許是頂大帽子，甚至是血滴子，但戴在黃年頭上，只能算是一頂小帽子，而且未免看窄了他，看偏了他，看小了他。

講個故事來佐證這個說法。一九九二年，沈君山二度與中國最高領導人江澤民晤談時，曾對江說，台灣統派有兩種，一是「純統派」，把統一當成是最高價值，另一是「實統派」，實是務實，認為將來兩岸差距變小，自然可能統一，但現在卻是不能統一。曾是民進黨政治要角的王拓，在他過世前一年接受「交大亞太文化研究中心」訪問時，也曾說「其實我一直到現在都是統，但不是民族主義的統，而是大勢所趨，我知道改變不了」，這也是對「實統」的另一種詮釋。

純統、實統雖然都是統，但就像黃年曾說看梵谷要有不同方法，看統派亦然。沈君山這個自稱的實統派，曾在與江澤民三次面對面晤談時，說過以下這些話：

「我在文化方面是完全中國的，但其他方面就認同台灣了」

「但在目前統一確實是有障礙的…台灣的人民對統一確實有疑慮的」

「對於兩岸關係，台灣的民意可以用八個字形容，就是『統一從緩，交流從寬』」

「從台灣一面來看，無論政府、民眾，還是領導人，要求他們接受一個共產黨的中央政府，都是不現實的，台灣人民不能接受嘛」

「來一次意見調查的話，（台灣）百分之八十以上人民，恐怕會是反對接受一個共產黨領導的中央政府的統一」

「現在『兩府』是事實，『一國』倒是虛的」

「在台灣把統一當做最高價值，爲統一而統一的，可以說越來越少了」

「非常坦白的說，和平統一的時機還沒成熟」

對說出這些話的人，你能扣他什麼帽子？

沈君山這些話是在二十九年前說的。再看看黃年這幾年在中國說了哪些話：

「如果兩岸關係的解決方案，不是『弱肉強食，生吞活剝』，而是『兩岸一家親／心靈契合』，那就唯有和平發展一途」

「一方面北京未放棄『中華民國已經滅亡』的政策，另一方面又要主張台獨的民進黨政府回到中華民國和中華民國憲法，這難道不是以子之矛攻子之盾？」

「北京看『心靈統一』，不應是『你吃掉我，我吃掉你』的『被統一』而應是『你不吃掉我，我不吃掉你』的『互統一』」

「如果能夠出現『承認中華民國存在的一國兩制』，就有可能出現不消滅中華民國的統一」

「如果是和平統一，是兩岸自己的事，但如果是武力統一，那就是國際道義的事，也是人類文明的事」

「我的觀點是：不接受中華民國，兩岸問題無解。若欲強解，必致災殃」

黃年這些話是在上海、北京幾次座談會中說的。對說出這些話的人，你能扣他什麼帽子？

再摘錄幾段黃年在其他文章中所說的話：

「中華人民共和國的發展與成就，不能只強調『專制紅利』的貢獻，而罔顧『民主負債』的累積」

「兩岸方案必須在武統以外找解方，必須在中華民國的民主機制中找出路」

「此時若問台灣方案是什麼？恐怕第一條就是：反對北京現在所說的一國兩制」

「這樣的政策可能是和平統一的政策嗎？可能是心靈契合的統一的政策嗎？可能是民主的統一政策嗎？都不是，那麼，所為何來？」

「中華人民共和國必須努力朝向憲政民主法治體制修正」

「中共必須思考『中共永遠一黨專政』給中國及中國人的束縛與負荷，以及給普世價值與人類文明的破壞及威脅」

類似這樣的話，在黃年文章中俯拾即是。對說這些話的人，你能扣他什麼帽子？

沈君山比黃年長一個世代，他跟黃年一樣，也是造詞專家，「一國兩治」、「一而不統」、「一而後統」、「一國兩府」、「一屋兩匙」，都是他的「發明」。而且，他也跟黃年一樣，都期待也主張中國應該和平演進，否則，就像黃年所說，中國若未導向成為真正的民主憲政國家，「無論就中華民族言，或普世文明言，若要聽由這樣的中華人民共和國來統一（併吞）民主體制的中華民國，必無法讓台灣人及國際接受。」

對於說這些話的人，你又能扣他什麼帽子？

黃年當然不會在乎帽子。

他一向是個孤獨者，踽踽獨行，毀譽由人。但這幾年他在中國與台灣卻一反常態多次拋頭露面，每個場合都在「奔走呼號」他的那些「發明」，叫中華民國更是叫它千遍也不厭倦。但多元分歧的台灣，一元專政的中國，患了抗中熱的台灣，得了大國病的中國，聽得到也聽得進這樣的聲音嗎？

但願黃年未來不會有「千金劍，萬言策，兩蹉跎」那樣的感慨，「稽首禮維摩」。

（作者為世新大學客座教授）

自序

海天遼闊立多時

二〇二〇總統大選。民進黨的現任總統蔡英文將面對國民黨的韓國瑜之挑戰。這場選戰仍將以兩岸關係為主軸。因為，兩岸關係是台灣的命脈。

自一九九六年首場總統直選以來，台灣未離此一命脈，大選亦未離此一主軸。

二〇二〇這場大選有五種可能的結果：

一、韓國瑜與國民黨勝。兩岸接回二〇一六年的斷點，療傷止痛，展開和平競合的續篇。

二、蔡英文與民進黨勝。民進黨繼續敵對與撕裂的兩岸操作，致兩岸關係更加危疑動亂。北京轉趨尖銳。

三、蔡英文與民進黨勝。民進黨嘗試改弦易轍，修補改善兩岸關係，北京轉趨溫柔。但是，也可能民進黨想回頭緩和改善關係，而兩岸互信已難修補，北京反而升高抵制手段。

四、本書付梓時，柯文哲的動向不明，國民黨內的變數亦蠢蠢欲動。若有新的組合參選並勝出，兩岸的一切皆要打掉重練。

五、還有幾個亞型必須納入思考。A／韓國瑜勝，國民黨立院過半。B／韓國瑜勝，國民黨立院未過半。C／蔡英文勝，民進黨立院過半。D／蔡英文勝，民進黨立院未過半。E／第三組合或第四組合當選總統，其立院及兩岸操作傾藍或傾綠。

就上述簡略架構看，即可想像此次大選在選季及選後對兩岸關係的衝擊。

兩岸的困境在未能建立一個共生雙贏的頂層架構。我的兩岸思考有兩個主軸：

一、杯子理論：

台灣是水，中華民國是杯；杯在水在，杯破水覆。

二、大屋頂中國：

在大屋頂下，中華民國是民主中國，中華人民共和國是社會主義中國，二者皆是一部分的中國，共同屬於並共同締造「一個（大屋頂）中國」。

要說明的是：此處說「中華民國與中華人民共和國皆是一部分的中國」，是政治表述。與一般所說「台灣與大陸都是中國的一部分」的地理表述不同。

我的「台灣方案」是：「大屋頂中國兩制」或「大屋頂中國兩治」。二者的義理皆是：在大屋頂中國下的兩種體制的分治。

「大屋頂中國」也是「一國」；「大屋頂中國兩制」，也是「一國兩制」。

本書出版時，二〇二〇年中華民國總統大選正進行得如火如荼。本書是對選前兩岸情勢的評論，亦對兩岸關係未來發展提供淺見。

本書內容，主要選輯自二〇一六年以來我在《聯合報》的《大屋頂下》專欄。以下，根據本書章節，對本書脈絡及架構，作一簡單導讀：

第一章　中國不能綁在馬克思毛澤東上

二〇一八年三月，中國人大修憲取消國家主席任期制。我有些感思，寫了一篇〈希望習近平看到此文〉，討論一些有關中國頂層思維的問題，文成擱置未發逾年，如今在本書發表。

在台灣，極少人評論中國關於頂層思維的問題。也許有幾個原因：一、認為問題已經很明白，不須贅論。二、認為台灣力小勢弱，談了無用，談了也無益，因此而生強烈的疏離感，覺得那與台灣何干？例如，香港熱議六四，台灣則相對冷漠。三、綠營及民進黨與北京較常言詞交鋒，但也只是惡言相向，鮮少觸及頂層思維。四、主張與大陸交流者，言語受到北京壓制（連「一中各表」亦為官方禁制語），或自我節制

（智囊學者顧慮損失交流機會），更少碰觸頂層思維。

但是，中共頂層思維的變遷演化，卻是一個影響中國如何面對世界文明、中國如何面對未來、中共如何面對中國人民，及中國如何處理兩岸問題的關鍵因素。

中國政局當然受現實政治所框限，但政治的底線，應是必須保全一個為後世開放的未來。也就是說，現今的政治鬥爭不能將國家民族的未來也綁住。何況，也未必綁得住。

毛澤東操縱了現實，但他綁不住鄧小平的改革開放。鄧小平建立了國家主席的任期制，但他也沒有綁住習近平。習近平似乎正在重建馬克思毛澤東的地位，但是，到底應不應該把國家民族綁在馬克思毛澤東上？以及，綁不綁得住？

我不是一個革命者，比較接近改革者。所以，我只是發出一個十分低調的感慨，我想問：對於中國來說，民主、法治、人權、自由，今天不行，難道以後也永遠不行嗎？

中華人民共和國的發展與成就，不能只強調「專制紅利」的貢獻，而罔顧「民主負債」的累積。

中華人民共和國的發展與成就，不可忘記：民主自由畢竟仍是人性的本質，也是文明的方向。

我認為，退萬步言，即使為了維持中共專政，回頭擁抱馬克思與毛澤東亦屬不智。

我說這些，不止是為中共現任當局憂，更是為中國的未來說話。

其實，台灣應當有不少人也有像我這類的想法。但是，這樣的聲音不出來，或出不來。因為，台灣人覺得，中共不會聽台灣人說這些，何必自討無趣？

台灣人不發出這類聲音，及北京聽不到台灣人的這類聲音，這才是問題所在。

因此，自然也就很難讓台灣人有意願參與「中華民族的偉大復興」。這是中國的問題，是台灣的問題，也是兩岸的問題。

心所謂危，不敢不言。

第二章　賴清德給蔡英文的公主抱

台獨的內涵有兩種性質：「外擊型台獨」與「內殺型台獨」。

台獨的原始目標，是要推翻中華民國（而不是賴清德所說，台獨是要「捍衛中華民國」），及抵拒中華人民共和國。這是「外擊型台獨」，但二者都做不到。

因而，如今的台獨已經完全退化成「內殺型台獨」。台獨議題只是用在選舉中撕裂台灣而已。而且，台獨甚至已經惡化成只是綠營內部路線、權力及財富利益鬥爭的工具。

如今的台獨爭議，只是綠營內鬥的外溢現象。

必須這樣看今天的台獨，才知道台獨到底是什麼？

賴清德與蔡英文的鬥爭是「內殺型台獨」發展的新顛峰。

從這場英德惡鬥可以看出：台獨是假的，因為「賴獨」也不可能超越「蔡獨」。權力與利益的鬥爭卻是血淋淋的真的。

二〇一七年九月，賴清德剛接任蔡政府的行政院長時，我就預言蔡英文已成為賴清德的政治轎夫。只是，後來局勢演化的惡劣超出了我的估計。

內殺型台獨，使得蔡政府須用賄賂台獨來鞏固自己的權力地位，強將國家政局向台獨的「正義」去「轉型」，嚴重毀壞了民主、法治、人權與自由，更撕裂了台灣。但是，這仍不能饜足「內殺型台獨」，最後演出了賴清德以「政變」形式在總統候選人初選挑戰蔡英文，則又輪到民進黨內部的民主法治原則受到毀傷，出現了「與惡的距離」的危機。

用「反民主」的手法來操作「假台獨」，這是蔡英文和民進黨的現狀。

第三章　台獨囚徒與民主叛徒

我一直不覺得蔡英文敢搞真台獨，否則台獨就不會那麼反她。蔡英文其實是台獨的囚徒。

自二〇一六年以來的蔡英文，是一個從「台獨囚徒」到「民主叛徒」的過程。第三章論述蔡英文在兩岸操作上的掙扎過程。

蔡英文否定「九二共識」，是因獨派不容她說「一中各表」。因而，蔡英文亦作繭自縛。

在起始的時候，她幾乎想說，只要不叫我說出「九二共識」四個字（她稱，名詞的使用），我可以接受「九二共識」的精神（她稱，名詞的詮釋）。自此以後，她就一直陷在「名詞的使用」與「名詞的詮釋」的掙扎中。

其實，不是北京用「九二共識」四字捆住她，而是台獨用這四個字將她捆住，她也用這四個字捆住自己。

在這個過程中，我寫過〈大家都給蔡英文留條路〉，及〈蔡英文不要關上這道門〉之類的文章。也希望北京與蔡英文能建立「空中飛人」的默契，要互信雙方的拋飛路線，也要互信雙方不會再像蔡英文五二〇就職演說那樣，北京使她「被漏接」，重摔落地。

但是，因為蔡英文無法擺平「內殺型台獨」的糾纏，不能擺脫「台獨囚徒」的困境，未能脫繭而出。

更惡劣的情勢是，由於蔡英文長期陷於「內殺型台獨」的惡鬥，在政治操作上嚴重摧殘踐踏了民主、法治、人權、自由，使得國政出現「台獨雅各賓專政」的現象。到了蔡任期末期，她口裡所說的「台灣的民主」已與「台獨專政的民主」無異。蔡英文已無疑成為民主法治的叛徒。

我是較早提醒民進黨的「台獨是騙局，民主法治是更大騙局」的時評者。台獨是搞不成的，因而它對台灣的傷害雖大，卻可以說不直接。但是，民主法治受到如此幾乎無底線的毀傷，卻將毀滅台灣的基本價值。這是第三章強調的重中之重。

第四章　頂層設計　北京繞不過中華民國

本章的重點是，建議中共「忘掉武統」，並丟掉「中華民國已經滅亡論」。

我同情甚至同意台獨在情理上的有些訴求。但我不認為台獨可以成為台灣的國家生存戰略。我認為，台獨只是北京「去中華民國化」的OEM代工者。因此，我反對台獨。

我反對台獨，但認為北京要為台獨的存在負極大的責任。當北京要蔡英文交出「未完成的答卷」，我在大陸舉行的座談會上屢次申論：「北京也有一張未完成的答卷。」

讀者在我歷次在大陸參加座談會中的發言，可以看到我對北京當局的期待。

讀者從本書篇幅的比例也可看出，我對北京說的話，比對台灣多。

有人說：黃年是台灣對北京提出最多主張與要求的評論者。

北京一方面希望台灣能維持住中華民國，另一方面卻又以消滅中華民國為目標。這是矛盾的政策，這也是做不到的政策。

不能又要在這個杯子裡喝水，又要朝這個杯子裡吐痰。

中共應當放棄「中華民國已經滅亡論」，這是我的核心主張。

此一主張，不全是為台灣著想，可能一樣多的是為北京考慮。因為，沿著現今世局、中國內部及兩岸情勢發展，兩岸未來的終局解決方案，應當建立在兩個原則之上：

一、兩岸方案必須在武統以外找解方。

二、兩岸方案必須在中華民國的民主機制中找出路。

兩岸的解決方案，必須「為人類文明建立典範／為中華民族創造救贖」。

不可武統，這不但是一個普世文明的問題，更是中共政權必須考慮自我安危的事件。所以，武統或許可以震懾法理台獨，除了這個效用外，北京就必須幾乎完全排除武統的可行性。

是的，我認為，北京必須「忘掉武統」，才能找到兩岸終局方案的正確路徑。不武統，就是和平統一，就是心靈契合的統一。這是習近平的主張，無疑是正確的。

進一步探討和平統一及心靈契合的統一，就能發現，那一定是民主統一。也就是必須在中華民國的民主機制中找出路。

把「和平統一」與「民主統一」的概念鏈接，這是第四章的重點論述。

亦因此，我也指出：和平統一會使「統一」變得較為困難，所以必須正確經營「統一前」及「未統一」的漫長時期。也就是說，「統一前」及「未統一」已是比「統一」更重要的兩岸課題。

如何處理「統一前／未統一」的兩岸關係？我的想法是，回到「一中各表」，體現「現在進行式的一個中國」。

至於如何處理「統一」？我的想法是「共同締造論」、「不消滅中華民國的統一」、「互統一」或「大屋頂中國兩制」。

讀者或許會發現，我幾乎在大陸的每場座談會上，都會引述首任海協會長汪道涵主張的「現在進行式的一個中國／共同締造論」。我的看法是，這顯示不是只有台灣方面有人這樣想而已，在二十幾年前，汪道涵即是先知型人物。北京不要老是認為台灣有什麼非分之求，只要回到汪道涵的智慧與高度即可。

放棄「中華民國已經滅亡論」，是北京在答卷時的必要思考。

第五章　韓國瑜的枕頭與郭台銘的帽子

二〇二〇年的第七次總統直選又將牽動兩岸關係。

台灣也就是透過一次又一次總統及立院大選來調節兩岸關係。

因此，北京必須認清：台灣的兩岸政策與兩岸關係是透過總統及立院大選來決定的。

大選辯論不變的主軸是：要不要保全中華民國？及要不要換成台灣國？

台灣的兩岸政策由大選決定。所以，北京若期盼台灣出現較親善的兩岸政策，就要設法去「影響」選民。因為，北京不能投票，選票在台灣選民的手中。

如何「影響」選民？一九九六年的飛彈事件，幫李登輝助選。如今二〇一九年的「一國兩制」風潮，又幫蔡英文助選。

問題在於北京不懂得台灣的選舉與選民。飛彈威嚇，反彈。認為向台灣徵求「兩制台灣方案」是示好，卻遭遇一片喝倒彩。

北京好像寄希望於淩友詩這類台灣人。但這類人不可能在選舉中出線。

在選舉中，即使藍營主張兩岸親善交流者，如韓國瑜也要宣示「反對一國兩制」，除非over my dead body；如郭台銘也要主張，「沒有一中各表就沒有九二共識」。

北京在各種兩岸論壇中，可以找到買辦及代理人代表台灣發言，如凌友詩。但北京必須尊重像韓國瑜、郭台銘這些藍營候選人，他們必須是台灣社會的民主領袖，而不能是中共的買辦或代理人，不是凌友詩。

大陸的涉台言論，曾將馬英九、吳敦義指為「台獨同路人」，甚至稱郝柏村也是「變相台獨」。倘是如此，韓國瑜與郭台銘也皆可歸為此類。

但北京若真正認知到台灣的兩岸政策是決定於大選，除非北京完全不在乎大選由台獨勢力獲勝，那麼，北京對台灣的認識，就要從凌友詩的程度，至少升級至韓國瑜、郭台銘的層次。

不能在台灣的選舉票箱取勝，對台灣的兩岸政策沒有話語權。

我是一個「不可武統論」者，也是一個「武統無用論」「忘掉武統論」者。我認為，北京若要「和平統一」，就要「民主統一」；要「民主統一」，就要在台灣大選的票箱中取得優勢。

因此，本書一再強調：北京必須在中華民國的憲政民主體制中找到兩岸的解方，也就是要在台灣的選舉票箱中找到解方。

飛彈不能屈，讓利不能淫。台灣的兩岸政策是高於武力及金錢的深奧博弈，根本的問題在於：要不要保全中華民國？及要不要換成台灣國？

何況，面對二〇二〇大選，台獨的新命題是：留下「中華民國」四個字，變成「中華民國台灣」，走向「不取消中華民國國號的台獨」。

面對挑戰，試問北京：可不可能有一個「不消滅中華民國的統一」？

上海東亞研究所所長章念馳多年來說過多次，「我們（大陸）不能留住中華民國，中華民國就會給了台獨」，現在已出現了完全真實的場景。

我對章先生此句印象深刻，卻一直不敢引用，怕給他添麻煩。但如今事實已擺在眼前，章先生也應是「心所謂危，不敢不言」吧？

我很早就說，「中華民國已經滅亡論」是北京最失敗的兩岸政策。

如今，「用台獨捍衛中華民國」已成台獨的心語，一向被北京視為「已經滅亡的中華民國」，也許將在台獨的手中戴殼重生吧？

第六章　台灣方案　大屋頂中國兩制

兩岸問題之所以懸而難決，主要是因中共還未做好自己應該做的工作，也就是中共自己還未準備好。

中共近年強調以法治國，依憲治國，可由這個角度，從兩個憲法問題說起：一、現代國家的憲法是建立在民主契約論上，但中華人民共和國憲法迄今仍是中共自製的「家法幫規」。二、即使中華人民共和國憲法上所規定的諸多人民基本權利，亦迄未實現。

以現代的國家概念來說，當下中國大陸的政治體制，更像是一個巨無霸的「新型大黨」，而不是一個符合現代文明標準的「新型大國」。

這是中共的風險，也是整個中國的風險。

也就是說，中共在憲法層次應當做到的有些工作尚未做到，此時的中華人民共和國可說在憲法意義上仍是尚待追求自我完善的國家。

這些憲政目標，皆是中共在「內戰」時期對中國的承諾，但迄未實現。

現況是，中國大陸改革開放有成，希望中共能在前述兩個憲法層次的問題上，將中國導向真正的民主憲政國家。問題是，這個很難。因而，無論就中華民族言，或普世文明言，若要聽由這樣的中華人民共和國來統一（併吞）民主體制的中華民國，必無法讓台灣人及國際接受。

因為，今天的兩岸情勢，已經不能用「國共內戰小史觀」來框限，而應以「人類文明大史觀」來引領。

也就是說，如前述，兩岸的終局解決方案，必須「為人類文明建立典範／為中華民族創造救贖」。

北京目前所提方案是「一國兩制」。消息一出，引致台灣幾乎是全面的反對。想像中，當華盛頓當局聽到「一國兩制」之時，必也舒了一口氣，而認為「好了，這樣台灣又穩住了」，因為美國也知一國兩制在台灣沒有市場。

此時若問「台灣方案」是什麼？第一條恐怕就是：反對北京現在所說的「一國兩制」。

我認為，這是北京幕僚的失算。因為，就理智言，北京當局不可能偏偏就是要以台灣人民全面反對、及讓國際竊竊私喜的兩岸政策為政策。難道偏偏要引起台灣人民的全面反對，就是北京的求仁得仁？

這樣的政策可能是和平統一的政策嗎？可能是心靈契合的統一的政策嗎？可能是民主統一的政策嗎？

都不是。那麼，所為何來。

兩制不是問題。大陸暫不會改其專政之制，台灣也無可能放棄民主政治。

問題在一國。

「一國兩制」朝往「大屋頂中國兩制」移動，應是「台灣方案」可以思考的方向。

因為，「大屋頂中國」也是「一國」；「大屋頂中國兩制」，也是「一國兩制」。

第六章最後一篇文章描述了一段出自以色列的對話：

台灣要認知北京不吃玻璃（不接受台獨），北京要認知台灣不喝汽油（不接受把中華民國一筆勾銷）。

台灣不能要北京吃玻璃，北京不能要台灣喝汽油。

所以，想一想「大屋頂中國兩制」。

總之，在論及兩岸終局方案或論及統一時，「為何統一」及「如何統一」的問題，必定先於「是否統一」及「何時統一」。

這是一個不能逆轉的基本邏輯。

中國若要統一，應當實現及遵行以下五條件：一、中華人民共和國必須努力朝向憲政民主法治體制修正，這是中共早在內戰時期就對中國的承諾。何況，歷史證明，實現民主憲政，與實施社會主義並無牴觸，如北歐。二、在中華人民共和國治下的中國人，應當普遍及平等地享有憲政民主法治的人權及公民權。三、中國的崛起與中華民族的復興，應當獲得世界的信任與尊敬，而不是猜忌與畏懼，並在普世價值與人權及公民權上起到引領及表率作用。四、也就是說，中共必須思考，「中共永遠一黨專政」給中國及中國人的束縛與負荷，以及給普世價值與人類文明的破壞及威脅。五、兩岸經「一中各表」的「現在進行式的一個中國」，走向「不是誰吃掉誰」的「互統一」或「共同締造論」，或「大屋頂中國兩制」。

二〇二〇總統大選的兩岸情勢

我認為，在二〇二〇中華民國總統大選前夕，兩岸情勢的概況是：一、中國大陸因十九大引領修憲及美中貿易戰，內外情勢丕變。美國不僅要阻禁華為電信產品，更要阻擋中共體制。二、美國的兩岸政策走向，有趨往「美版借殼台獨／美版借殼獨台」發展的跡象。三、習近平的〈告台灣同胞書四十周年〉談話，引發台灣一片倒彩，顯示中共對台政策的思維陳舊，失去創新的能力，也直接影響了台灣的大選情勢。四、「外擊型台獨」的更加虛假，與「內殺型台獨」的更形激烈，再加上「台獨雅各賓專政」的囂張，顯示民進黨在政治的論述及實踐上皆告失敗。五、台灣人不可能永遠是被台獨抹布蓋住的蓋頭饅，「韓流」引發的震盪，顯示「中華民國論述」的回潮。而旺中媒體的強烈表現，及郭台銘的半途殺進，透露了「台商」的奇詭角色。這是台灣內部反台獨與台獨的新角力，也寄蘊了兩岸的拔河。

就總方向來說，我認為民進黨理當輸掉這場選舉。若再繼續執政，民進黨自己也很難救回這個局面，台灣將會更加痛苦。國民黨則不無可能勝選，原因主要是民進黨已至不能不下台的程度，但國民黨若勝選後的政局也仍將帶著一個問號，畢竟台灣已經受傷太重。

如果民進黨選贏了，或國民黨選輸了，那不是因為中華民國不應當在此時推倒台獨專政體制，而或許是輸贏在藍營的初選撕裂難癒、或在藍綠選舉操作技巧的優劣，或國民黨的總統候選人畢竟撐不起這個局面。

也就是說，蔡英文及民進黨若贏得大選，應是贏在選舉技術的操作，而非其所主張的政治正義及國家生存戰略的正確。這當然會增加選後內外情勢的凶險惡劣。

柯文哲是此次大選的重大變數。曾經自詡是「墨綠」的他，目前的兩岸思維顯有「脫綠入藍」的傾向。但他的「兩岸一家親」、「親美友中」論述太過單薄，可以觀察會否向「中國大屋頂，兩岸一家親」移動。

中華民國才是兩岸的定海神針

馬英九總統賜序，是本書的榮寵。請他賜序，絕非想蹭幾句美言，而是希望他能藉本書的開放話題表達一些使他跳脫場域及角色限制的思想。

馬總統在序言中說，他於二〇一五年在新加坡與習近平見面時就曾說過，今天兩岸領導人要昭告全世界：我們決心用和平方式解決彼此爭議。

當然，這應當是台灣方面的決心。尤其，我認為，這更應當是北京方面的決心。習近平說的「和平統一」及「心靈契合的統一」，即是此義。

馬總統給本書序文的標題是「用和平民主方式解決兩岸難題」，可視為他對兩岸的再次呼籲。

馬總統的兩岸政策主軸，是「九二共識／一中各表」、「不統／不獨／不武」。在馬習會三周年時，又延伸出「不排斥統一」，程序要和平，方法要民主。他在本書序文中，又有較完整的展開。

我認為，台灣除非要搞台獨，否則，馬總統主張的兩岸政策是台灣唯一可走的道路。

「一中各表」、「不統／不獨／不武」，是最佳的「過程論」。統一的程序要和平、方法要民主，則是以民主與和平來節制統一，因而台灣能以「如何統一」來節制「是否統一」，這則是台灣可以掌握准駁的「目的論」。

馬英九堅持在馬習會中必須陳述「一中各表」，及會談所有儀節均應呈現「一中各表」的精神，才參與了馬習會。習近平完全理解馬英九的意念而接受了此一精神意涵的馬習會，即可謂馬習會其實是習近平對馬英九兩岸理念的理解或背書，至少是默認了這是可以延續嘗試的一條路。

然而，由於二〇一六年政黨輪替，馬習會的延伸作用出現了斷點。二〇二〇年大選，對兩岸關係又是考驗。我認為，大選後，若要重建兩岸關係，就是要在馬習會的斷點上，重新建立起承續馬習會的接點，兩岸始有回復和平競合的可能性。

總統序文最令我感動的一點，是他特別提到書中「希望習近平看到此文」一文。兩岸高層對話，極少觸及頂層思維，甚至引為禁忌。馬總統提此文，並發抒感想，這應可讓世人注意到兩岸問題的真正根源所在吧？

王健壯兄與我同在一九七〇中期台灣政治發燒的年代進入媒體工作。如今依稀記得當年某日他在政大一處昏黃的路燈下告訴我，他主編的《仙人掌雜誌》就要出刊了。《仙人掌》每期以民初及五四人物如傅斯年、梁啟超、蔡元培、蔣夢麟為專題故事，在封面刊出由左翼政治犯畫家吳耀忠手繪的這些先賢頭像。這個以台灣政治犯畫家畫中國民主先驅頭像的穿越組合，充滿了意在畫外、意在文外的喻義，使健壯兄成為當年台灣民主狂飆的揭幕者之一。

四十多年來，健壯兄的媒體生涯比我曲折，「顏色」不像我這麼重，他一直維持著媒體人應有的風格，已經成為台灣新聞界的一個典範。我請他寫序，是想找一位能夠一起回顧台灣政媒關係四十年的老友相濡以沫，互吐心曲。

四十多年，台灣和台灣媒體皆已天翻地覆。仙人掌，是能在惡土中帶刺生長的植物。

健壯兄至今仍是一棵巨型仙人掌，我則曾在四十多年前政大一處昏黃路燈下受到他的感動與啟發。

讀健壯給本書寫的序，我回他：「沒想到是你來給我寫墓誌銘。」他說：「言重！」

健壯說，黃年是柿子專挑硬的吃。有他這句話，總算有人知道我的人，看懂我的文字，我不孤獨。

台灣的兩岸難題找不到答案，原因就在不能只吃軟柿子，也要有人試試吃硬的。當然，割破了嘴，也是自找的。

健壯在序文中提及寫評論的三個禁忌，我則常思三個追求。一、原創性：言人未言。即健壯說的「發明」。二、一致性：就是健壯說的「一以貫之」，自「一個災禍的中國，必無苟免的台灣」以來，不懼不移。三、前瞻性：擺脫糾纏，向前看，挑硬柿子，找解方。

遠見天下文化出過我兩本書，《大屋頂下的中國》（二〇一三），與《蔡英文繞不繞得過中華民國》（二〇一五），都賣得不很好。高希均教授及王力行發行人再邀我出版此書，使我抱著愧歉的心情應命。

兩岸的吉凶當然不會決定於書市，那麼，是決定於什麼？

如果我在本書只能留下一句話，這句話就是：

中華民國才是兩岸的定海神針！

這句話，對藍綠白紅四方面都正確。

杯子理論：台灣是水，中華民國是杯；杯在水在，杯破水覆。

我曾任《聯合報》總主筆廿一年，在卸任時，報社舉行茶會，報系元勛劉昌平先生在會中借梁啟超「自勉詩」發抒當代媒體人的心中塊壘。昌公於去年辭世。茲錄記此詩後兩段，追憶昌公，並與兩岸有心人為中國前途互勉。

十年之後當思我，舉國猶狂欲語誰？
世界無窮願無盡，海天遼闊立多時。

第1章

中國不能綁在馬克思毛澤東上

二〇一八年，是中國的大抉擇之年。

這個大抉擇是：中國要走出馬克思毛澤東？還是要走回馬克思毛澤東？

對內，以修憲取消國家主席任期制為軸心，這是一個法制的大選擇，也是一個文明的大選擇。對外，中美貿易戰爆發，當然不只是在經貿層次，這是一個法制的大衝突，更是一個文明的大衝突。

對內對外，中國要走出馬克思毛澤東？還是回到馬克思毛澤東？

其實，「改革開放」四十年，一句話，就是要走出馬克思和毛澤東。

「有中國特色的社會主義」，一句話，就是指往前的「社會主義」會有不同於馬克思和毛澤東的「特色」。

不是嗎？黑貓白貓，能抓耗子的就是好貓。其意是指，已經知道馬克思和毛澤東抓不了耗子。

中國要永遠做一個「馬克思/毛澤東」的國家？還是要走出「馬克思/毛澤東」的牢籠？

這個大抉擇，關係到中國如何面對自己的現世百姓、萬世子孫，如何面對人類文明與普世價值，以及如何面對兩岸未來。

其實，四十年的改革開放，中國幾已半個身子走出了馬克思毛澤東。現在居然出現了一個意想不到的新問題，那就是：要不要再走回去？

改革開放逐漸擺脫了馬克思毛澤東，很不容易，也頗有成就。

如今又面臨大抉擇，中共若能再離馬克思毛澤東遠幾步，這將是中共給自己辛苦改革開放的獎賞，給中國苦難百姓的報答，給惶惑兩岸的希望，也是給人類福祉與世界文明的偉大貢獻。

中國要有「第二次解放」，要從馬克思毛澤東的捆綁解放出來。

足食，足兵，民主之矣

希望習近平看到此文

本文完稿在二〇一八年六月間，於北京十三屆人大三月修憲後。由於是非常個人化的感思，又因文字太長，未在任職的報紙上刊登。擱置至今，已逾一年。如今將此文收輯在本書的私人園地中，記錄一個中國人及台灣人的心路歷程。

中共十九大引領的修憲木已成舟，在各種議論中，似皆存有一種「集中權力辦大事」的想像，可謂對中共當局仍流露出若干善良的期待。

集中權力，中共除了欲使中國富起來、強起來，更重要的是應當辦兩件大事。一是如何處理過去，一是如何處理未來。

而且，在今日這個當口，中共「如何處理過去」，要比「如何處理未來」來得重要。

因為，中共若不能正確處理好過去，即不可能有正確的未來。

馬克思發明的重大政經謀略

先談如何處理過去。

中共過去（尤其是前三十年）的政治論述與政治實踐皆是誤蹈歧途。政治論述以馬恩列斯毛為主架構，實踐則表現在反右、三面紅旗及文化大革命等真實施政。所謂處理過去，是指可以利用改革開放提升的統治實力為過去辯護，並重建過去的正當性，使中共及中國的未來仍植根於馬恩列斯毛的體系中。但是，反過來，也可利用提升的統治實力，逐漸脫卸掉過去的政治包袱，以求中共及中國的脫胎換骨。

就此以言，中共在十九大後的表現著實令人駭異。政治局專案學習《共產黨宣言》，宣揚「五一口號」七十週年，又盛大紀念馬克思二百年誕辰，這些返祖行為誠可謂倒行逆施。

稱馬克思為「千年第一思想家」，謂「沒有任何理論比馬克思主義更具影響力」，這類說法皆有其局部的正確性。因為，馬克思在他那個年代點出了工業革命後出現的高度社會不公，其人道精神無可置疑。且他從經濟面向上看出了新興工人階級在政治鬥爭上的主體性與工具性，更是在政經運作謀略上的重大發明，影響至今。

馬克思是因為他入時代又劃時代又自成一家的獨特性，而成為「千年第一思想家」。

然而，成為人類另一主流政經體系的自由經濟及民主政治，相對於馬克思創造及衍生的共產專制體制，卻是由諸多先賢傳承接力數千年所創造的更偉大的文明架構。他們不像馬克思那般橫空出世，表現的卻是前後傳承與共同發展。

馬克思即使可稱「千年第一」，那是指他一家之言的獨特性，並不是指他對人類文明的貢獻是「千年第一」。

相反的，謂「馬克思主義最具影響力」，以一百七十年來的歷史實踐言，這應是指馬克思對人類世界所造成的災禍性影響力，就個別思想家言，無人能出其右。

統治階級與資產階級的複合體

馬克思主義的三大柱石是：暴力革命、階級鬥爭，及無產階級專政。

後來，運用在實際政治上，卻成了「共產黨一黨專政」的國家形態，且沒有一例不變成血腥暴政。

暴力革命，原是主張人民（或工人階級）有推翻不義政權的權利。但在後來的實踐中，人民對共黨一黨專政，非但再無暴力推翻的權利，甚至連基本的公民權與人權亦遭侵害剝奪。不僅如此，共產黨內的血腥鬥爭，使得即使在共產黨內部，亦無民主及法治可言。

馬克思將過去的「統治者／被統治者的鬥爭」的「官民鬥爭」，轉變為「資產階級／無產階級」的「階級鬥爭」，立即提升了工人階級在政治上的主體性。但此一主體性，僅是出現在所有共產政權在暴力革命時期的動員號召中。及至建立政權後，即可發現這其實只是共產黨利用了無產階級作為奪取政權的工具而已。主體性遂變成了工具性。

馬克思主張國家及階級（與無產階級政黨）終將死滅，而以無產階級專政為「過渡」體制。但在政治實踐中，人民「暴力革命」的權利不復存在，只是呈現了共產黨的「暴力統治」。且國家不但沒有死滅，反而成了一黨專政的專政對象。「資產階級／無產階級」的對立關係，至此又完全變成了「統治階級／被統治階級」的對立關係。

尤其，一黨專政的共產黨，儼然變成「統治階級／資產階級」的複合體，成為雙料的操控主體。

及至共產統治階級的第二代以後，統治者已然完全沒有代表「無產階級」的身分，竟也搖身一變成為「權貴資產階級」，在政治及經濟上皆成為特權。

因此，所謂的「無產階級專政」，已變質為「共產黨政經特權階級專政」。於是，政治鬥爭遂變成「永不可推翻的統治階級 vs.永不能翻身的被統治階級」的鬥爭。

這是十八世紀民主人權啟蒙運動的大反動。已不是馬克思初心想像的人道主義烏托邦，而是已經被證實為禍害了億萬生靈及使人類文明創鉅痛深的曠古滔天罪孽。這樣的馬克思，直可謂是「千年禍害第一人」。

在一百年前（俄共）或七十年前（中共）推崇馬克思，由於人道的煽惑，也許是良有以也。但若於今日在血淚實踐後仍以馬克思為師表，則已可謂全無政治理智可言。至於中共在過去對馬克思主義的實踐，亦是完全經歷了前述的種種實況，甚至如文革更是變本加厲。這些不幸，如今皆仍歷歷在世人的記憶中，無庸贅述。

因此，論及如何處理過去，究竟是再對過去馬克思主義及中共的政治實踐加以正當化甚至鞏固化，或回過頭來設法有序漸進地擺脫二者的捆綁，使得中共及中國能脫胎換骨，甚至華麗轉身？何去何從，必須慎重。

想經濟發展就不給民主政治

再談如何處理未來。

孔子說：「足食，足兵，民信之矣。」以人類普世文明及國家建設的終極歸趨而言，這句話如今可以說成：「足食，足兵，民主之矣。」以今世語言說，「民主」就是「民信」。

用中國大陸的流行語來說，這就是「中國站起來／中國富起來／中國強起來」，接下來，就應當是「中國民主起來」。中共四十年的改革開放，已經庶幾使中國足食足兵，但如果不走到「中國民主起來」的那一天，就無可能使「中國偉大起來」。

回頭來檢驗馬克思主義的實踐。馬克思在工業革命的病態社會中，對勞動階級的憐憫，確實觸動了人道關懷的巨大動能。但在歷史實踐中，今世改善了勞動階層生活的實績，率多出現在自由經濟、民主政治的體制下，而非往昔共產黨的專政國家。例如，北歐的民主社會主義及福利國家的成績。又如，台灣的健康保險已成舉世模範，亦是實現在自由經濟、民主政治之中。在這些範例中，無產階級既有福利，又有民主。證明了沒有馬克思，更可以實現福利國家。

自由經濟、民主政治的自我糾錯能力是可以期待的。例如，美國羅斯福總統的新政，及凱因斯主義，皆已加入了社會主義及計劃經濟的元素，影響迄今，以致如今已無馬克思時代所謂的「資本主義」。此中最重大的成就是，這些成績皆是在民主政治中實現，不必依恃假「無產階級專政」為名的一黨專政，而可謂是一種「福利國家

（社會主義）加民主政治」的成就。

尤其，民主本身，就是最珍貴的人權福利。

相較之下，共產黨的一黨專政姑不論其在經濟發展上皆有重大瓶頸，更重要的是它居然是一種「想經濟發展就不給民主政治」的方案。但是，如果「無產階級專政」就是「無產階級們」連「一人一票」的權利都始終沒有，這種體制值得永遠存續嗎？又豈可能永久存續？

兩百年後，馬克思當年痛罵的「資本主義」大多已走向「福利國家」。因而，兩百年後，竟仍以馬克思主義為原教旨聖經，寧非怪事？

馬克思主義天生內建了法西斯主義。若今日仍主張以馬克思主義治國，其實等於堅持以法西斯主義治國。

難道，中華民族的偉大復興就是馬克思主義的班師回朝？

爭取下跪的機會

其實，中共並非不曾處理過轉型的問題。

早年，天安門上馬恩列斯四人的頭像並列，如今已卸去；遊行中，馬恩列斯的頭像並舉，如今已不復見，或只留下馬克思。這些都可視為欲使馬列體系「淡出」的嘗試。

亦因此，十九大後竟然使馬克思猛然回潮，不能不令人駭異。另外，改革開放後已將文革定性為「十年浩劫」，如今教科書卻出現了欲洗白文革的企圖，謂為「十年探索」，亦令人不解。

中共若謂不能因前三十年否定後三十年，但也沒有理由因後三十年而肯定前三十年。

改革開放的動力正是來自對前三十年的反省，不能因改革開放提升了統治實力，而回頭欲將統治基礎再建立在馬克思與毛澤東之上。

改革開放正是為了走出馬克思與毛澤東，如今沒有理由再回到馬克思與毛澤東去。

一九七〇年十二月七日，西德總理布朗德在華沙猶太區起義紀念碑前下跪。其實，想像中，中共領導人某日亦應當向受到馬克思主義及毛澤東思想傷害的中國人民下跪。這未必就是在形體上實際雙膝落地，而是真正的努力贖罪，以修補歷史正義的創傷。中共應為自己爭取這個下跪的機會，並希望在跪下後中共仍有機會在民主體制中以民主政黨的身姿重新站起來。

其實，在中共十八大以前，文革的浩劫論，毛澤東功過的開切，及改革開放，就是中共將功贖罪的一種跪姿，也是中共自救救國的一種覺悟。中共應珍惜這個姿勢，也應維持這個覺悟。

但是，如果中共又要回到馬克思與毛澤東，它必將失去脫胎換骨的機會，而中國歷史與世界文明也失去了協助中共轉身的可能性。

也就是說，好不容易辛辛苦苦改革開放四十年，不要突然又給人一種圖窮匕見的感覺。

難道以後也永遠不行嗎

其實，中共一直好像仍有民主化的嘗試。

例如，在社會主義十二項核心價值觀中，仍保留「自由／民主／平等／法治」等德目。又如，在中華人民共和國憲法中，言論、出版、集會、結社的自由，仍然標榜為公民基本權利。習近平經十九大連任國家主席的誓詞亦揭櫫：「為建設富強民主文明和諧的社會主義現代化強國努力奮鬥。」

也就是說，中共如今的專政方案，若皆視為「過渡」的必要之惡，這也許可以理解，但其終極政經目標不能不包含「民主、自由、法治、人權」這些永恆普世價值的必要元素。

中共可以一時間作不到，但千萬不能信手給中國塗掉這些目標。現在不行，難道以後也永遠不行嗎？國家若不能如馬克思所預言必趨死滅，中共就遲早應將國家還給人民，不能也不可能由共產黨永遠「專政」與「過渡」。

試想：中國這樣一個大國，如果永遠是一個「馬克思／毛澤東」國家，永遠以「低人權／低民主」的樣態存在於世界，這對人類整體文明的傷害有多大？給中國在世人民及未來子孫的「維穩」剝奪又有多大？何況，低人權能永遠嗎？低民主能永遠嗎？因此要問：現在不行，難道永遠也不行？

就終極趨言，中共應當努力從「有中國特色的社會主義」，轉向「有普世價值的中國方案」，其中無論如何不能不包含「民主」。

再看，三民主義的正統排序是「民族／民權／民生」，但今日中山陵正殿拱門上三組鐫文的排序則是「民族／民生／民權」。

何以有此出入，此處未考。但此一出入，對中共治理的路徑邏輯似乎是個提示。中共一路走來的路線不是「先民權／後民生」，但仍然不可迴避「先民生／再民權」。

亦即，你可以先「民生」，但終究不能不交出「民權」。

不要破罐破摔自暴自棄

中共應拾階而上，克難而上，更上層樓。應當有「雖不能至，心嚮往之」的自勉自勵，不可有破罐子破摔的劃地自限與自暴自棄。

尤其，不能讓淺薄短視者操縱意識形態工作，不圖上進、自甘墮落，開歷史倒車。中共走向未來，必須重建治國論述的正當性。應當自孫中山、辛亥革命與三民主義中尋找連結。應該從「毛澤東的共產黨」，走向「鄧小平的共產黨」。尤其，應當嘗試與中國固有文化接軌。

馬克思與毛澤東與上述這些元素，若非形似神異（例如不要把共產主義比作禮運大同篇，因為大同篇不主張階級鬥爭），即是背道而馳（例如毛的思想與實踐）。如果中共欲重建治國論述，竟又再回到馬克思與毛澤東，恐怕就是重蹈覆車之轍。

為了維持一黨專政，中共或須回頭抱住馬克思與毛澤東。但是，中共若存必須以民主化來自救救國的一念，就要使馬克思與毛澤東「淡出」，並使孫中山、鄧小平與中國固有文化「淡入」。這樣才能找到「處理未來」的正確路徑與動能。

中共跪下去，中國站起來。

心所謂危，不敢不言。

前功盡棄　負盡前人

其實，過去在臨近十八大的時際，中國（中共）幾乎一隻腳已經跨出了馬克思與毛澤東。豈料，至十九大竟又走了回頭路。可謂前功盡棄，負盡前人。

即使退一萬步說，請問：誰有權主張，所謂「有中國特色的社會主義」，竟然就是「馬克思主義加毛澤東思想」！

誰能回答這個問題？誰能逃避這個問題？

在中共如今體制下，共產黨內及中國大陸社會中已聽不到第二種聲音。海外華人的議論，往往帶有革命思想，亦不容於中共。

但此文出自台灣，可謂仍然存有「兩岸命運共同體」的想像。

本文的語氣或許尖銳，但心中充滿期待中共轉型自救的善意，而絕無敵意。因為，唯有中共能自救，始能救中國，始能救兩岸。

中共在馬克思毛澤東處不可能找到中國的出路，當然也不能找到兩岸的出路。

若要改走另一條路，中共當然跋涉不易。但為了中共自救、救中國，任何人都不可如此輕率地對中華民族剝奪掉這個正大的目標。那就是：

足食，足兵，民主之矣。

第2章

賴清德給蔡英文的公主抱

二〇一九年三月十八日，發生兩件性質相似、等級相同的事件。

此日，剛卸任蔡英文政府行政院長的賴清德，以「政變」的形態，登記參加民進黨總統候選人提名初選，挑戰蔡英文。

同日稍早，在桃園國際機場，一名男子將妻子用「公主抱」抱起，從四樓把她摔到樓下。

這兩個事件，關係性質相似，手段等級相同。不同的是，那個男人隨後也縱身跳下。賴清德則說：「我寧可輸掉初選，也不可能傷害蔡總統。」

二〇一七年九月，賴清德接任蔡政府的行政院長。賴自我標榜為「務實的台獨工作者」，佔據了台獨旗手的地位，而使蔡英文成為「只是」政府首長。當時，我即預言：未來的蔡賴關係，不是賴輔佐蔡，而是蔡反而成了賴的政治轎夫。

只是，後來的發展，比我想像的更極端。賴投入初選，演成了「內殺型台獨」的攤牌局面。

民進黨初選，賴清德「箭已射出」，蔡英文「將靶移走」。賴清德不斷提醒蔡英文：要注意「與惡的距離」。

初選民調公布後，游盈隆稱是「歷史上最離奇、最違反社會大眾直覺的民調」。陳水扁則對民調數字「打死我也不相信」，質疑中央黨部提供的抽樣母體有問題。

就民進黨內部及社會大眾的政治信任來說，這個民調疑雲將如當年的「兩顆子彈」一樣，留下了一個令人猜疑的羅生門。

不過，賴清德恐怕始料未及，他的投入初選，等於給蔡英文撿到槍。蔡英文藉拖延初選期程及篡改規則，提前整理門戶，並藉香港「反送中」等事件助勢，儼然塑造了一個「二·〇版蔡英文」。

賴清德及獨派在初選中表現得離奇衰弱，令人意外。民進黨內因初選潮水退去而公開展露出的下半身，更證實：所謂「內殺型的台獨」，「路線鬥爭」根本是假的，「權力鬥爭」才是真的。

一個連「內殺」都是假的「台獨」，還有何存在的意義？

用一中各表轉移一國兩制

解讀賴清德「親中愛台」

在出任行政院長的三個月前，賴清德提出「親中愛台論」。他也同時將「九二共識」與「一國兩制」連結，這是兩岸第一人。約兩年後，習近平的告台灣同胞書四十周年談話，落入了賴清德的邏輯之中。這可說是賴清德的先見之明。

賴清德的「親中愛台論」，處處破綻，甚至自相矛盾。有如一隻想要衝決牢籠的困獸，霎時間未找到出口，不免撞在圍籠之上，但它急於想要脫困的情態已是表露無遺。

以下，一面引述賴的說法，一面略作評述。

賴說，「親中愛台」超越兩蔣李扁馬。他說，兩蔣是「反中」。其實，兩蔣是反共，不反中。又說，馬傾中，但馬其實是「和陸、友日、親美」；馬從未主張「傾中」，「傾中賣台」是綠營給馬貼的政治標籤，從來不是馬的政策。賴又說，兩蔣及馬，反中或傾中，均未著墨台灣地位；但難道僅憑這一句話，就能一筆抹煞兩蔣的革新保台及馬英九的「以台灣為主／對人民有利」？

賴又說，李登輝的「兩國論」及陳水扁的「一邊一國」，基本上以台灣為核心，但跟中國關係一刀切。

看完這些，賴清德是不是要說：兩蔣反中，我不反中。李登輝陳水扁兩國論一邊一國一刀切，我不主張兩國論一邊一國一刀切。然後，再標榜自己的「親中」與「傾中」不同。

賴清德的結論應當是：親中愛台，不反中，親中非傾中，不僅以台灣為核心，也著墨跟中國的關係，不是兩國論，也不是一邊一國，不與中國一刀切。但是，他同時又說，沒有台獨黨綱的民進黨將被其他政黨取代；無論在什麼職位上，他的台獨立場沒有改變。

這是不是處處破綻？是不是自相矛盾？其實，賴清德的困獸出口，正是在他的矛盾與破綻之中。可先解讀他對「九二共識／一國兩制」的演繹：

他說：廢除台獨黨綱也不是問題，下一個問題是你接不接受九二共識的一個中國原則；接受九二共識也不是問題，問題是在一國兩制，台灣人民不可能接受澳門跟香港地位的九二共識。

一、賴清德是否在說：如果九二共識不走向一國兩制，他接受九二共識的一個中國原則就沒有問題，廢除台獨黨綱也沒有問題？

二、一國兩制是中共在一九八〇年代標舉的政策，九二共識則是至二〇〇八年始成為兩岸制度化交流的共同政治基礎。自此，九二共識在兩岸互動的論述中，就幾近完全頂替了一國兩制。如今賴卻指九二共識走向一國兩制，分明是反其道而行。

三、一國兩制的「一國」，是指「中華人民共和國」。「九二共識」則是「一中各表」；一中各表，正是拒絕承認「一國兩制」的一國。

四、賴清德說：「台灣人民不可能接受澳門跟香港地位的九二共識」。但是，香港沒有九二共識，只有一國兩制，一國兩制是植基於《香港基本法》之上；馬政府則主張「九二共識／一中各表」，一中各表不贊同一國兩制，九二共識是植基於《中華民國憲法》之上。

綜上所論，賴清德故意曲解九二共識，卻反而襯映出九二共識正是要嘗試抵抗及轉移一國兩制的兩岸互動架構，而且趨近奏效。然則，賴清德能不能就此重新思考：「接受九二共識也不是問題」？

一、賴清德說：「一個進步的台灣，可以帶動一個繁榮的中國（此話在三十年前也許是正確的，現在卻正在翻轉之中）；一個穩定的中國，可以提供安全的台灣（這是從國安觀點指出不可一刀切）。」賴清德貶抑「一刀切的台獨」，欲開創「親中的台獨」；反而暴露了台獨的色厲內荏、難以為繼，與自欺欺人。

二、賴清德並未否棄九二共識，而是站上了「如果不是一國兩制，廢除台獨黨綱也不是問題」的高度，這也是一種「有條件的九二共識」。賴清德若接受九二共識，就可堅持九二共識的定義權（是一中各表，不是一國兩制），這應是賴清德唯一的出路，也是民進黨唯一的出路。因為，沒有「九二共識」，北京仍然可以反台獨；但台灣若無九二共識，卻很難再創造「一中各表」的載體。

三、賴清德此舉，被解讀為欲與蔡英文建立兩岸論述的差異化，進而與蔡競逐二〇二〇。但關懷大局者卻更希望，賴清德能借「親中愛台論」及「如果不是一國兩制，接受九二共識也不是問題」，來協助蔡英文在任內完成民進黨兩岸路線的轉型換軌。因為，蔡英文未來三年若繼續困於兩岸危局之中，整個民進黨，包括賴清德，就更無脫困的可能性了。

找出口，別往圍籠上撞。

二〇一七・六・二三

兩岸三黨「用好中華民國」

親中台獨是自我凌遲

本文刊出於賴清德出任行政院長的兩個月前，並另在「筆震論壇」的「解嚴三十：台灣邁向民主開放」座談會口頭發表。

今年是解嚴三十周年。三十年前，經國先生宣布解嚴和開放大陸探親兩大政策，這是他把台灣民主化和兩岸競合關係綁在一起了。

台灣民主化和兩岸競合關係綁在一起以後，必然的發展就是，北京很難逼迫台灣在不情不願之下統一，而且台獨也很難逼迫台灣走向法理台獨。

也就是說，把台灣民主化和兩岸競合關係綁在一起以後，台灣社會不論統派或獨派，都要走民主的程序。獨派受到的制約是很難跨越法理台獨的紅線，統派受到的制約是不能接受「一國兩制」之類的安排。

所以，「不統／不獨／不武」的「維持現狀」，很自然地就成了今天，也就是解嚴三十年後，台灣社會在兩岸關係上的最大公約數。

台灣民主化和兩岸競合關係綁在一起，對北京也有重大影響。因為，這麼一來，北京所說的「寄希望於台灣人民」，在實際上就成了必須「寄希望於台灣的民主運作」。

也就是說，三十年來，北京的兩岸作為，也不得不進入了經國先生設定的框架。

賴清德凌越蔡英文

現在，來看一看台灣民主化與兩岸競合關係交互作用三十年後的現今情況，以及未來的可能發展，可分成綠藍紅三方面來說：

一、**綠色現象**：最新的進度是，賴清德提出了「親中愛台」的主張，但同時他也畫出了「不接受九二共識／不廢除台獨黨綱」的底線。這個架構，可以解釋為已經排除了「武力台獨」的路線（武獨），也就是排除了「流血台獨」，要台獨，不流血；而想走向「親中愛台／一中一台／借殼上市／兄弟之邦」的路徑，這可以說是一種「親中台獨」或「和平台獨」（和獨）的架構。

賴清德提出「親中愛台」，也許是一種自問自答。因為，幾十年來，台獨面臨的主要質疑就是：「台獨若不能親中，若不能與對岸維持和平，那麼，台獨如何能愛台？」賴清德的自問自答就是：「台獨是親中的，所以台獨也是愛台的。」這就是他的「親中台獨論」或「和平台獨論」。

這是一種套套邏輯。問：台獨為什麼是親中的？答：因為台獨是親中的。問：台獨為什麼是愛台的？答：因為台獨是愛台的。問：台獨為什麼可以不流血？答：因為台獨可以不流血。這種套套邏輯，將使這種自問自答失去意義。

但是，有無可能實現這種「親中台獨」的兩岸架構呢？

現實的演化與發展，似乎與賴清德的想像背道而馳。「和平台獨／借殼上市」，恐怕會使台獨更無可能實現，也使中華民國與一中各表更受傷害，兩頭落空，同時使台灣的政經綜合風險更高。簡單地說，「借殼台獨」將使台灣內部撕裂、兩岸衝突、國際四處碰壁，也就是使台灣陷於沒完沒了的「自我凌遲」。可以斷言，它不會有「親中」的作用，因此也就不會有「愛台」的效果。

「親中台獨論」不會增加台獨的可能性，反而更加暴露了台獨的色厲內荏，暴露了台獨的不可能性。這應當是一般人用膝蓋想也明白的道理，但賴清德何以會提出這種自我矛盾的主張？

這是因為，三十年來，台獨議題的變遷與發展，到今天呈現出一種「外擊型台獨式微／內殺型台獨糾纏」的狀態。也就是，台獨對台灣的外部情勢已沒有什麼作用，但台獨由於仍是綠營內部路線及權力鬥爭的工具，而使台灣也無法擺脫台獨的糾纏。

這種「內殺型的台獨」，不但撕裂了台灣，撕裂了藍綠，更應注意的是，也撕裂了綠營，撕裂了民進黨，撕裂了蔡政府。畢竟，到今天為止，是否要凍結台獨黨綱，在民進黨內仍是一個懸案。

賴清德的此次動作，被解讀為又一次民進黨內部的鬥爭用兩岸議題的形態來呈現。賴清德宣示「我主張台獨／兩岸關係是國際關係」，來作為他自己的兩岸底線。其實，他更是藉此為蔡英文總統劃下了底線。

至此，蔡英文在綠營及民進黨中，在兩岸論述上已失去了主體性及主導性，可以說已經跛腳。在兩岸政策上太阿倒持的蔡英文，如何面對這個「外擊型台獨式微／內殺型台獨糾纏」的局面？

大屋頂中國

二、藍色現象：比較新的進度是，經過這次黨主席的選舉，國民黨似乎從「一中同表」的試探，又回到了「一中各表」的原有軌道。

馬政府八年，兩岸政策的主軸是「九二共識／一中各表」，其具體的效果是「不統／不獨／不武」。

我認為，這個主軸和這個效果，是在試圖努力把台灣的兩岸議題，從「統獨」的外部議題，轉化成「台獨／非台獨」的內部議題。

因為，若不先化解「台獨／非台獨」的問題，以一個連憲法認同及國家定位都嚴重撕裂的台灣，不可能有條件、有力量來處理兩岸關係。

或許因為如此，馬政府的兩岸政策，常被北京及深藍批評為迴避統一。但是，正如前述，這也是因台灣民主化與兩岸競合關係交互作用後，所發生的民主制約效應。在還沒有緩解「台獨／非台獨」的內部撕裂前，台灣沒有條件用民主運作來處理統一議題。試想：如果連台灣內部都沒有「統一」，如何奢談兩岸的「統一」？

最近，馬總統說：兩岸統一不是不能談，但和平是基本要求，民主則是必經的過程。我的解讀是，統一不是不能談，但重要的是應先釐清如何統一，也就是要說清楚統一的基本要求與正當過程。這是對台灣民主程序的回應與責任，誰都不能迴避。

另一個值得注意的面向是，由於民進黨重返執政，動搖了九二共識的定海神針，北京今後恐怕很難再接受「不統／不獨／不武」的兩岸架構。如果今後北京對統一的壓力增加，我認為，藍營的兩岸論述可以是：

一、憲法是一中憲法，所以，一中原則是憲法的規範，但必須爭取一中的定義權，那就是一中各表。

二、統一終究是不能迴避的現實議題，且統一也是憲法命題，但必須爭取統一的話語權與主體性，那就是大屋頂中國。

準此，如果統一的壓力上升，藍營的兩岸架構可以考慮延伸。也就是從「九二共識→一中各表」，延伸為「九二共識→一中各表→大屋頂中國」。

所謂大屋頂中國，可說是一種「互統一」的概念（相對於「被統一」），也就是「不消滅中華民國的統一」，也就是「不是你吃掉我，也不是我吃掉你的統一」。亦即：用「如何統一」的方法論，來節制「統一」的過程與內涵，不能陷於完全的被動。

當然，這個架構也必須受到台灣民主運作的制約與考驗。

三、紅色現象：一年來的發展是，有明顯的跡象顯示，北京已經從「新三句」的寬鬆路線，調頭又回到了老三句及聯合國二七五八決議的強硬路線。

北京已經意識到，台獨已經演變為文化台獨、柔性台獨或心靈台獨，乃至於賴清德的「親中台獨」或「借殼台獨」。

這些「形形色色」的台獨（俞正聲語），皆不會再採「法理台獨」，而其本質皆是「借殼台獨」，這就是「和平台獨」的主軸。台獨從「法理台獨」轉向「借殼台獨」，這是未來兩岸關係的最大變數。演變至此，北京要面對的不再是正名制憲，而是不斷惡化的去中華民國化及去中國化的問題。

對北京來說，與法理台獨或借殼台獨博弈，這是兩個完全不同的課題，因此也要有不同的考量。北京應當知道，台灣今後與其說有台獨的問題，不如說有中華民國被掏空、站不住的問題。唯有名實俱在的中華民國在台灣的民主運作中站住腳，台獨就難有立足之地。北京如果要「寄希望於台灣的民主運作」，不能不有此思想。

蔡政府自相矛盾

下面，作一簡略的結論：

一、民進黨必須調整「和平台獨／借殼上市」的思考，也就是必須設法淡出終至消化台獨路線。這是兩岸最根本的問題，不能幻想可能有「親中台獨」或「和平台獨」的存在。

林全說，北京的一中原則在消滅中華民國，但這句話只說出了一半。他沒有說明，蔡政府在《中華民國憲法》（憲法一中），及《台灣地區大陸地區人民關係條例》（一國兩區）之下，如何解讀一中原則。

林全當然知道事態的另一半，他當然知道真正的原因其實在於：台獨論述正是主張消滅中華民國。

由於台獨主張以正名制憲或借殼上市的方法消滅中華民國，所以不能接受「一中原則」，甚至不能接受「一中各表」，以致不能接受「九二共識」。

反過來說，如果蔡政府真正遵行中華民國憲法及兩岸人民關係條例，亦即遵行憲法一中，則自然即可主張「一中各表」，進而接納「一中原則」，也就不必否定「九二共識」。

蔡政府一面說「依據中華民國憲法」，一面又不接受「九二共識」，這可說是自相矛盾，不能自圓其說。

林全說，北京要消滅中華民國。但蔡政府應當自知，兩岸問題的癥結更在民進黨主張台獨，主張借殼消滅中華民國，甚至存有「和平台獨」的幻想，這將使台灣陷入不知伊於胡底的自我凌遲。

當蔡政府說北京要消滅中華民國的時候，必須先處理台獨要借殼消滅中華民國的問題。如果民進黨借殼消滅中華民國在先，北京要打壓及消滅的那個國家就已經不是「中華民國」了。

民進黨必須思考，硬把中華民國去中國化，也許正是台灣與中華民國的政治自殺。

二、北京必須認知，兩岸競合必然是一長期過程。北京若將統一視為終極目標，就過程論言，必須使台灣能翻轉「去中華民國化／去中國化」的走勢，必須使中華民國不被「借殼上市」，始可能保全維護未來統一的條件。

質言之，若要台灣維護這些「中國元素」，就必須維持「一中各表」，這也就是汪道涵在二十年前所說的「現在進行式的一個中國」。再就目的論言，若談統一，也應思考「大屋頂中國」、「互統一」，或汪道涵在二十年前說的「共同締造論」，而不應是「你吃掉我、我吃掉你」的統一。

正本清源，北京若要台灣以中華民國來維繫統一的條件，就不能不給中華民國留下一條「一中各表」的通道。因為，在台灣，沒有中華民國，就沒有中國；先保住中華民國，才能談中國。

台獨如今最振振有詞的理由是：只有一中原則，沒有一中各表。所以，如果有了一中各表，台獨會更加理屈。

或許，目前兩岸陷入嚴重僵局，以上談的這些都好像有一點何不食肉糜。但是，希望有一天當兩岸互動重回正軌之後，如果北京仍寄希望於台灣人民，寄希望於台灣的民主運作，寄希望於心靈契合的統一，兩岸還是要先走回「一中各表」的路徑。

最後，我想引述一位朋友的看法。這位朋友在兩岸都有長久的求學、工作及生活的經歷。他說，兩岸相處之道，有六個字：用好中華民國。

用好中華民國，用好中華民國憲法。這個「用」字，用得真好。

我希望，兩岸藍綠紅三黨都應當「用好中華民國」。更希望，台灣的民主運作，也能朝「用好中華民國」這個方向來發展及引領。

因為，台獨是台灣的弱元素，主張台獨而竟妄求親中和平，其實已暴露了台獨的難以為繼。相對而言，我覺得，標舉「一中各表」及「大屋頂中國」，也就是「用好中華」、「用好民國」、「用好中華民國」，及「用好中華民國憲法」，則應當是台灣在兩岸互動中的強元素。

這也就是對兩岸藍綠紅都有用的「杯子理論」：台灣是水，中華民國是杯；杯在水在，杯破水覆。

二〇一七・七・一六

賴清德仍是內殺型台獨

台獨彼得原理

賴清德出任閣揆一個月後，本文指出，蔡英文已成賴清德的政治轎夫。

賴清德和蔡英文在兩岸政策上幾度交鋒，已然呈現出二人各持一套截然不同的路線。

蔡英文可說是「中華民國憲法路線」，賴清德則是「台灣前途決議文路線」。蔡英文目前的官式論述是：中華民國是主權獨立的國家，依據中華民國憲法及兩岸人民關係條例處理兩岸事務。若相信蔡的此種說法，可認為蔡英文只是無法說出其潛台詞「憲法一中」及「一國兩區」，但可能希望兩岸關係能朝此種理解去發展。但若對蔡的說法質疑，則會認為她其實也是在搞借殼台獨，不過她至少沒有脫離中華民國憲法。

賴清德的「個人理念」則植基在台灣前途決議文，而不是中華民國憲法及兩岸人民關係條例。因此，他說：「台灣是主權獨立的國家，名叫中華民國。」台灣前途決議文與中華民國憲法唯一發生關聯處，只在「台灣，固然依目前憲法稱為中華民國」一語。決議文主張「揚棄一個中國」的主張，因此不同於「憲法一中」；又宣示，「主權領域僅及於台澎金馬及其附屬島嶼」，因此也不同於「一國兩區」。所以，賴清德的兩岸思維是旗幟鮮明的「借殼台獨」，毫無遮掩。

將兩岸政策的根據由憲法挪移至決議文，賴清德已將他的「個人理念」建立完成。此一情勢，使得蔡賴關係成了：蔡總統以「中華民國憲法路線」維繫國家內外局面，賴院長則以「台灣前途決議文路線」建立了「個人理念」的政治旗幟。

或許，在政府體制上，賴清德說「兩岸政策服從總統領導」。但是，只憑一句「我主張台獨，在任何職務不變」，賴清德在綠營及獨派之中，儼然已成不作第二人想的精神旗手。蔡英文的兩岸政策如果走不出賴清德的框限，則蔡英文未來的角色將成為賴清德的政治轎夫，也就不可能在兩岸關係及國家方向上創造出蔡英文自己的品牌。

但是，賴清德真正為台獨開創了新局了嗎？完全不然，賴清德的台獨仍是「內殺型台獨」。

台獨有兩個面向：

一、內殺型台獨：以顛覆及終結中華民國為目標。因此也牽動了台灣的藍綠撕裂，及綠營內部的路線鬥爭。

二、外擊型台獨：對抗中華人民共和國的統一主張，並打破世界上「一個中國」的架構，使台灣在國際上成為一個新而獨立的國家。

賴清德的台獨論述，完全看不出在「外擊型台獨」上有任何效益，反而勢必增添外部壓力。至於「內殺型台獨」，他甚至跑在蔡總統的前面說「政府不會宣布台灣獨立，不會舉辦台獨公投」，可見台獨也已作不到覆顛中華民國。所以賴清德的「內殺型台獨」，徒然只是攪動社會藍綠撕裂的「內殺」，甚至儼然赤裸裸地演成只是蔡賴二人權勢內殺的外溢效應而已。

蔡英文是中華民國憲法選出的總統，賴清德則是背負台灣前途決議文的台獨金孫。蔡英文不可能因體制勝過賴，因為賴在政治上已經凌駕蔡英文。

賴清德已經為民進黨這一波兩岸政策封了頂，台灣前途決議文即是底線。民進黨下一波的兩岸政策轉向，可能要到賴清德選上總統再看。屆時，大家可能會聽到他說：「我主張台獨，在任何職務不變。但我已是中華民國總統，我的個人理念……。」

賴清德又推出一部台獨新劇本。大家聽聽：我主張台獨，在任何職務不變，我在兩岸政策服從總統領導，蔡政府不會宣布台獨，不會舉辦台獨公投，連陳水扁也作不到，我親中愛台……。然後，回過頭來再聽聽看：我主張台獨，在任何職務不變。

這種台獨，完全沒有「外擊型台獨」的效益。至於「內殺型台獨」，又根本顛覆不了中華民國，只剩下內殺中華民國，藍綠內殺，綠營內殺，甚至只剩下賴蔡權位的宮廷內殺。多麼荒唐？

台灣當前最大的凶險在於：「外擊型台獨」完全失去效用，「內殺型台獨」卻鬧得如火如荼，如今竟公然內殺到總統與閣揆之間。

一個官員，升到不能勝任的職位，反而變成組織的障礙物及負資產，稱作「彼得原理」。民進黨以台獨作為兩岸政策，在地方很好用，在野時也很好用；但一旦進入中央執政，「台獨」政策立即出現了不能勝任的現象，成為執政的障礙物與負資產。莫非台獨也有彼得原理？

賴清德任閣揆，是否會出現彼得原理，尚待觀察。但他首須注意，他的台獨理論已經非常彼得了。別因台獨變彼得了，使他自己也跟著彼得化了。

二〇一七・十・九

去中華民國化是自殘行為

兩岸關係有一最大的定數，那就是：中共堅持「一中原則」，「反對任何形式的台獨」。

準此，台灣的對應戰略選擇有二。

戰略一：反對「任何形式的一中原則」，堅持走「一邊一國」的「各種形式的台獨」。

戰略二：依據中華民國憲法及兩岸人民關係條例，主張「憲法一中」及「一國兩區」的「一中原則」；亦依據憲法，主張「對於一個中國的涵義認知各有不同」。也就是，不同意「一個中國是中華人民共和國」，而依據中華民國憲法，在「一中各表／和平發展」下，操作兩岸競合關係。

但是，民進黨現今的兩岸政策，從戰略一來看是「台灣國無膽」，從戰略二來看是「中華民國無能」。

戰略一，賴清德是典範。一方面自詡是「務實的台獨工作者」，但另一方面又「希望中國對待台灣應像太陽一樣溫暖」。這不啻是寄望中共善待（務實）台獨。

賴清德說，他的「務實台獨」就是台灣前途決議文。也就是一種放棄了「正名制憲」與「武獨」的台獨，也就是「台灣是一個主權獨立的國家，她的名字叫做中華民國，這個中華民國是反對『一中原則』的中華民國。」

問題是，賴清德的「務實台獨」，仍在中共「任何形式的台獨」榜上。而且，若主張台獨卻不敢「正名制憲」，不敢「武獨」（怕「武統」），那麼，只要不能擺脫「中華民國」的國號、憲法與國旗等，即無可能真正切割兩岸關係，且三不五時又要回過頭來希望中共「正視中華民國存在的事實」。

這樣的台獨，不是務實台獨，只是證實了這類「嘴砲台獨」不可能脫離「中華民國」而存活，根本是自欺欺人的假台獨。

再談戰略二。蔡英文主張「依據中華民國憲法及兩岸人民關係條例，處理兩岸事務」，卻未曾明白主張「憲法一中」及「一國兩區」；且迄今未聞她反對過「一中各表」，但她卻一貫不具理由地反對「九二共識」。這些皆陷於自相矛盾。

蔡說過，中國不能強迫台灣接受「一個中國」。她知道，中共主張的「一個中國」就是中華人民共和國，她當然不能接受。但是，蔡英文若不是「反對任何形式的一中原則」，她就應當「依據中華民國（一中）憲法」，主張「對於一個中國的涵義認知各有不同」。

亦即，蔡若真正是「依據中華民國憲法」，她就不能不正面迎對「一中原則是憲法規範／一中定義是兩岸競合」的課題。同理，蔡當然可以反對「九二共識」四個字，但她必須說清楚她反不反對「一中各表／兩岸競合」。

蔡政府在戰略一及戰略二上顯然同樣是失敗的，這樣的操作已使中華民國和台灣國兩頭落空。

「寄望中國太陽溫暖的台獨」已成假台獨，所以戰略一是失敗的。因此，台灣唯一的選擇是戰略二。然則，倘必須操作「一中各表／兩岸競合」的兩岸戰略，就不能推動「去中華民國化」。因為，台灣若要憑靠中華民國與中國大陸競合，民進黨就不能自殘中華民國，自殘到底，就是自殺。如此，戰略二也告失敗。

台灣是水，中華民國是杯；杯在水在，杯破水覆。蔡英文不能又要在這個杯子裡喝水，又在這杯子裡吐痰。

在「一中各表」的戰略二下，中華民國、中華民國憲法、中華文化、中華民族、孫中山、三民主義、辛亥革命、蔣中正、抗日戰爭、台灣光復、台灣在中華民國下的政經成就，皆是操作「和平競合」的具有高度能量的重要政治資產。沒有這些，台灣及中華民國如何與對岸十三億人「一中各表／和平競合」？

篇幅所限，僅舉蔣中正一例。

蔣介石在台灣的政爭中成為不分青紅皂白的政治口水，但他在兩岸現今及未來的競合關係中，卻是台灣及中華民國所能運用的重要政治資產。

因國共內戰，蔣介石的事功及人格遭到中共貶抑。蔣當然有爭議性，但對整個中國而言，他完成了北伐，使當年中國政局回歸孫中山辛亥革命的統緒；領導抗日勝利，光復了台灣，且使中國成為聯合國安理會常任理事國；他將中華民國政府遷至台灣，保住了台灣，使台灣未受三面紅旗及文化大革命的傷害，並在他自己及蔣經國的奠基及創造下，實現了中華民國今日民主政治、自由經濟的架構；再因近年蔣介石日記公開，其人格及形象特質，相對受到廣泛的正面評價……。

這些，皆會涉及兩岸對比的種種思維激盪，包括：什麼領袖？什麼人格？什麼方向？什麼功罪？台灣自何處來、往何處去？整個中國自何處來、往何處去？等等。

在兩岸的這類思維激盪中，在「一中各表／和平競合」的戰略下，蔣介石上承孫中山、三民主義、北伐抗戰、光復台灣、中華民國憲法，又下繼兩岸往何處去、中國往何處去的種種思辯，這些皆是台灣及中華民國的具有高能量的政治資產。但是，民進黨為了台灣的內鬥，卻以「不能功過並陳」的不擇手段，正在無理性地以鬥倒、鬥臭蔣介石來自殘中華民國及撕裂台灣。

陳水扁主政時，將中正紀念機場「正名」為桃園機場。試想，每年數百萬大陸行旅來台，他們降落在「桃園機場」，或他們降落在「中正紀念機場」，心裡會不會有什麼不同的感受？

蔣介石在台獨眼中只是「二二八凶手」，卻完全無視於蔣介石在中國及兩岸的歷史聯結。民進黨為假台獨改成了「桃園機場」，卻將能夠激活兩岸思維對話的「中正機場」一筆勾銷。其粗暴至此，其愚昧至斯。

鬥臭蔣介石只是民進黨去中華民國化的一部分，「課綱去中」則是更高階的「頂層建築」。對於這個「自殘掏空的中華民國」，中共當然就更無可能「像太陽一樣的溫暖」了。

民進黨正在「去國民黨化」，這也許出自政黨鬥爭。但是，民進黨若要再進一步「去中華民國化」及「去中國化」，這卻會涉及在戰略一及戰略二的選擇問題。民進黨若選戰略一，就必須作到「正名制憲」，甚至不惜「武獨」，否則那就是自欺欺人的假台獨。若選戰略二，就不能再去中華民國化、去中國化，否則就不啻是自殘自殺。

台獨無膽，會使戰略一失敗。中華民國無能，會使戰略二失敗。

二〇一八・九・二

賴清德的政變與攤牌

二〇一九年三月十八日，賴清德登記參加初選，與蔡英文決裂。

賴清德的「政變」，可能觸發兩場大攤牌。一、民進黨內「軟獨」與「硬獨」的大攤牌。二、全台灣「台獨」與「反獨」的大攤牌。

賴清德叫陣。他說韓國瑜是「百年難得一見的政治奇才」，並期待有機會在二〇二〇總統大選，與韓國瑜進行一場君子之爭，贏的人將帶領台灣。

以下是我對這段話的解讀。賴清德期待，這場「台獨／反獨」的大攤牌：一、是一場頂尖對頂尖的對決，不要上駟對下駟，兩邊都推出最有民意支持度的總統候選人。他直挑韓國瑜，顯示他不會糾纏在韓有無「參選正當性」的枝節。二、是一場君子之爭，所以也就是「台獨 vs.反獨」的直球對決，不再閃躲，不再吞吞吐吐欲言又止，也就是不再小人作風。這次大家把話說清楚，「贏的人就帶領台灣」。

台灣非常需要這一場大辯論，國人應持非常正向的思維來迎接這場「台獨vs.反獨」的大攤牌。不過，這仍待賴清德先贏得民進黨初選。而民進黨初選的主題，無疑是「硬獨vs.軟獨」的攤牌。這也不要再閃躲，不能再吞吞吐吐，不能再像民進黨過去幾場「中國政策大辯論」那樣雷大雨小。民進黨面對自己，非常需要來一場內部大攤牌。

民進黨稱賴的動作是「突襲」，但其實這是一場「政變」。賴在登記參加初選前，只告知陳水扁等獨派元老，但幾乎所有黨政建制內的高層人物均蒙在鼓裡，連新潮流內的大咖也在狀況外。這不是「政變」，什麼才是「政變」？

賴說，「我不是要打敗蔡總統」，他卻要取代蔡英文。他說，不是要否定蔡總統三年政績，但他反覆指出蔡的治理已使台灣（台獨？）不保。賴清德從「我二〇二〇支持蔡總統」，突然翻臉給蔡英文來了一個冷不防的措手不及。這不是「政變」，什麼才是？

再看，賴登記參加初選後，黨內其實並未出現天與人歸的場面，例如有三十五名立委具名挺蔡。亦可見，這不是「政變」，什麼才是？

近日浮現的內幕顯示，賴清德其實在二〇一六就要競逐總統，被陳菊擋下。後來接任閣揆後，他又使蔡英文成為「只是」政府體制的元首，而使他自己成為台獨的旗手，以此作出二人的區隔，並藉以挾持蔡英文。當時即可想像，賴的生涯發展下一步就是「蔡賴配」，再接下來就是問鼎二〇二四總統大位。《大屋頂下》在賴清德接任閣揆時就問：這個局面，究竟是賴清德輔佐蔡英文？還是蔡英文為賴清德抬轎？

其實，一直以來，如果賴清德的目標只是「蔡賴配」而已，蔡英文應當必是虛位以待，她也別無選擇；所以，完全不必用這種「政變」的暴烈手段來火中取栗。因而，如果賴此次政變的目標居然就只是要逼出「蔡賴配」，或後來竟然果真搞成了「蔡賴配」；我不認為賴有必要把一個唾手可得的東西搞成這種刀口舔血的事，更多的人不相信賴清德會如此不顧吃相。

我說這些，是認為，這場政變的核心動力仍在於賴清德自二〇一六年即已萌生的「我要當總統」的權力思維（不屑一顧「蔡賴配」），至於台獨路線則是他一路走來的操作工具而已。

談到路線，用「硬獨」來與蔡英文的「軟獨」作出區隔，是賴清德始終擺明的架勢。

但是，賴的路線是否真實，未來必須經過三關考驗。他的「硬獨」主張是：我是務實的台獨工作者，台灣是一個主權獨立的國家，反對九二共識，中國和台灣本來就是一邊一國，台灣和中國是國際關係，制定新憲法的時機已經到了，以及特赦陳水扁……。

賴清德應當在黨內初選（第一關）及若參加總統大選（第二關）中，繼續公開且明確地堅持這些主張；並在若當選總統後，亦公開且明確地堅持以「務實的台獨工作者」做他的「台灣總統」，宣示「我主張台獨，在任何職位上都是」，並誠真推進前述他一路堅持的信仰及政策（第三關）。到了那一天，這才能算是「硬獨」贏了「軟獨」，始能證明賴清德今天要「打敗蔡英文」的正當性與必要性。

但是，賴清德能否通過這三關考驗，或可存疑。因為，賴清德的「硬獨」其實不是鐵板一塊。如果等他當了總統，又改成一套「我當總統，拚經濟最重要」、「親中愛台」、「不會宣布台灣獨立，不會舉辦台獨公投」、「台獨，就是台灣已經獨立」、「遵守洛桑協議，中華台北也可以」（以上這些都是他說過的話），那麼，賴清德與蔡英文的區別何在？硬獨和軟獨的區別又何在？屆時，大家若看到賴總統左支右絀、捉襟見肘，居然發現他不可能「在任何的職位上，都主張台獨」。那麼，倘若「賴獨」不能超越「蔡獨」，賴非要取代蔡的意義何在？

賴即使當選總統，必如所有的台獨執政者，像李登輝、陳水扁、蔡英文一樣：贏了選舉，輸了路線。

「硬獨」的路線，有其絕對的「不可能性」。如陳芳明所說「主張台獨都是騙選票」。所以，賴清德以「硬獨vs.軟獨」發動的「政變」，其中權力的爭奪其實高於路線的歧異。因為，他的硬獨即使過得了黨內初選以及總統大選前兩關，也必無可能通過「以台獨工作者當台灣總統」的第三關。

因此，我一向認為，今天的台獨問題只是民進黨內權力鬥爭的外溢效應。軟獨被硬獨挾持，軟獨被迫不斷加碼；也因此軟獨更甩不掉硬獨，被硬獨挾持。但無論軟獨、硬獨，其實都不可能跨越「宣布台灣獨立」的紅線，賴清德也不能，因此台獨其實已成了假議題。

目前所見，蔡英文近日居然只知咬住韓國瑜，好像忘了她黨內初選的對手是賴清德。要罵韓國瑜，賴清德不輸蔡英文。蔡英文欲贏得初選，必須證明：「蔡獨」勝過「賴獨」。

民進黨內，不但須對「硬獨／軟獨」、「真獨／假獨」來個攤牌，更應對「台獨／非獨」作個攤牌。因為，這三組弔詭已經把民進黨拖到今日「台灣國無膽／中華民國無能」兩頭落空的地步，不把它說清楚，這個黨就很難再走下去。

等到這場賴清德所說「典範型初選」，若在「軟獨／硬獨／真獨／假獨」建立了明確的路線，國人即可在明年總統大選，以「君子之爭」的風格，來共同正向迎接一場「台獨／反獨」的大攤牌。

二〇一九・三、三一

與其爭取川普道賀勝選連任的電話，不如爭取蔡習會的實現。

蔡英文會是第三個李登輝嗎？

本文是對民進黨總統候選人初選結果的評述。

去年五月，《大屋頂下》問蔡英文：陳水扁是第二個李登輝，妳是第三個嗎？蔡英文贏得黨內初選。她能否贏得大選？若當選，她將如何藉連任建立她的歷史定位？

她會不會是第二個陳水扁？會不會是第三個李登輝？

李登輝領導修憲以致毀憲，自己則由「民主先生」登場，下台後成了「台獨靠行者」。陳水扁以「四不一沒有」為起手式，最後落到「一邊一國」的「麻煩製造者」。不過，陳水扁由於一直處在「朝小野大」的局面，雖常有「太平洋沒加蓋」之類的幹話，但在法制層面的破壞尚屬有限。

蔡英文不一樣。她擁有立院多數，對民主法治的全面摧殘可謂皆甚於李扁。且她在口頭上的台獨氣味雖不如李扁，但在去中華民國化及去中國化的實際操作上卻遠逾李扁。

面對大選，蔡英文應向自己及國人交代的是：一、對於民主法治，是否仍要這樣摧殘下去？二、對於台獨路線，是否還要這樣操作下去？

民進黨初選，出現了兩個金句：「多數不一定是對的」及「掌握多數的人，不可因對己有利而任意修改已經公告的遊戲規則」。

這兩個金句是在告訴蔡英文：在民主法治體制上，即使掌握了多數，亦須遵守「法後之法」（Law behind the law），也就是應謹守人類文明在先驗及經驗中所共同體認的正義原則，不可依恃多數而輾壓霸凌少數。否則，那就是多數的不義，違反了民主與法治。

在歷史中最著名的例子，就是民主選舉出身的德國納粹黨。納粹的「多數」完全違反了「法後之法」。

民進黨初選，賴清德的「箭已射出」，蔡英文卻「將靶移走」，這違背了「法後之法」。

見到蔡英文以這種方法來對付賴清德，國人始更看清了蔡英文在國家治理上也一直處在「多數不一定是對的」狀態。她在立法院是多數，但「掌握多數的人」通過了多少涉嫌違憲或違反「法後之法」的法律案與人事案？沒有了「法後之法」，中華民國的立法院，於是看不出與香港立法局的差別。

再者，有多少原本應當主持公平正義的政府機關，如NCC、中選會、促轉會、黨產會、教育部、環保署、農委會及監察院等等，皆遭蔡英文汙染，成了東廠林立。這些「廠公」（東廠份子），連移走靶子都不必，他們是先射了箭再畫靶。如今，大法官陣容一字排開，也令人心寒齒冷。

民進黨為蔡英文修改初選的期程與辦法，還知道不敢依恃多數強行表決，因為那種表決是丟臉的，不義的。但蔡英文在立院通過的那些惡劣的法案與人事案，卻是毫無顧惜地進行強暴表決。

這難道就是蔡英文一再主張不可否定的「執政的價值」嗎？

心中沒有「法後之法」的蔡英文，較諸李扁，更接近是民主法治的叛徒。眾目睽睽，絕不是只有賴清德在測量蔡英文「與惡的距離」，也絕不是只有賴清德一個人不服氣。

蔡英文的兩岸操作更是作繭自縛，愈陷愈深。

台灣的生存發展，面臨中國大陸的威脅。因此必須守住台灣、守住自由民主，要維護主權及主體性，要反對一國兩制等等。這些，其實是全民的共識，而絕非蔡英文或民進黨獨有的感知。

問題是：守護台灣，守護自由民主，絕不是守護蔡英文，守護民進黨，守護台獨。

民進黨的集會場合，迄今一面國旗也看不到。但蔡英文不能無視在滂沱大雨中揮舞青天白日滿地紅國旗的幾十萬群眾。他們難道不也是在守護台灣？守護民主自由？守護主權與主體性？

台灣究竟應該重新團結在中華民國青天白日滿地紅國旗之下？還是繼續在台灣十字路綠旗下以台灣國的騙局來撕裂台灣？這場台獨騙局，能不能就在蔡英文的手裡終止？

《大屋頂下》曾問蔡英文：中華民國有哪一點不比台獨強？例如：最近蔡政府強調紀念《台灣關係法》四十周年，但《台灣關係法》正是中華民國而非台獨爭取到的。又如：最近漢光演習的軍機出自佳山基地，而佳山基地也是中華民國而非台獨建造的。

談到今日守護台灣、守護自由民主、維護主權及主體性，哪一件不是由中華民國及中華民國憲法來撐持？又有哪一件是出自台獨的貢獻？蔡英文到底是因為中華民國而成總統？或是依恃台獨而成總統？為什麼這些民進黨人拿中華民國的俸祿卻幹盡台獨的事？

賴清德說，「以台獨捍衛中華民國」。正好相反，民進黨幹的勾當是，「以中華民國來包庇台獨」。

蔡英文不能再這樣蠻幹下去。川普給的好處台灣應當珍惜，但不必以兩岸破裂為代價。北京迄今仍以外交及停止兩岸制度化協商為對台工具，在經貿層面則仍以「惠台買統」為手段；但若弄到北京覺得不翻臉不行的地步，改以經貿制裁為手段，如中止ECFA或停滅台灣商品進口大陸，這並非不能想像之事，屆時台灣恐將承受不起。

其實，在民進黨初選期間，民調顯示綠營內部挺蔡者超過挺賴者，可見，蔡英文不是完全沒有引領民進黨轉型的可能性。蔡英文應透過大選校正其兩岸政策的方向，與其爭取川普向她道賀勝選連任的電話，不如爭取若連任能促成蔡習會的實現。

畢竟，台灣的兩岸問題不可能靠做美國的棋子來解決，這是一場與隔岸十三億人的深奧博弈。

眼前有幾件事會影響蔡英文的大選走勢與歷史定位。一、能否將台灣從淪為美國貓腳爪及代理人的危機拉回來。二、能否停止因去中華民國化而淪為北京去中華民國化的OEM代工者。三、能否將兩岸重新置於和平競合的軌道上。四、能否將民主法治從東廠化拯救回來。五、能否建立正確的能源政策。六、能否在國際經濟角色上將台灣朝向「自由經濟島」（賴清德主張）的方向推動。七、能否帶領民進黨轉型。

蔡英文若連任，卻又將台獨騙局遞交下去，這將是她最大的無能、恥辱與不負責任。

蔡英文處境的危疑，及她可能對台灣造成的傷害，其實皆遠甚於李扁。敬告蔡英文：不要變成第二個陳水扁，第三個李登輝！

二〇一九・六・一四

蔡英文撿到三把槍

蔡英文贏得民進黨總統候選人初選，有兩大原因：

一、她改變了初選的期程與規則，在拖延的兩個月中，以時間換取空間，翻轉了情勢。

二、在去年十一月二十四日九合一選舉民進黨大敗後，蔡英文撿到了三把槍。第一把槍，一國兩制。習近平在元月二日《告台灣同胞書四十周年談話》，將「九二共識」與「共謀統一」連結，並強調「一國兩制／和平統一」，又主張探索「兩制台灣方案」。蔡英文在同日第一時間就將九二共識與一國兩制綁在一起，並宣示「始終未接受九二共識」，因為北京所定義的九二共識，就是一個中國、一國兩制。

當天的媒體標題就說：蔡英文撿到槍。

自此，反一國兩制就成了蔡英文及民進黨的每日問候語。總統府、外交部、陸委會幾乎每天翻新一個花樣來撥弄它。六月十二日香港立法會原訂對《逃犯條例》修正案進行二讀，引爆百萬人遊行抗議事件，終於將一國兩制的爭議推向新的高點。此時正是民進黨初選民調期間。郭正亮說：蔡英文撿到了原子彈。

第二把槍，賴清德加入初選。三月十八日賴清德突然登記參加初選，對蔡英文確實是嚴重衝擊。但後續兩個月的發展卻證實，這是蔡英文又撿到一把槍。這種演變，當然是賴清德及蔡英文始料所不及。

賴清德反覆強調「我會贏，只有我能贏」。但如今初選已經結束，卻仍然完全看不見賴清德表現出任何他應當取代蔡英文的理由。

如今證實，賴清德加入初選，最重大的效應，是促使蔡英文提早進行了黨內流派的整理，並與初選同步提前了面對大選的操作。

關於整理黨內。這次初選，原是「內殺型台獨」的一個鬥爭指標。但賴清德在台獨理論的反而退縮及獨派支援力量的如此衰弱，都是大大的出人意表。在整個初選階段，獨派的動作呈現的是破碎化、邊緣化、孤立化及膠囊化，在綠營內部完全看不到感染力，在社會層次更可謂到了秋毫無犯的地步。作為「內殺型台獨」的一次鬥爭指標，此次初選對民進黨下面的路程應有啟示作用。

再說面對大選。初選的五個民調工作組居然好像刀切豆腐一般整齊地皆得出蔡英文在三腳督大勝韓、柯的結果（阿扁死都不相信）。不論這些民調沒有動過手腳，皆可見蔡英文在藉初選提前打大選。

第三把槍，郭台銘加入國民黨初選。賴清德是認為蔡英文贏不了，所以才投入初選。但郭台銘則是在四月中旬舉國皆認為韓國瑜極有可能為國民黨贏得大選的輿論顛峰時際，突然跳出來想要「攔胡」。郭為什麼認為在此當下自己應該攔胡？及郭為什麼認為在這種情勢下自己有實力攔胡？這個答案只有郭自己知道。但問題是：民進黨的「自癒力像妖怪一樣」，有能力處理賴蔡鬥爭；而國民黨卻儼然出現「急流／半渡／易馬」的危機，已陷「韓已受重傷／郭氣候未成」的困境。對蔡英文來說，站高山看馬相踢即可。

當然，由於國民黨初選的紛擾，正好也掩蓋了民進黨初選內亂的尷尬。輿論認為兩黨烏鴉一般黑，也就未便對任何一黨作文章。民進黨初選在國民黨初選的掩飾下，也平白減輕了輿論的壓力。

這三把槍，習近平給的一把，提供了蔡英文取之不盡、用之不竭的辣台妹論述架構。賴清德給的一把，使蔡英文提前整理門戶，已然成為民進黨的共主。此時的蔡英文，確如賴清德所說的已經是「二・〇版」。郭台銘提供的這把，則將國民黨原來一盤棋掀翻，遂使原本焦頭爛額的蔡英文，已成以逸待勞之勢。

出現這個局面，藍綠紅如何因應？

北京應當幡然改變「又要台灣維持中華民國，又要滅亡中華民國」的戰略矛盾。這次大選，是「台獨捍衛中華民國」與「中華民國捍衛中華民國」的大火併。上海東亞研究所所長章念馳先生多年來說過多次，「如果我們（大陸）不能留住中華民國，中華民國就會給了台獨」，現在已然出現了完全真實的場景。

北京的「中華民國已經滅亡論」，必須在此次大選中設法改變。北京幫台獨消滅「中華民國」的內涵，台獨就只須留下「中華民國」的外殼就行了。

在今天這種局面下，大陸有些智庫竟仍在悶著頭討論「兩制台灣方案」。這對中共中央的兩岸政策，到底是高級黑還是低級紅？這種矇住眼睛、只知向上向內交代的交差主義，膠柱鼓瑟，難怪有人在問：國台辦還有沒有人在上班？

至於滿手撿到槍的蔡英文及民進黨，不能將當前各種利多的暫時聚匯，視為長期的兩岸戰略憑藉。濫用短多，未來可能承受不起長空的重傷。

此次初選可說是「軟獨」與「硬獨」的首次攤牌，硬獨的斤兩已完全呈現，因此民進黨不應容它再有超乎其比例的影響，而使蔡英文及整個黨繼續淪為「台獨的囚徒」。

兩岸關係是台灣與大陸極其深奧的歷史博弈。如上篇《大屋頂下》所言：蔡英文勿因爭取川普的一通祝賀當選連任的電話，而放棄了若連任仍可爭取蔡習會的可能性。

國民黨必須迅速脫離初選中出現的自殺性動作。今天，居然「用台獨捍衛中華民國」的論述，有可能贏過「用中華民國捍衛中華民國」，這真是國民黨的恥辱與悲哀。

以一國兩制來說。自蔣經國起，國民黨就高擎反一國兩制的旗幟，如今反一國兩制卻成了民進黨及蔡英文的標誌。而中華民國為了守護台灣、守護民主自由、守護主權，流血犧牲了七十年，如今卻任人一筆勾銷，只相信民進黨及台獨在守護台灣、守護民主自由、守護主權……。

今天的國民黨，若發現自己連扛起「中華民國」四個字都不如台獨，會不會太過無能？是不是太過不知恥了？

陷於初選亂局的國民黨檯面人物，面對「反送中」事件，表現得如此荒唐離譜。試問國民黨的巨頭們：你們如何對得起在大雨滂沱中手持青天白日滿地紅國旗的中華民國支持者？

二〇一九．六．三十

第3章 台獨囚徒與民主叛徒

自二〇一六年以來的蔡英文，是一個從「台獨囚徒」到「民主叛徒」的過程。

此時的蔡政府，實施的是「台獨雅各賓專政」。

台獨已幾乎成為假議題。台獨議題如今只是民進黨內部流派權力鬥爭的外溢現象。這是「內殺型台獨」，而非「外擊型台獨」。賴清德與蔡英文之間的奪權鬥爭即為「內殺型台獨」的新顛峰。

蔡英文的初心，似不想把兩岸關係搞到如此惡劣的地步。但她成為台獨的囚徒，台獨不讓她接受「九二共識」四字；且她又未能使北京讓步，北京非要她接受「九二共識」，且步步收緊九二共識的詮釋。

這場民進黨與北京的「外擊型鬥爭」，如今以蔡英文與賴清德的「內殺型鬥爭」作出階段性的結論。

賴清德說：「台獨，就是捍衛中華民國。」他欲取代蔡英文的權位，卻在台獨論述上倒退。「賴獨」並未超越「蔡獨」。這不啻就是「內殺型台獨」到此階段的「成就」。

三年來，蔡英文為平衡「內殺型台獨」，可以見到她對獨派的退寸失尺。她為了安撫獨派，用盡各種毀滅民主法治的手段，諂媚獨派，想要贏得這場「內殺型台獨」的權力鬥爭。結果，卻以賴清德欲奪取她的權位收場，創造了「內殺」的顛峰。

如今證實，「賴獨」也並未能超越「蔡獨」，但此時的蔡英文已從台獨的囚徒變成了民主法治的叛徒。

這場內殺型台獨的權力鬥爭，嚴重摧殘踐踏了民主法治，將台灣推向了「台獨雅各賓專政」。

台獨、民主、愛台灣，成了民進黨的三大謊言。贏得民進黨初選的蔡英文，仍打算揹著這三大謊言走下去嗎？

上下樓梯　緊握扶手　站穩踏階

吳釗燮幫蔡英文再擠出一截牙膏

本文發表在蔡英文剛當選總統，就任之前。文中指出，蔡英文其實大體接受了「九二共識」的精神（「名詞詮釋」），只因受獨派牽制，不能用「九二共識」這四個字（「名詞的使用」），這也是蔡英文此後的長期掙扎。至二〇一九年元月二日，習近平發表告台灣同胞書四十周年談話，九二共識與一國兩制掛鉤，蔡英文始正式否定九二共識。

牙膏一截一截地擠，樓梯一階一階地下。民進黨秘書長吳釗燮在華府演說宣稱：「民進黨從未否認一九九二年的兩岸會談，也將追隨相互諒解、求同存異的會談精神，推動兩岸關係。」這段說詞，可視為又向「九二共識」靠攏了一小步。

面對九二共識，蔡英文的逐步轉身值得肯定；但既要轉身，就有是否到位的問題。這可分從蔡英文自己所說的「名詞的使用」（要不要換一個名詞？）及「名詞詮釋」

（對核心意涵及求同存異如何解釋？）兩方面來說。

先談「名詞詮釋」。蔡英文迄今對「九二會談精神」的詮釋，只有「相互諒解／求同存異」八個字。但這八個字與北京所指核心意涵「反對台獨／兩岸同屬一中」，及馬政府所指「九二共識／一中各表」、「不統／不獨／不武」仍有距離。甚至亦不知蔡英文是否認同一九九二年的原始論述：「海峽兩岸均堅持『一個中國』之原則，但雙方所賦予之涵意有所不同。」

九二共識一詞發展至今，確是求同存異。同是「一個中國」，異在「各自表述」，此即「一中各表」。因而，綠紅藍三方面，此刻必須釐清的是，蔡英文所說「九二會談精神」與「九二共識」的異同何在？如果蔡英文所說的「求同存異」，脫離了九二共識的基本框架，恐怕不易在「名詞使用」上，以「九二會談精神」來置換「九二共識」。所以，蔡英文勢須對「九二會談精神」與「九二共識」二者的核心意涵再作比較及對照。

吳釗燮擠出「願追隨九二會談精神推動兩岸關係」這截牙膏，似顯示民進黨已知難以抵拒九二共識的核心意涵，亦即蔡英文不可能只用「相互諒解／求同存異」八個字來站穩馬步。

再論「名詞使用」。一般認為，「名詞」無關緊要，「核心意涵」才重要。亦即認為，蔡英文只要認同九二共識的核心意涵即可，她接不接受「九二共識」這四個字就不關痛癢。但是，反過來說，如果蔡英文接受了「九二共識」的核心意涵，她又何必拒絕「九二共識」這四個字呢？其實，蔡英文若無力抵拒北京方面在九二共識的核心意涵，她更不能丟掉「九二共識」這四個字。

九二共識是一載體，其核心意涵分二部分。一部分是北京所說的「反對台獨／兩岸同屬一中」（這一部分比較強勢，比較穩定），另一部分則是馬政府主張的「一中各表／不統／不獨／不武」（這一部分比較弱勢，不穩定）。蔡英文不能只想藉甩掉「九二共識」來甩掉北京的「反對台獨」，畢竟她必須小心，不要因此也甩掉了「一中各表」。

蔡英文應有警覺：不論她接不接受九二共識，北京都不難在「反對台獨／兩岸同屬一中」上找到其他施力處。但蔡英文政府若摧毀了「九二共識」這個載體，棄守了「一中各表」這個進退攻守的憲法據點，試問將如何另外重建一個「一中各表」的戰略載體？

因而，蔡政府若甩不掉北京在「反對台獨／兩岸同屬一中」的糾纏，就更不能丟掉「九二共識」四個字。因為丟掉這四個字，不但丟不掉北京的「反對台獨」，更會因此丟掉了「一中各表」，失去了因應兩岸周旋的戰略縱深。

或許，在二〇一六以前，九二共識的「反對台獨」，占較大比重；但在後二〇一六，九二共識的「一中各表」應會占較大比重。因為，在現階段，北京會願見蔡政府回到「一中各表」的立場，而蔡政府在北京「反對台獨」的壓力下，也唯有回到「一中各表」，始能保有進退攻守的戰略據點。

蔡英文說：「在中華民國現行憲政體制下，推動兩岸關係。」吳釗燮說：「民進黨願追隨九二會談精神，推動兩岸關係。」二者合龍，「中華民國憲政體制」與「九二會談精神」即可相互對等代換。如此，蔡英文即勢必要進一步維持二者在「一中憲法／一國兩區／一中各表」的一致性；倘係若此，蔡英文再有什麼理由否定「九二共識」這四個字？

蔡英文似將「九二共識」四個字（名詞使用），看得比「核心意涵」（名詞詮釋）重要。但在核心意涵上，「反對台獨」她甩不掉，「一中各表」她丟不起。倘係如此，蔡英文何必非要摧毀「九二共識」這個「一中各表」的載體？顏面重要？還是國家生存戰略重要？

牙膏一截一截地擠，樓梯一階一階地下。

「請緊握扶手，站穩踏階」，這是台北捷運電扶梯的警語，贈給即將接任的中華民國總統蔡英文。

二〇一六・一・二一

跨兩岸 跨藍綠

大家都給蔡英文留條路

我認為，蔡英文起始未必是鐵桿台獨（否則台獨就不會如此反她），而是台獨的囚徒。本文發表幾天後，我又寫了一篇〈蔡英文不要關上這道門〉，皆是希望她能擺脫台獨的挾持。兩文皆發表在蔡當選總統後、上任前。

卡在九二共識，兩岸風雲，劍拔弩張。一股勢力站在蔡英文的同一邊，另一股勢力站在她的相對面。

站在蔡英文同一邊者以綠營為主，但從大選開票看，其支持者已跨越藍綠舊線。這股勢力，又分成「反對她接受九二共識」及「希望她靠近九二共識」兩支，而二者的界際是可變動的。迄至目前，蔡仍在二者之間依違莫定。

站在蔡相對面者，在大陸及藍營皆有。這股勢力，對九二共識與蔡英文的關係，也可分成兩支。一支較強調給她懲罰，另一支較傾向要她轉型。強調懲罰者，主張以窒息戰法迫其就範。傾向要她轉型者則主張「圍城必缺」，要給蔡英文留一條出路。隨著情勢急遽惡化，懲罰論的聲勢正在升高，要蔡英文轉型的壓力也顯見增加。就兩岸大局來看，強調懲罰必致兩敗俱傷，而若欲引導她轉型，勢必要給她一個出口。因此，「憲法說」仍是兩岸的一著活棋。北京若能默認「以中華民國憲法詮釋九二共識」，而蔡英文倘能以「用中華民國憲法詮釋九二共識」相回應，雙方就不會走到山窮水盡，而或可柳暗花明。

「以中華民國憲法詮釋九二共識」，無違「兩岸一中」，卻存有「一中各表」的緩衝，這正是九二共識的「現狀」，也是兩岸關係的「現狀」。北京若不能接納這樣的現狀，九二共識在台灣將難立足。而蔡英文若竟不接受「以中華民國憲法詮釋九二共識」，恐怕也難撐持下去。

九二共識是「模糊的傑作」，其中存有許多求同存異的空間，「憲法說」即是。但當前的兩岸危機，不但出現在蔡英文不接受「九二共識」，形同自行封閉了「一中各表」的空間；而北京也有既然如此即封閉此一現今默認的空間、改採較「九二共識」更緊縮路線的跡象。

北京不僅應操作與民進黨的關係，更應關注大陸與全體台灣人民的關係。如果北京認為兩岸整合應循「心靈契合」、「兩岸一家親」及「和平發展」的路徑，卻封閉了

「一中各表」的空間，在現階段，兩岸在「一中原則」上，即難有交集之處。

另一方面，台獨已無可能，「一中各表」應是當下台灣與大陸維持競合關係的唯一架構。蔡英文既稱「在中華民國現行憲政體制下，推動兩岸關係」，即沒有理由自己將「九二共識／一中各表」的大門關上。

「一中各表」當然維持不易，但蔡英文不可代兩岸封死這條路。而只要蔡英文肯試這一條出路，她應當獲得跨兩岸及跨藍綠的理解與協助。因為這不僅是蔡英文的出路，也是台灣的出路，更是兩岸關係和平發展的出路。

北京若能給蔡英文留一條路，那就要看綠營讓不讓蔡英文走出來了。畢竟，蔡若沒有出口，台灣即無出口，民進黨及綠營也不會有出路。所以，綠營尤其應給蔡留一條路。

不過，首先蔡英文自己得給自己留一條路才行。

二〇一六・三・二一

不目逃！昔有北宮黝　今看蔡英文

孟子公孫丑篇：「北宮黝之養勇也，不膚撓，不目逃。」北宮黝是勇夫，即使戳其眼睛，也不逃避。但這個故事沒有下文：戳眼不逃，後果如何？

蔡英文與北京在「九二共識」的對峙愈來愈尖銳，儼如對著眼睛戳來。北京把狠話說透，本文不願引述，以免被視作為敵張目。但蔡英文是否看到了針對眼睛戳來之勢？是將其架開？還是將其擋住？或者，不架也不擋，作個現代的北宮黝，不目逃。

北宮黝不目逃，或許傷了他的眼睛。但若中華民國總統面對當前危機，拿不出對策或根本沒有對策，竟是坐以待之，這就絕不止是傷一人之眼。暴虎馮河，這究竟是勇，抑或是智？

何況，北宮黝明知戳眼不逃的後果，仍甘受之，此或可謂求仁得仁。但蔡英文若評量過「九二共識」破局的後果，仍以「不目逃」承受，這能算是整個台灣的求仁得仁嗎？

北宮黝畢竟是見到了戳眼而來之物，但蔡英文是否見到了針對眼睛戳來之九二共識一旦破局的危機？其實，她正陷於自相矛盾之境：

一、郭正亮說：「令人納悶的是，如果新政府連更嚴苛、更明確的《聯合國二七五八決議文》都可考慮有條件接受，但對於相對模糊、更有解釋空間的『九二共識』為何不能有條件比照處理？反而一定要反對到底？」。這是在問：為何對二七五八決議文就目逃，卻對九二共識不目逃？這是否自相矛盾？

二、蔡團隊處理二七五八決議文的手法，在於不承認北京的詮釋，而試圖代以己方的詮釋，並認為「二七五八決議文有各自詮釋的空間」，此即「決議文各表」。然而，「九二共識」明明已有「各自詮釋／一中各表」之功用，但何以蔡團隊卻非要堅持北京所作「兩岸一中」的詮釋，更非要堅決否定馬政府已經相當程度實現的「一中各表」的詮釋？也就是說，何以《二七五八號決議文》就可「各表」，九二共識就無論如何不能「各表」？這又是否自相矛盾？

三、其實，蔡英文亦知不能蠻力對抗「九二共識」。又可分兩方面說：一、論述方面，蔡英文已宣示「理解並尊重一九九二年兩岸兩會會談的歷史事實所達成的若干共同認知與諒解」，這其實已可稱為「不稱作九二共識的九二共識」。二、人事方面，新政府自副總統、閣揆至重要國安首長之人選，皆顯現對兩岸關係的審慎，架空了民進黨深綠人士，淡化了意識形態作祟的空間；尤其以蔡英文表姐林美珠為政務委員，一人兼轄陸委會、國防部、外交部、僑委會、轉型正義，亦見蔡英文是將國安工具操在己手，以防變生肘腋。這類論述及人事的安排，應當皆非準備與「九二共識」進行火併的架式，卻與蔡團隊迄今堅決不接受「九二共識」的頑強立場自相矛盾。

綜上所論，蔡英文不是未見到九二共識破局的危機，也不是未在論述及人事安排上預為綢繆之計。只是，這個轉身始終不到位，如今又在WHA邀請函上轉了一些角度。看來，蔡英文當然不是北宮黝。

蔡團隊對WHA所提二七五八決議文的因應，不但顯現了「是否不目逃」的抉擇，也呈現了「是否能各表」的努力。WHA邀請函所引爆的風潮，正是九二共識破局危機的預演。九二共識已成為兩岸關係的「一籃子」，二七五八決議文及一中原則的解讀與九二共識有關，新政府就任後任何關涉兩岸的政務亦必皆與九二共識有關。有了九二共識的一籃子，一切兩岸政務皆可能就此理順；反之，若沒有九二共識的一籃子，一切兩岸政務必生齟齬，二七五八決議文絕對不是最後一件棘手之事。

知命者不立乎巖牆之下，蔡英文應當不是北宮黝，但也更不應是葉名琛。郭正亮問：如果能吞下二七五八決議文，為何九二共識不能比照處理？蔡團隊應當給國人一答案。

二〇一六・五・一一

國家生存戰略 勿玩猜謎遊戲

蔡英文求救於中華民國

本文是對蔡英文總統就職演說的譯讀。

蔡總統就職演說說了四個字「解決問題」，但未說出另四個字「九二共識」。未說出這四個字，兩岸似仍不能解決問題。

蔡英文曾說，九二共識的問題分兩部分：一、名詞使用。二、名詞詮釋。

馬政府的表述是：「九二共識（名詞使用）／一中各表（名詞詮釋）」北京的表述是：「九二共識（名詞使用）／兩岸一中反對台獨（名詞詮釋）」

蔡英文總統的就職演說，則可謂是：「不說九二共識的九二共識（名詞使用）／不說一中各表的一中各表（名詞詮釋）」

她說：「（尊重）一九九二年兩岸兩會……秉持求同存異的政治思維……達成若干的共同認知與諒解。」也就是她說了「九二認知」，但她不說「九二共識」。她也說了「求同存異」，但她不說「一中各表」。

不說的，是對深綠不說。說的，則是對北京及對淺綠與藍營而說。她更說了「一九九二年會談的歷史事實與求同存異的共同認知」是「持續推動兩岸關係和平發展的既有政治基礎」之一。這已極近似北京說：「九二共識是兩岸關係和平發展的共同政治基礎。」

以上，大體上是她對一月廿一日「九二歷史事實／推動兩岸關係」談話的重申。至就職演說，她又增添了一些說法。她說：「新政府會依據中華民國憲法、兩岸人民關係條例處理兩岸事務。」

她拋出憲法與條例這兩個關鍵詞，似希望北京自己去查查政治字典：一、此說比「在中華民國現行憲政體制下，推動兩岸關係」進了一步，因為「憲法」已較「憲政體制」明確；且此部「為因應國家統一前的需要」而增修的憲法，可與「憲法一中／一國兩區／一中各表」連結。二、再翻查《兩岸人民關係條例》，可知此法用在「國家統一前規範台灣地區與大陸地區人民之往來」，且註明「大陸地區即台灣地區以外的中華民國領土」。亦即，字典的釋義是：「憲法一中／一國兩區」。

蔡英文將字典的釋義留供猜謎，是因深綠不願聽到謎底。

更可注意的是，演說在提及東海及南海問題時說：「我照依中華民國憲法當選總統，我有責任捍衛中華民國的主權和領土。」

蔡英文將這句話置於東海南海的上下文中，但她在此處對「主權」與「領土」的宣示，亦可視為她對「整部憲法（主權）」與「整幅國土（領土）」的承當。

蔡英文曾說「中華民國是流亡政權」，此時她說「我是中華民國總統，有責任捍衛中華民國的主權」。她也曾說「我的中華民國沒有長江黃河」，此時她說「我有責任捍衛中華民國的領土」。

大陸方面常問：妳的「中華民國領土」是否包括大陸？想藉此印證蔡英文是否接受「兩岸一中」。現在，蔡英文給了答案。

這些論述，皆巨幅超越了她在一月廿一日的談話。

在演講中，蔡英文將「九二共識／一中各表」的拼圖拆解。東露一片，西藏一塊。她希望想看到的人（北京、藍營及淺綠）找得到，不想看到的人（深綠）找不到。

現在的問題是：北京看到了，但裝作看不到。深綠其實也看到了，但不能承認看到。

這樣的架構，可能兩頭落空。

一、蔡英文說，她要捍衛中華民國，但事實上卻是她必須求救於中華民國，求救於中華民國憲法。

二、北京看出了蔡英文的困境，決定要從蔡英文的口裡聽到中華民國憲法是否「一中憲法」?兩岸人民關係條例是否「一國兩區」?及為何接受了中華民國憲法、兩岸人民關係條例與「九二認知/求同存異」,卻不接受「九二共識/一中各表」?

三、深綠心照不宣、自欺欺人地吞下了蔡英文說的這一切,但若要他們再吞下「九二共識/一中各表」八字,情何以堪?

蔡英文自以為能說的都說了,幾乎只是「九二共識/一中各表」八個字尚未出口。但北京正在得寸進尺,深綠卻要捍衛一層面皮。蔡英文何去何從?

蔡英文如果夠謙卑的話,她應知道:她現今其實談不上捍衛中華民國,而是她在求救於中華民國及中華民國憲法。

如今的兩岸危機,未必是剎那間的地動山搖,而將是沒完沒了、不知伊於胡底的神經戰與消耗戰。蔡英文如果處理不當,中華民國必創鉅痛深。

「九二共識/一中各表」是全方位的國家生存戰略,北京認為「有原則/亦有善意」、美國接受,藍營支持;綠營中的開明意見是「若是一中各表,可接受」,深綠甚至已是「只要不說出九二共識四字,在就職演說繞圈子也可接受」。

因為,各方皆知,蔡英文必先求救於中華民國及憲法,始可能捍衛台灣。

但是,一方面求救於中華民國及憲法,另一方面又閃避「九二共識/一中各表」,這卻是自相矛盾。因為,「九二共識/一中各表」正是以中華民國憲法支撐的國家生存戰略。

前文說，蔡英文的策略是「把九二共識說成九二認知／把一中各表說成求同存異」。她希望北京能夠「雖不滿意，但可以接受」。但是，北京在誘使蔡英文深入口袋後，其態度卻是「雖然每次都增加一點滿意，但仍未達標，不能接受」。北京得寸進尺，蔡英文卻進退兩難。這是因為，北京也看準了蔡英文必須求救於中華民國。民進黨始終未能建立一套「全方位」的憲法戰略與兩岸政策。因此，對北京說一套，對美國說一套，對藍營說一套，甚至對淺綠、深綠也各說一套。於是，如今出現這種「不說九二共識的九二共識」。

說了，但沒有說的功用。不說，也沒有不說的功用。

此種非全方位的國家生存戰略，「見人說人話／見鬼說鬼話」、「又不能說／又不能不說」，最大的危機是在執政團隊內部已失去同一標尺的治國準據。

例如，對外說捍衛中華民國憲法，但骨子裡若是借殼上市或兩國論，治國團隊即失準據。這種表裡不一的政策思維，將權術視為國策，無法限範執政團隊中的各行其是，更無可能在兩岸之間建立互信與共同政治基礎。

例如，就職演說宣示捍衛中華民國憲法，第二天就宣布廢止微調課綱。這究竟是回歸憲法或去中國化？又如，就職演說表態參與ＲＣＥＰ的意願，並稱「願與對岸尋求各種合作與協力的可能性」，但前一天卻先已宣布不再重啟兩岸貨貿協議談判。如此一來，新南向政策究竟應解讀為與對岸分道揚鑣，或可與RCEP、亞投行及一帶一路並駕齊驅、「尋求合作與協力的可能性」？

此種「表裡不一／見彎就轉」的分裂政策，首先將錯亂了治國團隊。於是，總統府稱捍衛中華民國，立法院則演兩國論。主張廢除台獨黨綱者作了行政院發人言而閃避九二共識，支持ECFA者任國發會主委，卻以新南向政策向北京挑戰，而罔顧「南向」是否「難向」。國防部長馮世寬在立院首演，居然從「我不會支持台獨」，秒收到「我收回這句話」。

這種「言不顧行／行不顧言」的錯亂政策架構，甚且使總統至閣員亦是心思與言行自相矛盾。準據反覆，心志猶豫，如何執政治國？

其實，蔡英文已說出「不說九二共識的九二共識」。北京與蔡英文無互信，因此要她說出「九二共識」。深綠與蔡英文有猜忌，因此不容她說出「九二共識」。蔡英文如果不能使北京給她更多的空間，即必須設法使深綠給她更多的空間。

蔡英文的問題，其實是在深綠內部。北京堅持那四個字，也是對準了深綠。蔡英文如果搞定深綠，那份未完成的答卷，其實只差四個字：九二共識。

少了這四個字，猶如一紙契約少了一枚印鑑。

蔡英文還談不上捍衛中華民國，她必須求救於中華民國及中華民國憲法。本文的建議是：「在中華民國憲法下，理解並發展九二共識。」

二〇一六・五・二九

「東西中南沙群島皆屬中華民國所有……」

太平島顛覆了台獨論述

蔡政府在太平島事件對固有疆域的主張，一舉顛覆了台獨論述。

台獨論述最徹底的主張是「台灣地位未定論」，根本否定台灣是中華民國領土。近年修正後的主張則認為，中華民國主權與領土僅及於台澎金馬，也就是「去中國化」。

蔡英文曾說「中華民國是流亡政府」，此說即建立於「台灣地位未定論」之上。她又說「我的中華民國沒有長江黃河」，這就是「去中國化」，也就是「借殼上市」。

但是，蔡政府在太平島事件中對中華民國主權與領土的主張，居然一舉顛覆了台獨論述。

「台灣地位未定論」是以一九四五年終戰為斷代，認為此後即台灣地位未定，中華民國只是外來政權或流亡政府。

但如今蔡政府既標舉一九四七年中華民國政府頒示的「南海諸島位置圖」，用為主張太平島主權與領土的法理依據，則台灣為中華民國領土豈可能仍是「未定論」？尤其，蔡政府非但主張太平島主權，更明言「東、西、中、南沙群島，皆屬中華民國所有」，而這些概括指涉的許多礁島如今多為中國大陸所治理，故蔡政府的主張不啻即是宣示雙方主權重疊或共享。至此，蔡政府既說「東西中南沙群島皆屬中華民國所有」，試問，如何再說：「我的中華民國沒有長江黃河」？

台獨理論無法處理太平島事件。

一、中華民國若是外來政權或流亡政府，如何處理太平島事件？

二、蔡英文若是「台灣總統」而不是「中華民國總統」，有何法理依據處理太平島事件？

三、蔡政府如果不持守中華民國所頒「一九四七年南海諸島位置圖」，如何主張太平島的主權？難道要說：「太平島自古就是台灣的」？

釣魚台及太平島事件，對於全民皆有極大的啟示作用。當全民的思路，由習常的「台、澎、金、馬」延伸至「台、澎、金、馬、釣、太」，對於「國家／主權／憲法」的認知，及兩岸關係的思考，應當皆有重大啟發，且尤以太平島事件為然。

因為，從台獨理論言，要蔡政府說出「東西中南沙群島皆屬中華民國所有」，這是前此無法想像的飛躍。

眼前的事實是，「東西中南沙群島」為兩岸共同主張的主權與領土範圍。中華民國據有太平島，中華人民共和國據有永暑礁等。若要處理主權重疊或共享的異象，唯有「一中各表」一途。因此，當蔡政府說「東西中南沙群島為中華民國所有」之時，即必須解讀為「一中各表」，且這是唯一的解讀。

進一步的演繹是：蔡政府因拒絕「憲法一中／一中各表」而否定「九二共識」。但如今既稱「東西中南沙群島，包括永暑礁等皆屬中華民國所有」，若仍否定「憲法一中／一中各表」，試問蔡政府將如何自處？

「南海諸島位置圖」，就是十一段線、U形線，或牛舌線。蔡政府承認了「南海諸島位置圖」，卻不肯明言就是「U形線」。正如蔡英文幾乎已經說到「承認九二共同認知」的地步，卻不肯說出「接納九二共識」。

但是，言詞上的閃避，不能免去現實上的面對。從「國家／主權／領土」的認知，至護守太平島，至理順兩岸關係，蔡政府皆必須面對及承擔起「憲法一中／一中各表」。由此更可見「九二共識」的必要。

美日勢力橫暴地將太平島定位為礁，這是預估兩岸關係未來發展，台灣的前景堪憂，因此不欲留一個「島」給北京，「指島為礁」遂成釜底抽薪之計。美日此種無情絕義的手段，使得太平島事件更加證實，台灣的主要憑藉不在台美日關係，而在兩岸治理。亦即：台灣的出路不在台獨，而在中華民國。

當蔡政府說出「東西中南沙群島皆屬中華民國所有」的時候，應當是真正知道也承認「中華民國不是外來政權」了。

二〇一六．七．一六

一中各表與一中同表

「一中各表」與「一中同表」再啟爭議。首須釐清，有「同表」是否即不可有「各表」，或有「各表」即不可有「同表」，二者是否不可共容並存的敵體。

其實，倘若視「各表」為過程，「同表」為目的，二者原本是互為條件、不可切割的同一體系。

一中同表若為九二共識的升級版，一中各表即為九二共識的基礎版。這是一個「有我才有你」的體系，不會變成「有我不要你」的架構。

一中問題與釣魚台問題的邏輯有相似處。釣魚台發生主權爭議，各方最低的戰略目標就是必須「維持爭議狀態」。因此，各方分別堅持爭議狀態，亦不容許對方否定爭議狀態。也就是要維持「一個釣魚台各表」。

李登輝的釣魚台戰略為「釣魚台是日本的」，卻是要否定爭議狀態，切斷釣魚台與台灣與中國的關聯，拒絕「一個釣魚台各表」。

「一中各表」的邏輯架構更複雜。即是：一方面主張「一中定義處於爭議狀態」

（主體性的問題），但另一方面也接受「一中原則處於默契狀態」（連結點的問題）。一旦放棄了「一中各表」，對藍綠紅三方的戰略架構皆生衝擊。略述如下：

藍：放棄「一中各表」，即必須對「一中同表」的「一中」作出定義。一、若指「一中就是中華民國」，豈不仍是「一中各表」？二、若指「一中就是中華人民共和國」，那麼直接接受中華人民共和國憲法即可，何必再「深化九二共識」？三、若指「一中」是「第三主體」的「大屋頂中國」，亦當明言。何況，「大屋頂中國」若是「一中同表」，亦須建立在「一中各表」的基礎之上。準此可以指出：在上述三定義中，除第二定義外，皆不必也不可否定「一中各表」。

再者，台灣的「非台獨光譜」，最核心的雖是國民黨，但「泛藍」大於國民黨，「反台獨／非台獨」又大於泛藍，若再加上只是將台獨視為戰略黑臉的「輕獨／淺獨」，「一中各表」正是此一「統一戰線」的最大公約數。失去了「一中各表」的支撐，這個「非獨／反獨」的架構可能裂解。如此，國民黨即可能「走不下去」。

綠：兩岸情勢發展至今，蔡英文政府拒絕九二共識，其實已不在反對中華民國，而是不接受「一中各表」。當柯文哲說「一個中國不是問題」之時，獨派喝采喊讚，即是主張「中國是你的，我根本不要和你各表」，這是將李登輝的釣魚台論述用在「一個中國」。

「法理台獨」已無可能，新的台獨程式是「不抹掉中華民國四個字的台獨」，也就是「心靈台獨／借殼上市」。其論述是：台灣是一個主權獨立的國家，「現在」的名字叫中華民國，「現在」用的憲法是中華民國憲法，「現在」採的憲政體制是「中華民國現行憲政體制」，兩岸不相隸屬。這也就是《台灣前途決議文》中否定了「一中原則」的「現在的中華民國」，也就是「借殼上市」，當然不接受「一中各表」。

民進黨拒絕「一中各表」，至少產生了兩種政治效應。一、使得兩岸失去了「一個中國的爭議平台」；兩岸在「一個中國」上，有「各表」的爭議，才有「一中」的連結，無「各表」即不可能維持「現在進行式的一中議題」。二、蔡政府如今否定九二共識，未來若思改圖，不可能直接接受「一中同表」，而「一中各表」即是出口。倘「一中各表」被取銷，形同堵住了蔡政府的出口，這應是戰略上的大忌；畢竟，無論藍或紅，目的不應僅在懲罰民進黨，而是要它轉型。若堵住了「一中各表」，會使民進黨「走不回去」。

紅：九二共識應從兩面看。從一面看，一中各表保存了中華民國的地位，北京可能顧慮尾大不掉；但從另一面看，一中各表其實至少維持了「一個中國的爭議狀態」，也保有了中華人民共和國與中華民國共同處理中國問題的法理架構。倘無一中各表，一旦形成「國民黨走不下去／民進黨走不回去」的局面，北京在兩岸關係上也就去了一支重要的槓桿。

對北京而言，九二共識有兩個元素，「反對台獨」若是原則，「一中各表」即是善意（張志軍語）。關上一扇門，打開一扇門。有框限，有引領。兩者必須取得平衡。目標是：將民進黨從「借殼上市的中華民國」，引導向「一中各表的中華民國」。北京應知：「只有一中同表／沒有一中各表」，其效應不會把台灣人拉得更近，只會把台灣人推得更遠。

要把台灣人拉回「中國」（同表），首須將台灣人拉回「中華民國」（各表）。我認為，兩岸關係必須建立在縱橫兩條軸線上。一條是處理現狀的空間橫軸，就是一中各表；一條是指向未來的時間縱軸，就是大屋頂中國，也可說就是一中同表。在「一中同表」的時間縱軸推至未來定點之前，「一中各表」的空間橫軸皆必須始終盡量維持，至少現段沒有取消「一中各表」的條件。

兩岸關係的大架構須思改變，北京應當改變「中華民國已經滅亡」的論述，未來，不論在兩岸互動或建構兩岸解決方案的過程中，皆應正視中華民國的地位。

紅綠藍三方面必須共同維持的要領即是：一中各表。

二〇一六・九・二〇

蔡英文執政周年前夕

兩岸共同答卷　須有空中飛人的默契

蔡英文二〇一六年的五二〇就職演說，北京演出了起初稱許但數小時後翻臉的怪事。本文指出，雙方若要有如蔡英文所說「結構性的合作關係」，就要像空中飛人。我飛過去，你不能不接。你飛過來，我不能不接。

蔡總統提出的「三新論」，在兩岸之間及台灣內部都打了水漂。不過，她說「兩岸的問卷不是可以單獨解答的，而須共同解答」，這卻是合理的見解。

兩岸如果要重建良性關係，猶如要演出一場空中飛人。飛過去的人，拋物線要正確；對接的人，時間點不可猶豫。任何一方的閃失，就可能肇禍。這就是共同答卷。

蔡英文要飛過去，拋物線不能偏離「一中原則」，但可以傾向「一中各表」。習近平若要飛過來，拋物線可以「反對台獨」，但必須在「正視中華民國存在」的曲線上。

蔡總統的五二〇就職演說，就是一場失手的空中飛人。跡象顯示，那篇講稿曾經過兩岸交涉；但北京的反應，卻從周志懷等始稱「為破冰創造條件」，在四小時後竟轉為「沒有完成的答卷」。這是拋物線不對？還是對接的人臨場改變了主意？

一場空中飛人獻藝，可能有幾十次連續的拋接動作，前次拋接與後次拋接皆有既定流程，拋與接雙方的默契與信任即建立在結構性的劇本上。

五二〇演說，北京的反應在四小時內出現變卦，當時一般均不理解其原由。但就後續的發展來看，倘若北京當時接納了五二〇論述，但蔡政府在北京的善意下，接著就密集操作轉型正義，「去孫／去蔣／去孔／去鄭」，北京如何面對這種政治風險？

相對而言，蔡英文的五二〇演講，說出了「依據中華民國憲法及兩岸人民關係條例」，其實已是意指「憲法一中／一國兩區／一中各表」，甚至立即被周志懷稱為「符合與大陸相向而行的一步」，卻在四小時後又被指為「沒有完成的答卷」。此情此境，蔡英文已飛過去，對方卻竟然不接，她將如何面對內外情勢？

所以，如果將兩岸互動視為空中飛人，不能只看其中一次的拋接動作，而要全盤宏觀上下連續的每次拋接的因果連貫。此即前文所說的「結構性的劇本」。

五二〇將屆，這是再次嘗試空中拋接的時點。試對兩岸當局作三點建議：

一、雙方須將拋物線畫定清楚。如前述，蔡政府的拋物線應是「在一中原則下一中各表」，北京的拋物線應是「在反對台獨下正視中華民國的存在」。

二、蔡總統說，兩岸需有「結構性的合作關係」，可謂即是本文所說的一連串拋接必須要有結構性的因果連貫。亦即，蔡政府若一方面要北京「正視中華民國」，另一方面又緊密「去中國化」，甚至「去中華民國化」，即失「結構性」。北京則應在蔡英文倘若表達較明確的轉型言行時，適時給予較明確的支持，讓她較易化解台灣內部的多元壓力，協助她克服政治風險，此亦「結構性」。空中飛人的結構性，就是在連續的拋接中，你照約定的方向飛過來，我就照約定的方式接住你，不使你摔下去。也就是說，五二〇就職演說的四小時變卦不可重演。

三、如果雙方皆希望實現一次成功的拋接，一定須要幕僚智囊先進行面對面的商議。將雙方的拋物線標示準確，也相互考慮減輕彼此的內外政治風險，並將後續的連串拋接動作規劃清楚。例如，蔡政府應續推服貿及貨貿協議，更必須停止「去中國化」；北京則在ＲＣＥＰ及亞投行、一帶一路上促成台灣有尊嚴的參與，並改回「中華台北」的稱謂等。凡此，皆必須有幕僚密會。

綜觀全局，蔡政府似應負較大責任。因為，北京迄今仍站在「九二共識」上，亦未公開反對「一中各表」。但相對而言，蔡政府既標舉「中華民國憲法及兩岸人民關係條例」，卻緊密操作「去中華民國化」，這是自食其言，也是自毀長城，難謂「承諾不變，善意不變」；亦不啻失去了蔡英文自己說的結構性，失去了一致性、可持續性及可預測性。

五二〇能否實現成功的空中拋接，拭目以待。

二〇一七・五・一五

納許均衡：不統／不獨／不武

此文刊出在陳明通出任陸委會主委前。其實，陳明通也知道，最佳的納許均衡就是九二共識，不統、不獨、不武。

陳明通教授發表論文指出，蔡英文政府試圖擺脫在「抗衡」與「扈從」之間作選擇，而改以維持兩岸間的「納許動態均衡」（Nash equilibrium）作為大陸政策的戰略目標。

陳明通在扁政府曾任陸委會主委，是綠營少數關注兩岸關係「頂層設計」者。他在二〇〇七年，曾主持發表《中華民國第二共和憲法草案》；二〇一四年，參與連署施明德與蘇起等人發起的「大一中架構」。

陳文引據吳玉山院士的理論指出：存在著主權相互衝突的大小政治實體之間，小國對大國只可能在「抗衡」（balancing）和「扈從」（bandwagoning）之間作選擇，因為平等對待的選項已被大國所排除。

陳文據此評論台灣當局三十年來的兩岸政策。得到的結論是：

李登輝政府：先期採「屈從」，後來逐漸走向「抗衡」，最後變成「對抗」（confrontation）。

陳水扁政府：先期採「抗衡」，最後變成「對抗」。

馬英九政府：始終採「屈從」策略。

蔡英文政府：如前述，試圖擺脫「抗衡」與「屈從」，追求「納許均衡」。

陳文把「抗衡／屈從」二分法，變成了「屈從／抗衡／對抗」三分法。

陳明通將李扁二任的兩岸政策歸結為「對抗」，此處不予評論。只想提出一點，李扁二人皆是經操作「中華民國路線」的「抗衡」（如李的國統綱領，扁的四不一沒有等），表裡不一，終告失敗，始轉而以台獨路線「對抗」。

此處要說的是，陳文是綠營難得一見的兩岸關係學術論文，卻在評論馬英九時，違離了學術性，殊為可惜。

陳文認為，蔡英文的「善意不變，承諾不變，不會走回對抗的老路，但也不會在壓力下屈服」，即是「擺脫在對抗與屈從間作一選擇」的戰略。

也就是說，陳文並不認為，兩岸關係「只可能在對抗與屈從間作選擇」，而是有「不對抗／不屈服」的空間。

他認為，這種「不對抗／不屈服」只有蔡英文做得到，李扁馬都做不到。尤其是馬英九，更是一路「扈從」到底。

除非陳文用的是政治語言，這類對馬英九的評論，正是陳文最違離學術規則的語言。

因為，馬英九的一中各表，其實就是：不對抗，也不扈從。

「一中」，不對抗；「各表」，不扈從、不屈服。這可說是一種「九二共識均衡」。

馬英九不是「不抗衡」，他是用中華民國來抗衡，而不是用台獨來抗衡或對抗。馬在「中華民國抗衡」的操作，顯然優於李扁。

何況，一中各表也時有突破。例如，二〇〇八年，胡錦濤在布胡熱線承認了「九二共識／一中各表」。又如，二〇一五年馬習會中，馬英九當面對習近平說了「九二共識／一中各表」。

馬對習當面說的原句是：海峽兩岸均堅持「一個中國」的原則，其涵義可以口頭聲明方式各自表述，這就是「一中各表」的「九二共識」。

但是，陳文卻說：馬總統在習近平前不僅不敢說出「九二共識，一中各表」，還附和北京「一個中國原則」的「九二共識」提法。

陳文大可說，馬在公開時段未提「一中各表」，但不能說「馬在習面前不敢說或未說一中各表」。學術論文如此輕率引據，令人意外。

陳文也大可說，一中各表迄未成為北京接受的兩岸架構，但不能否定「一中各表」的潛在戰略空間。

陳文未評論「一中各表」是否為比較適宜的戰略選擇，只說北京並未接受「一中各表」。

那麼，難道北京較可能接受「納許均衡」？

實情是，不論北京接未接受「一中各表」，馬政府至少可以在台美中之間主張「一中各表」。相對而言，陳君難道要蔡英文在台美中之間宣布，她的「兩岸互動新模式」就是「納許均衡」？

陳君在論文發表當日，另以口頭隱指馬英九路線傾向統一，並指統一即是「扈從」。但是，如果不是「被統一」，而是「互統一」，那麼統一也未必是扈從。何況，馬英九還說了「不統」。

略論如上，可知「一中各表」應當也可視為「不對抗／不扈從」的戰略架構。只是，這是以中華民國為主體，不是以台獨為主體。

難道中華民國就不能「抗衡」？難道中華民國就一定是「扈從」？

陳文指出，納許均衡的境界是：一、台灣不受中共統治。二、台灣不宣布法理台獨。三、中國沒有控制台灣，台海處於和平狀態。

納許均衡的邏輯推演或有不同。但是，它追求的目標其實就是：不統／不獨／不武。

這正是馬英九兩岸論述的主軸。

馬英九執政八年，在「九二共識／一中各表」下，維持了兩岸「不統／不獨／不武」的「均衡」，並發展出兩岸空前的和平交流成績。這正是「九二共識均衡」。

若是二者的目標一致，請問：究竟是「不統／不獨／不武」比較教人聽得懂？還是「納許動態均衡」比較聽得懂？

何況，馬英九以「九二共識均衡」，達成了「不統／不獨／不武」，但蔡英文政府將用什麼達成納許均衡？

蔡政府敢說「不統」嗎？能說「不獨」嗎？況且現今兩岸擾攘動盪，雖然迄仍「不武」，但已無真正的和平穩定可言，卻是有目共睹。

忠實公正評估李扁馬的大陸政策，是蔡政府建立正確兩岸政策的必要基礎。因此，陳文將李扁的台獨路線視為「對抗」，這是見到了前車之鑑。

如今的問題卻在於：馬政府曾以「中華民國路線」做為「不對抗／不扈從」的戰略；蔡政府若想以「務實台獨／親中愛台」來實現「不統／不獨／不武」，那真可謂是另闢蹊徑了。

莫非，這是要用「務實台獨均衡」，來取代「中華民國均衡」。

這樣的思考，似較陳明通曾經主張的《中華民國第二共和憲法草案》，及「大一中架構」，已有倒退。

二〇一七・十一・二六

台獨囚徒　蔡英文的什麼意志

被問及柯文哲是否仍為民進黨的盟友。蔡英文說：柯文哲必須對「台灣價值」再一次確認，讓民進黨的支持者覺得他是一起作戰的人。

柯文哲說：打高空沒有用，我也很想知道蔡總統的台灣價值是什麼？

林濁水也說：蔡總統何妨說出她的台灣價值的版本是什麼？

此處要問：為何台灣價值只能由民進黨的支持者來評價，而不是由全體台灣人來評價？

蔡英文認為，柯文哲的兩岸論述引起了民進黨支持者「不舒服」，所以要柯對他的兩岸路線再確認。

柯文哲與林濁水卻認為，蔡英文必須先把她的「台灣價值」說清楚，讓大家知道她的兩岸政策是什麼，她才有資格要求柯文哲作出什麼樣的再確認。

柯文哲的「打高空」三字，道盡了蔡英文兩岸論述的困境。她必須照顧「民進黨支持者」的「舒服」（其實只是獨派，因為現在也許大半民進黨的支持者亦知不可能台獨），卻又忌憚明火執杖的台獨主張在台灣、兩岸及國際皆已絕無可能。所以，她在兩岸思維上曾主張過「台灣共識」，那是打高空；如今又標榜「台灣價值」，仍然是打高空。

在陳水扁時代，民進黨仍有以「一邊一國」、「正名制憲」來製造風潮的空間。但到了蔡英文此時，黨內不但出現「凍結台獨黨綱」的伏流，務實主義亦顯已抬頭，台灣主流社會更無可能接受台獨。

於是，「一邊一國」、「正名制憲」之類的赤裸的台獨語詞，已從蔡英文黨政高層的口中消失，而改用一些「像說台獨／又沒說台獨」的「打高空語詞」，例如：維持現狀、台灣共識、台灣價值……。

也就是，由於「台獨」已不能明說，遂必須改用各種意在言外的「黑話」、「切口」、「啞謎」、「暗語」，來替代表達「台獨」的意義。

「台灣價值」就是新的政治黑話。也就是，我不能說，你懂的。

「台灣價值」的關涉，其實包括了國家認同、憲法體制與兩岸政策，而蔡英文居然想用這類「像說台獨／又沒說台獨」的政治黑話，來表達她的國家認同、憲法體制與兩岸政策。豈不荒謬？

柯文哲問：總統妳的「台灣價值」是什麼？這其實是問：總統妳的兩岸思維是什

麼？

詎料，蔡英文竟然改口說：「居住正義也是台灣價值」。難道蔡英文是要柯文哲對「居住正義」再確認？林濁水遂嘲諷地說：「媽媽上班，托嬰機構當然也是台灣價值。」更勁爆的是，當時的候任台大校長管中閔，在臉書上問：「大學自主是不是台灣價值？」

如此這般，「台灣價值」四字，一下子就被蔡英文狸貓換太子，成了顧左右而言他。至此，蔡英文在兩岸論述上的荒謬、虛無與閃躲，又成了一次打高空。

總統的兩岸政策居然如此難以啟齒，試問：總統到底有沒有兩岸政策？

蔡英文在此次訪問中，特別強調「總統的意志」，說的也是她在兩岸立場上的堅持。但是，妳若連一套國家認同、憲法體制與兩岸政策都說不清楚，妳到底在談什麼「意志」？

總統說的都是打高空，有意志也無意義。蔡英文必須把她的政治黑話，翻譯成在台灣、兩岸及國際皆可形成共同認知的語言，再來談總統的意志，意志才有意義。

蔡英文，妳對中華民國有意志嗎？

蔡英文，妳對台獨有意志嗎？

這種兩頭落空的台灣價值，逐二兔不得一兔，對任何一兔皆無有意義的意志可言。

誤了中華民國，也騙了台獨。

一般認為，蔡英文不會不知道，無論法理台獨或借殼台獨，皆非台灣的生路。二〇〇八年，蔡英文將一個被台獨和貪腐糟蹋得形同廢墟的民進黨起死回生，但是，如今她卻又被台獨及扁系思維所挾持。

「台灣價值」這種打高空的兩岸論述，一方面雖顯示蔡英文仍有不致誤蹈「一邊一國／正名制憲／法理台獨」的理智，但另一方面卻也顯示了她沒有提出更明智與清朗的兩岸政策的能力，於是滿口黑話啞謎，顯示她已然成了台獨的囚徒，無力自拔。

台獨若是生路，蔡英文自應加入。但如今台獨已是末路，蔡英文為何不能率全體台灣人擺脫其挾持？

我一直有一個想像：蔡英文必定曾經自期過，她要成為一個能帶領民進黨轉型與帶領台灣開創生路的歷史人物。那才是她必須憑藉堅強意志與卓越才能實現的目標。

但是，不幸如今她卻儼然已淪為一群真假台獨（假多於真）的囚徒。淪為台獨囚徒，就不必說什麼意志，只要屈服，只要隨波逐流，只要把台獨給她自己政治地位的恐嚇威脅看成了比台獨對台灣勢必造成的災難更應避免即可。

李登輝、陳水扁若是台獨的弄潮者，蔡英文卻是台獨的囚徒。她明知不可且不敢台獨，但無力自救。

從「台灣價值」這類打高空的兩岸論述中，似已看不到蔡英文也許曾經存在的意志，如今只看到她不敢面對歷史的屈服與懦弱。

既可惜，尤可悲。

二〇一八・二・四

蔡英文勿作台獨代理孕母

對蔡英文，我與有些人的看法不太一樣。很多人認為，蔡英文就是台獨。但我認為，她未必相信台獨，也不會認為台獨能搞得成，她現在已成台獨的囚徒。

蔡英文的從政入口是國民黨的建制路線，她幾是民進黨所有重要枱面人物中唯一非出身黨外運動或反國民黨學運者，所以她不是「本來獨」。她之參與了「兩國論」的規劃，應當視為一種戰略架構的研發，不是本質論，而是工具論，這也未必與她個人持守的政治信仰與意識形態有關。如果兩國論是「獨」，那也許算是一種「工具獨」。工具若無用，獨也應該在理性上轉向。

我將蔡看成台獨囚徒，至少有兩個理由。一、我認為她就是台獨囚徒。二、她是台獨囚徒，才有能否脫困的懸念。如果她不是囚徒，她自己就不會有要不要、能不能脫困的念頭，外人更不必作此想。

蔡英文在綠營獨派的標準下，一直陷於極為強烈的嫡庶衝突中。深獨視她為收割了綠營政治果實的鐮刀派，因而一向對她的「台獨忠誠」公開表達不信任。

目前形成的局面是：賴清德是台獨的真正嫡系，他也以此自命。因而，庶出的蔡英文的總統任期，只是為賴清德接任總統擔任看守的任務。賴宣示他是「台獨工作者」，蔡遂在兩岸政策上完全失去了自主的空間，因此說她是台獨的囚徒。

柯文哲說，台灣已經被六%的深藍或深綠綁架。若六%包括了深藍及深綠，則現在蔡英文其實是被不到全民六%的深綠極獨綁架。不到六%，綁架了九十四%以上，尾巴搖狗，竟然到了如此不成比例的程度。當下就有三個實證：

一、在台北市長選舉中倒柯，民進黨不再禮讓。誰都看得出來，這是因獨派的強烈抵制，民進黨只能硬著頭皮操作倒柯這個高風險戰爭。獨派的干擾，已使得民進黨政治決策的理性思考無以維持。

二、民進黨對「拔管」事件的因應，沒有最糟，只有更糟。每當事態發展至一個對蔡政府更加惡劣的狀態時，一般人認為都應當到了「見壞要收」的地步，但因此事在民進黨內部已經變質為統獨意識形態的決鬥，遂無人能亦無人敢叫它收場。只見蔡政府愈陷愈深，屎愈攪愈臭。

三、沒錯，還有吳音寧。

蔡英文若在倒柯拔管及吳音寧這類事件上都被獨派牽著鼻子走，那麼，她在更重大的兩岸政策上，哪裡還有可能擺脫獨派的綁架？

台獨裡面確實有所謂的「真信者」（True Believer），這些真信者大多皆是基層民眾，但在今日高層的台獨倡導者中，卻沒有一個不是騙子，買空賣空。連陳水扁都說：「做不到就是做不到，連李登輝都做不到。」

我在日前的《大屋頂下》發問，如果民進黨真要搞台獨，為什麼又主倡完全違反台獨備戰的廢徵兵與廢核電？且若民進黨真要搞台獨，它如今在立院占絕對多數完全執政時，其實只要立法准許將國號及領土變更訴諸公投即可，一翻兩瞪眼。但是，民進黨如今完全有權這樣做，卻居然「非不能也，是不為也」，你們的台獨是玩真的嗎？走到今日，台獨根本是個騙局。我相信，以蔡英文的理智，她不會不知台獨根本是個騙局。但是，蔡英文為什麼以九十四％以上，竟被不到六％綁架，淪為台獨的囚徒？

民進黨內難道沒有那些「包括在九十四％以內」的人物嗎？有的，明明是有的。例如：柯建銘主倡過「凍結台獨黨綱」，童振源主倡過〈中華民國決議文〉，陳明通連署過〈大一中架構〉，吳釗燮說過「國民黨輸掉選舉，不是輸在馬政府的兩岸政策」，更別說像許信良那些苦口婆心的轉型呼籲。這些，都可計入「九十四％」吧？

李登輝陳水扁等人當然絕不能容蔡英文脫身，但民進黨內的那些覺悟的轉型派人物，難道真的要一起坐視蔡英文淪為第二個陳水扁、第三個李登輝嗎？難道真的要坐視蔡英文繼續被台獨騙局綁架，以致整個台灣也繼續被台獨騙局所糟蹋蹂躪？

在大騙局中，你們難道沒有一點政治誠實？難道沒有一點政治廉恥？難道對台灣的未來沒有一點不忍人之心嗎？如何面對這個騙局，這是蔡英文的歷史考驗，更是蔡英文身邊「在九十四％以內」的各位權貴人物的歷史考驗。大家一起做台獨的囚徒？或合力自救救台灣？

由於台獨的綁架，已經使蔡政府的國家政務變質變態。我在日前的《大屋頂下》說，當前的民進黨政府，形同在豎起貞節牌坊的民主法治教堂裡賣娼，幹盡了褻瀆民主法治的勾當。這雖是口不擇言，卻是完全寫實。即以政黨政治言，民進黨如今這種殲滅反對黨（國民黨）的手段，與戒嚴時期不容反對黨存在的做法有何不同，且可謂更加狠毒卑鄙。這根本是要滅絕政黨政治，竟然美稱之為轉型正義。若非台獨作祟，整個政治操作豈能醜惡到這種地步？

但是，輿論問責蔡英文，她居然說「總統不介入」。這是多麼拙劣又虛偽的託詞。不說別的，提名陳師孟，是不是受到獨派綁架，是不是就此「介入」了監察權及司法權？其他如任命顧立雄、潘文忠、許宗力、鄭麗君、吳茂昆等等，不勝枚舉，這是不是一個又一個的「介入」？這些「介入」是不是必使政局更趨猙獰醜惡？甚至，任命賴清德，總統也不必「介入」他「台獨工作者」的政治主張嗎？這未免「太不介入」

了吧？更是太可笑了吧？

蔡英文的歷史使命，是要實現台獨呢？或是要救台灣呢？推進台獨能不能救台灣？推進台獨會不會反而害死台灣？蔡英文這種「台灣國無膽，中華民國無能」的自殘政策，難道打算一路走到黑？

蔡英文不是「本來獨」，在民進黨的嫡庶鬥爭中，也無人相信蔡英文會成為「台獨之母」。因此，蔡英文應警覺台獨要找她做代理孕母。由於台獨根本是不可能之事，代理孕母也許假孕，否則即是死胎、流產，或產而夭折。

蔡英文，想想：囚室裡的台獨代理孕母，這是一個多麼不堪的歷史角色。

二〇一八・六・十

台灣勿敗於兩岸制度之爭

北京國台辦說：「兩岸開始進入制度之爭。」

這句話，超越了「一國兩制」。因為，倘若中共自信其體制的優越性可以確立，可以贏過台灣的制度，則何必再有「兩制」？且這句話也超越了「有中國特色的社會主義」，因為，若將這種「制度自信」延伸來說，顯示了不再認為這只是一種「適合中國特色」的治理架構，而是一個可向世界提供新選擇的「中國方案」。

這就是中共標榜的：道路自信，理論自信，制度自信，文化自信。

如果三十年前出現這樣的話題，也許是一個笑話。但是，這卻已是在世紀之交浮現的最嚴峻且也無可諱避的一個人類文明大考驗。尤其當人類衡量政經「制度」的標尺，顯然已經從「抽象理念價值」轉移至「現實治理績效」時，所謂「制度之爭」的內涵已告丕變。

法蘭西斯・福山，是因見解反覆而獲盛名的學者。在一九九〇年代，「蘇東波」出現，他發表「歷史終結論」，並對「制度之爭」作了宣判，判定了「民主自由」永恆戰勝「共產專制」，歷史因此宣告終結。後來，他又發現中共的治理方法有其效率上的優勢，因此在他言下歷史的發展與制度之爭又好像尚未終結。又後來，中共十九大修憲，福山又說「對中國和世界都是一個不幸的消息」，但他並未因此重申「民主／自由」制度的絕對與永恆的優越性。

福山的反覆，就是「制度之爭」的鮮活演示。另如湯馬斯・佛里德曼說：「我希望美國能做一天的中國，一天就好」，說的也是美國「抽象理念價值」的耗弱，與中共「現實治理績效」的強盛。這也是對「制度之爭」的評價。

中共十九大後，制度自信飆升，認為中國的政經制度已經顯然擊敗了西方的「失敗的民主」。

失敗的民主，這五個字，正是對西方主流意識的醍醐灌頂：你們不是說民主很優越嗎？但是，你們看看，民主也是會失敗的，現在大家看到的，不正是到處皆是「失敗的民主」嗎？

專制可以很有效率，民主可以很失敗。這正是中共可與西方主流意識分庭抗禮、進行制度之爭的理由。

冷靜比一比，就政經治理的功利角度言，印度的民主制度比中共的專制制度好嗎？委內瑞拉的民主制度又比中共的專制制度好嗎？這不是容易獲得答案的問題，卻是一個可以辯論的問題。如果兩種制度的利弊既然「可以爭論」，就不會有「非黑即白」的答案。

因為，專制會成功，或許是一時成功，或許是長期成功；民主也會失敗，或許是一時失敗，或許是恆久失敗。

我要提醒的是，如今幾乎已成為「中國vs.非中國」之爭的「制度之爭」，已是人類文明面對的大課題，這是大歷史的課題，也是大世界的課題。因而，中共若說「兩岸開始進入制度之爭」，這不是開玩笑，台灣必須認真對待。

就台灣而言，與大陸的「制度之爭」，有三個層面：

一、在制度上，要以中華民國的「制度」抗衡中華人民共和國的「制度」？或以根本不存在的「台灣國」對抗中華人民共和國？

二、在制度上，要把「中國」全部歸給中共或歸給中華人民共和國？或仍以「中華民國憲法」保住「中華民國」，持守「中華」與「民國」的雙重立場？說白了，若無「中華」，「民國」還保不保得住？

三、在制度上，要以「民主／自由／人權／法治」，來抗衡中共的極權專制？或為了對抗北京，遂在內部治理的「民主／自由／人權／法治」上倒行逆施，因而爆出了「制度」的大倒退？

這三個層面的「制度之爭」，是互為因果的。

因為，「民主」不能實現台獨；否則，只要舉行台獨公投即可實現。民主既然不能實現台獨，則不論玩弄天然獨或人造獨，只有撕裂台灣，糟蹋中華民國，而不會有其他正能量發生。尤其，目前所見蔡英文政府抵拒北京壓力的種種舉措，幾乎皆與「民主／自由／人權／法治」背道而馳。再這樣下去，恐怕內部的治理「制度」，刀片拒馬已經無用，而必須以接近戒嚴或未來有一天真正實施戒嚴制度，才有可能維持這種「摧毀中華民國／惡搞台灣國」的兩岸戰略。

一方面，台獨不是「民主」能實現的。另一方面，要「去中華民國化」、「去中國化」，也不是「民主」能答應的。

民進黨這種「台灣國無膽／中華民國無能」的自殺路線，對台獨不敢給它公投的考驗，對中華民國及中國不願給它認同的尊重。如此這般，不斷撕裂台灣，不斷糟蹋中華民國，這是不是已經變成一種「絕望的民主／失敗的民主」？難怪北京竟敢以「制度之爭」向台灣叫陣！

如果民進黨連「中華民國」都不想要，台灣還敢提出「三民主義統一中國」的「制度之爭」嗎？現在，當台灣的「制度」優勢顯然已被自己糟蹋殆盡，我們聽到北京對台灣喊出了「制度之爭」。

「制度之爭」是一個不易終結的歷史課題。

西元前五世紀，雅典與斯巴達出現的「修昔底德衝突」，其實就是一場雅典民主及斯巴達軍國主義的「制度之爭」。歷史迄今頌揚雅典的民主，但雅典敗於當年；軍國主義被史家譴責迄今，但斯巴達是當年的贏家。

而且，這場「雅典／斯巴達」的「制度之爭」，延續得與人類文明一樣長久。二千六百年來，一直到今日，美國與中國之間的競合關係，其實仍是一場「雅典／斯巴達」式的「制度之爭」。

這場「制度之爭」的歷史終結不易出現，但是必定有人會在制度博弈的進程中成為勝利者或輸家。

兩岸的制度之爭，就當下而言，亦就兩岸情勢的消長而言，北京顯然站在贏面。不過，這或許可以證明北京制度的現實優越性，卻未必能證實北京制度的道德正確性及永續性。

若再從人類文明的發展真諦看，則北京此種聲稱將回歸馬克思主義的「中國方案」，會不會到頭來也成為另一個「贏了雅典／輸掉歷史」的「斯巴達」？這是中共當局必須嚴肅思考的課題。

令人憂慮的是蔡英文政府。在「中華民國」和「台灣國」之間，如何作一「制度」

選擇？在「台灣國無膽／中華民國無能」的矛盾中，又如何維持「民主／自由／人權／法治」的「制度」道德性？

如果，民進黨最後竟然毀了中華民國的「制度」，又玩不成「台灣國」的「制度」，更糟蹋摧殘了「民主／自由／人權／法治」的「制度」；請問蔡英文：妳憑什麼與中共作「制度之爭」？

斯巴達後來也亡了，但畢竟雅典亡在前頭。

蔡英文，想想：妳正坐困「失敗的民主／絕望的民主」之中，如何在「制度之爭」中，自救救台灣？

二〇一八・六・二四

蔡英文的國家生存戰略抉擇

去台獨化：最大的轉型正義

台灣的生存戰略是架構在三個層次上的：一、台灣內部。二、兩岸。三、國際。台灣必須在這三個層次上，建立一個能夠整合與貫通三者的生存戰略架構。在這三個層次之間，彼此不可發生重大的戰略斷裂或矛盾。

欲建立能整合貫通三者的生存戰略架構，首須為此一架構選擇一個脊樑，亦即須在「中華民國」與「台灣國」之間作一選擇。

也就是，或者以「中華民國」作脊樑，或者用「台灣國」作脊樑。

李登輝與陳水扁，皆是「台灣國無膽，中華民國無能」。所以，其生存戰略架構在三層次之間，皆出現了嚴重的斷裂與矛盾，沒有脊樑。

因而，李扁在國際上被指為「麻煩製造者」，在兩岸不能和平發展，且又撕裂了台灣。

現在，蔡英文似乎又要走上李扁的覆車之轍。她的台灣生存戰略架構也沒有脊樑。

她說：「依據中華民國憲法及兩岸人民關係條例，處理兩岸事務。」這就是「台灣國無膽」，顯示她不敢台獨。

但她自今年五月以來，改稱「中國大陸」為「中國」。這就是「中華民國無能」，顯示她無能支撐中華民國的戰略架構。

蔡政府在兩年內失去了四個邦交國，且看來仍煞不住車；但如今蔡英文竟呼籲全世界「聯合制約中國霸權擴張」，一副她將成為「全球反中共主」的姿態。這是不是太不成比例？

此處呈現的即是生存戰略的斷裂與矛盾。蔡政府的國家生存戰略危機，主要出自兩個原因：

一、至今仍未擇定究竟是以「中華民國」或「台灣國」為整合貫通國家生存戰略的脊樑。因而，一方面攀附「中華民國」的「一中憲法」，另一方面又稱對岸為「中國」（這是台獨語言，違反一中憲法）。

二、更重要的是，蔡英文現在所處困境的真相，是她已陷於綠營的凶惡內鬥之中，而淪為台獨的囚徒。她根本無能化解並贏得內鬥，但她卻幻想可將她的政治責任外部化。所以，她寄望北京能取銷「九二共識」以助她脫困，現在又呼籲全世界聯合制約中國霸權。

問題是：一、若不擇定「中華民國」或「台灣國」的戰略脊樑，如何整合貫通這三個層次？二、蔡英文自己對內無能「制約台獨的挾持」，卻竟希望國際能助其「制約中國的霸權」，這是不是本末倒置？是不是緣木求魚？

我認為，「中華民國」是台灣生存戰略架構的脊樑。因為，「中華民國」仍可存在於國際、兩岸，並處理台灣內部政治；但「台灣國」則不可能存在於國際、兩岸，亦不能處理台灣內部政治。亦即，「中華民國」可以支撐起整合貫通三層次的國家生存戰略，「台灣國」則作不到。茲分論如下：

一、國際：由美國引領，國際間對兩岸的戰略共識是「一個中國（不獨）／和平解決（不武）」。不獨，不武，中華民國因此存在，即是不統。

關鍵在「不獨」（持守一中政策）。不獨，才能維持不武，不統。

近二十餘年來，美國的「一中政策」，明顯地漸次向「反對任何一方片面改變現狀」移動。

「現狀」二字未有定義，但顯然包涵了「不得以非和平方法改變中華民國的存在與運作之現狀。雖然中華民國未獲多數國家外交承認（這是現狀），但不能否認中華民國依然是一個事實存在並運作的民主政體（這也是現狀）。」

美國如今雖仍宣稱持守「一中政策」，但其在一九七九年所主張的「一中政策」，與如今「反對任何一方片面改變現狀」的「一中政策」相較，已是白馬非馬。

在兩岸政策上，川普是劃時代的人物。他的思想與手法，如與蔡英文總統通電話、《台灣旅行法》、《國防授權法》、公開了美台軍演、公開了在ＡＩＴ新館照舊派駐美軍陸戰隊維安等等，不斷地「切香腸」，明顯使得「一中政策」巨幅轉向「反對任何一方片面改變（中華民國的）現狀」。

可以這麼說，美國的「一中政策」二十餘年來已經發生移變，也就是已經包涵了「反對片面改變中華民國的現狀」。到了川普，更形顯著。

美國的戰略調整，是台灣生存戰略上的正向機遇。亦即，台灣的戰略操作，若在「任何一方不得片面改變中華民國現狀」之範疇內進行，因勢利導，即可用以加強「中華民國」的地位。否則，如果將美國的戰略調整，誤判為操作台獨路線的大好時機，就台灣長期發展言，那將是自取滅亡。一旦走過了頭，就回不去了。

因為，美國的「反對任何一方片面改變現狀」，無論如何，仍是在「一中政策」的框架之中，絕無可能脫格到支持法理台獨的地步。

二、兩岸：北京始終處在「中華民國已經滅亡論」及「台灣不可去中華民國化（也就是去中國化）」的戰略矛盾之中。因此，即使是《反分裂國家法》，亦未主張中華民國不可存在；反而，事實上，北京深知兩岸無論是「和平發展」或「和平統一」，皆不可能繞過中華民國。

台灣應妥善運用北京的這種戰略矛盾，引導其經由「一中各表」和「大屋頂中國」來處理兩岸關係。

因為，國際間的「反對片面改變中華民國的現狀」，正是「杯子理論」的發展基礎：「台灣是水，中華民國是杯；杯在水在，杯破水覆。」

三、台灣內部：台獨在本質上違反了「反對片面改變中華民國的現狀」，因此台獨至少將造成台灣的兩大損失。

1.失去和平：台灣國打破了「不獨」，因此難以維持「不武」及「不統」。屆時，國際和平及兩岸和平必不存在，台灣必須有面對武力統一的風險準備。

2.失去民主：台獨除將引發戰爭，內部治理亦必陷災難。台灣國若出現，反台獨與統派勢力在北京支持下必將發動暴烈的反抗。那種情勢，台獨當局恐怕以宣布戒嚴都難以鎮壓；而一旦當局的反民主維穩手段升高，統治的正當性亦告瓦解。如此，屆時必然無法再維持民主治理的台獨當局，在內外夾擊下，其覆亡亦在指顧之間。

綜上所論，台灣的生存戰略必須以「中華民國」為脊樑，絕不可以「台灣國」為脊樑。唯「中華民國」能將三層次的國家生存戰略加以整合貫通，可以稱為「三星連線」；而「台灣國」卻必使三層次國家生存戰略之間發生斷裂矛盾，以致不可收拾。

蔡英文，想想：妳必須在「中華民國」和「台灣國」之間作一選擇，無可逃避。

蔡英文，再想想：台灣確實面對著大歷史的轉型正義，台灣所面對的最重大的轉型正義就是：必須去台獨化。

二〇一八・七・八

中國崩潰論與中共回頭論

李登輝的失敗，源自他的「中國崩潰論」。蔡英文的困境，則出自她的「中共回頭論」。

四年前，蔡英文說：「只要民進黨勝選，中國就會朝民進黨的方向來調整。」這就是「中共回頭論」。

事到如今，中共沒有回頭，蔡英文卻作繭自縛。這個繭，就是九二共識。

經過這幾年的迭宕反覆，國人應當可以平心靜氣地來看「九二共識」了。準確地說，「九二共識／一中各表」是馬英九留給蔡英文及台灣全體最珍貴的戰略遺產，但蔡英文卻將它變成了一枚自縛之繭。

好好一個九二共識，給蔡英文搞砸了。

「九二共識／一中各表」，促成了直航、建構了ＥＣＦＡ、實現了外交休兵、護航了百國的免簽證，也成就了高雄世運及台北聽障奧運、又爭得台北世大運的主辦權、且有意義地參與了ＷＨＡ及國際刑警組織等等，最終更在「互稱領導人」的架構下實現了馬習會，將兩岸對等交流一舉拉高至頂峰層級……。馬英九說，他為繼任者架設了一座「兩岸和平跨海大橋」，此言不虛。

蔡英文顯然希望能繼續維持這些因「九二共識」而產生的兩岸政經紅利。甚至，蔡政府還屢屢呼籲舉行蔡習會……。

九二共識產生的一切政經紅利，蔡政府都想要，但就是不要「九二共識」四個字。小姐，有沒有搞錯？

前此很長一段時間，蔡政府始終沒有說明為何反對九二共識（起初還說根本沒有九二共識）。一直到上個月，蔡政府才首次表達反對九二共識的理由。

陸委會說：中共要求台灣接受的「九二共識」是要消滅中華民國，從不承認「一中各表」。……中共所謂的「一中原則」的「九二共識」，並無中華民國存在的空間。

這裡出現幾個問題：一、蔡政府究竟是反對「九二共識」，還是反對「中共的九二共識」？二、中共迄今從未明言「一中原則」是何所指，蔡政府為何要急著為「中共所謂的一中原則」背書？三、中共並非「從不承認一中各表」。例如，二〇〇八年胡錦濤在布胡熱線中即親口承認，等等。四、暫不問中共是否反對「一中各表」，先問民進黨贊不贊成「一中各表」？五、北京原本對「一中各表」，既不公開贊同，亦不公開反對。直至二〇一六民進黨執政，才開始對「一中各表」緊縮。六、在此情勢下，民進黨應附和北京的「不承認一中各表」，還是反而應當引導北京回到「一中各表」？七、馬政府在「一中各表」上作得也許還不夠好，但其始終維護一中各表的立場無可置疑。民進黨是該據以否定一中各表，還是更應爭取一中各表？八、陸委會又說，民眾不知九二共識何物，甚至有人認為是「一邊一國」，則蔡政府該努力為九二共識釋疑，或更加蓄意將之汙名化？九、總之，蔡政府硬把「九二共識是要消滅中華民國」這句話塞到北京的嘴裡，是何居心？這究竟是九二共識的真義？還是蔡政府偏偏就要作繭自縛？

十二月廿六日，北京國台辦給了陸委會一個針鋒相對的回覆。

新華社記者問：台灣陸委會稱，大陸要台灣接受九二共識，就是要消滅所謂的「中華民國」，請問發言人有何回應？

國台辦發言人馬曉光答：九二共識的核心，就是確定了堅持一個中國原則這一共同認知，清晰界定了兩岸關係的性質。

然後他說：這（九二共識核心）不僅符合客觀事實，也符合雙方各自規定（指各自憲法），同時得以擱置暫時難以解決的分歧（這是承認了兩岸分治及存有「暫難解決」的分歧）。

國台辦說「一中原則」（基於兩岸各自憲法的規定），但未斷言「一中定義」；且承認了兩岸政治分歧的「暫難解決」(亦即承認了兩岸分治的事實)。

國台辦還說:民進黨以種種說辭和詭辯來歪曲誣蔑九二共識。

此一問答,由新華社提問,且不避諱地直問同不同意陸委會所稱「九二共識是要消滅中華民國」。國台辦雖然沒有直接答到「是否消滅中華民國」的節點,但指民進黨「歪曲誣蔑九二共識」,而謂九二共識擱置了兩岸分歧,且符合雙方各自規定(憲法),則此中仍然存有「一中各表」的努力空間,應無疑義。

也許,北京確實是有一點回過頭來了。顯然是又重新向「一中各表」靠攏(各表一中原則/回歸各自憲法/承認兩岸分歧暫難解決),而絕不是「中國就會向民進黨的方向來調整」,亦即絕非應驗了蔡英文的「中共回頭論」。

此處說蔡英文作繭自縛,是因對台灣而言,九二共識原本即植根於中華民國憲法,亦即植根在北京所稱的「各自規定」。此即九二函電所稱:「海峽兩岸均堅持『一個中國』之原則,但雙方所賦予之涵義有所不同。」這也就是「一中各表」,當然不是要消滅中華民國。但蔡英文既稱「依據中華民國憲法及兩岸人民關係條例,處理兩岸事務」,卻竟然會否認植根於中華民國憲法的九二共識,這是不是作繭自縛?

民進黨為何要放棄我方對九二共識的闡釋權?又為何要「歪曲誣蔑」對方的闡釋?民進黨不可告人的真相是:台獨的終局目標是要「消滅中華民國」,當然不能贊同「一中各表」。所以,民進黨殷望北京能主張九二共識就是要「消滅中華民國」及

「反對一中各表」。如果九二共識變成那樣，民進黨就獲得了反對九二共識的正當性。亦因如此，即使北京沒有說，民進黨也要將「消滅中華民國／反對一中各表」的話塞到北京的嘴裡。

真相是：因為台獨不容說「一中各表」，所以民進黨反對「九二共識」。蔡英文因無法贏得與獨派的鬥爭，所以她才被「九二共識」壓垮。

李登輝想坐等「中國崩潰」，使台灣喪盡機先。蔡英文則痴想「中共回頭」，竟使原來是由台灣倡議操持的「九二共識」，太阿倒持，變成了換由北京憑這四個字就完全掌控了主動權與主導權。

跨海大橋，變成了自縛之繭。

習近平的二日談話，又正經地回到「一國兩制」，且將九二共識的意涵抽梁換柱地延伸成「一個中國／共謀統一」。這個情勢，主要是因蔡政府一路放棄了九二共識的闡釋權與發展權所致。終於被逼到牆角。

蔡英文勿被近日「撿到槍」而翻轉的「一日行情」所迷亂。今後只要北京不放過「九二共識」，台灣就別想甩掉這四個字，而只能拚命力爭九二共識原本具有的正向闡釋權與發展權，蔡英文切莫用九二共識四字來自縊。

回頭是岸，該回頭的是蔡英文。

二〇一九・一・六

借吳佩蓉問蔡英文：

這是我們要的民主嗎？

台獨搞不下去，還要硬搞。硬搞，就要用盡違反民主、法治、人權、自由的手段。最後，台獨還是搞不成的。但民主、法治、人權、自由已受慘重傷害。

吳佩蓉問：這是我想要的民主嗎？

九月十二日早上發生兩件事，鮮明標誌著五十年來台灣追求民主法治的啟始與終結。一件事是沈君山光榮辭世，一件事是張天欽齷齪下台。

在不到兩個月之間，楊國樞、胡佛及沈君山相繼謝世，三人皆是六〇年代末至八〇年代台灣民主大潮中的先驅。那股民主大潮中的弄潮者包括：國民黨自蔣中正政府至蔣經國政府、反對陣營自黨外運動至民進黨、海外則有釣魚台運動的餘緒及台獨運動，台灣民間則另有以公知為主幹的中介力量，沈君山、胡佛及楊國樞即是代表人物。

當年，這股中介力量的主要平台是聯合報系發行的《中國論壇》期刊，由《聯合報》總主筆楊選堂主持，以自由主義及憲政主義為旗幟，集結了胡佛、沈君山、楊國樞、李鴻禧、林山田等海內外數百公共知識份子，陶百川等開明政治家也參與其中。當時，尚無「藍綠」的概念，以今日標尺看昔日人物名單，可見那是公共知識份子在自由主義及憲政主義下的大集結，如今已成台灣政治社會史上可能空前絕後的勝景。

解嚴後，這股力量漸漸分為兩支。一支可稱作胡沈楊等人的中華民國憲政民主派，另一支則可稱作李鴻禧、林山田等人的台獨制憲派。不過，這些公知雖分兩支，縱然他們主張不同的國家或不同的憲法，但他們均堅持憲政、民主、法治的道德信仰應無二致，皆是不忘初心。

但是，沈君山等人昨日的創造民主與張天欽等人今日的背叛民主，卻標誌著五十年來台灣知識界的「不見向上提升／只見向下沉淪」。

胡佛、沈君山、楊國樞等人的統緒，今日可稱泛藍，但並非深藍。他們的共同點在：一、維護中華民國，主張革新保台；二、主張與中國大陸和平競合，不排除統一議題，但堅持台灣必須掌握「如何統一」。例如，胡主張「整個中國」、沈主張「一屋兩室／分持門匙」，皆是「大一中架構」。三、其核心主張更在自由主義及憲政主義，不隨現實政治潮流而轉移。

因此，他們在那股民主大潮中發生的兩大效能是：一、短程，政治和解：在解嚴前後，成為國民黨政府及黨外之間的中介力量，對療治雙方傷口（沈君山面告蔣經國，美麗島大審不能出現死刑），及後來民進黨組黨皆有重大成績（胡佛已向黨外轉達「只要登記／即可建黨」的蔣經國承諾，因此民進黨搶先不登記而建黨）。二、長程，堅持民主：全力主張國民黨政府應該回歸中華民國憲政，一方面認為這是民主政治的應然軌轍，另一方面也認為這是台灣在兩岸對峙中的國家生存戰略（胡佛感慨：人家選舉要換政府，但我們選舉要換國家）。

如今回顧，這股力量是促成解嚴轉型的相當重要的因素。蔣經國在當年顯然陷於內部鷹鴿兩派的包夾之中（如「劉少康辦公室」），但他未被鷹派挾持，例如他將王昇外放巴拉圭、蔣孝武外放新加坡，最後親自拍板解嚴及開放大陸探親。這些，皆可看到「沈君山、胡佛們」的努力痕跡。

回過頭來看李鴻禧及林山田等人。他們皆不曾是「黨外」，而是遲到的收割者。不過，如前所述，他們後來雖主張制憲建國，卻好像起初仍然信守自由主義及憲政主義。也就是說，在他們的政治邏輯中，如果民進黨在中華民國執政，應當仍是持守民主法治的政府；倘若建立了台灣國，則台灣國也不應是一個反民主、反法治的國家。

但是，今日景觀完全不同。若拿當年的胡佛、沈君山、楊國樞等人，與今日張天欽、陳師孟、詹順貴、吳音寧、顧立雄、潘文忠、吳茂昆、陳金德、陳英鈴及葉俊榮等人相較，高下之別，雲泥之判，簡直慘絕人寰。

張天欽所承續的此一統緒，台獨根本作不到，又嚴重背叛了民主真諦與法治原則。台獨作不到，或許可說是形格勢禁所致。但背叛了民主真諦與法治原則，則唯「士大夫之無恥」的人格墮落是問。

再從大歷史的角度來看。五十年前，國民黨政府在一九六九年蔣中正時代頒布《中央公職人員增補選辦法》，啟動了中央層次的民主改革，至蔣經國宣布解嚴，在對內民主及對兩岸開放上，皆可謂盡到了歷史責任，未被內部鷹派保守勢力羈絆，掌握了主動地位。但相對而言，中華民國政權到了陳水扁及蔡英文手上，非但不能建立穩固的國家憲政論述（台獨無膽／中華民國無能），而且將民主法治蹂躪糟蹋至今日地步，真是不忍卒睹。

蔣經國外放王昇、蔣孝武，可與蔡英文任用張天欽、顧立雄對照。那是蔣經國的壯士斷腕，這則是蔡英文的開門揖盜，終致自己被深綠挾持。

張天欽事件是因談話錄音而爆發。但如果沒錄音，這些話就等於沒說過嗎？或者，沒說過那類話，但心裡就不是那樣想嗎？

沒聽過黨產會的談話錄音，但它做的事有幾件不是出自「這個沒有操作，很可惜」？反過來說，大家親眼看到陳師孟那樣說，可見有無錄音都沒差。

張天欽們，請看看沈君山們。從沈君山到張天欽，看到那一代公知議政在呼喚民主、創造民主，也看到這一代公知從政在奸汙民主、背叛民主。

我強烈建議蔡英文看一段十分鐘的視頻。有關促轉會人員張世岳率員赴國民黨智庫搜索時與智庫人員何展旭的對話。這是妳的台灣價值？或是大家的台灣之恥？妳看了，會不會如吳佩蓉氣到發抖而無地自容。

《大屋頂下》曾說，民進黨主張台獨是騙局，民進黨主張民主法治則是更大的騙局。別以為只是張天欽的一捲談話錄音證實了此事，大家親眼所見，俯拾皆是不必錄音的鐵證。

胡佛們在努力撫平民主傷口，蔣經國也在償還他的民主債務。張天欽們則自詡為東廠而沾沾自喜，蔡英文的一句「不認同」多麼文青，但根本無法抵償她在摧毀民主憲政所造的罪孽。

借吳佩蓉問蔡英文：這就是我們要的民主嗎？

二〇一八．九．一六

「革命」與「民主」皆成了皇帝的新衣

民進黨應自問為何存在？

幾個月來，民進黨的社會形象急遽崩毀。民進黨現在不應只看此次九合一選舉的勝負如何，而應自問：民進黨的黨魂是什麼？民進黨的存在對台灣的意義何在？

有人說：民進黨是一個「革命民主政黨」。準此，民進黨的出現與存在，對台灣有二大價值與意義：一、推進民主。二、追求台獨。

不算「黨外」時代，民進黨建黨已三十二年。追求台獨，但迄今只見民進黨嚴重摧毀了中華民國的國家與憲法認同，卻未能另外正名制憲、建構替代的國家與憲法，台獨已無可能。推進民主，但大家眼看著民進黨愈來愈走向民主與法治的對立面，在解嚴三十年後的今天，儼然已成為戕害民主與法治的最可怕的反動勢力。

革命不成，荼毒民主。因此要問：民進黨現今的黨魂是什麼？民進黨的存在對台灣的意義何在？

所有的台灣人都親眼看到了，現在這樣的民進黨，已經愈來愈不同於當年從黨外走過來的民進黨。僅以管中閔及吳音寧兩案言，大家不敢相信推進民主的民進黨竟敢胡作非為至此程度，也不願相信明明搞不成台獨的民進黨竟會被台獨綁架至此地步。關心國事者皆為民進黨的變質而感到憂慮，而張天欽的東廠事件則完全證實了民進黨對民主法治的背叛已經深至靈魂底部。

民進黨的靈魂生病了。要不然不會一方面大玩這種假革命和偽民主，另一方面還靦顏稱此為「台灣價值」。民進黨這個重病的靈魂，正躺在它自己編造的「轉型史觀」的病床上。

民進黨是以政治反對者出身，它的史觀至今仍是政治反對者的單邊史觀。它對中華民國的史觀只有「外來政權」四字，對國民黨政權的史觀也只見「二二八」及「白色恐怖」兩件「罪行」。

這種史觀出自復仇意識，也出自要滅絕對方的動機。所以，它只想操作「不當黨產」與「附隨組織」，但完全不問台灣的生存亦曾依靠當年的「黨國體制」。例如，當年是「中國國民黨總裁蔣中正」，而非「中華民國總統蔣中正」（當時下野），將巨額黃金運來台灣，穩住了台灣；也是「中國國民黨總裁蔣中正」將胡適、傅斯年、尹仲容、孫運璿及李國鼎等人才接到台灣。同理，民進黨也只想操作「二二八」及「白色恐怖」，而一筆抹煞了這個黨國體制曾經完成土地改革、八二三炮戰、九年國教、十大建設、台灣成為亞洲四小龍之首，及最後蔣經國並親自宣布解嚴及開放兩岸交流等等。

黨國體制當然可受抨擊，且亦應照顧二二八及白色恐怖的受難者。但也不能只看到二二八及白色恐怖，而完全不將前述自解救佃農至解嚴等等正面政績及其廣泛受益者列入一個更平衡且完整的史觀。

且聽，鄭麗君不必經由任何憲法及法律程序，就曾公開地要將蔣介石等同於希特勒來處置，這恐怕讓張天欽也看不到她的尾燈。

本文完全贊同追求轉型正義，但轉型正義不能建立在扭曲破碎的史觀上，更不能違憲以行政裁判取代司法審判，因為這會淪為政治復仇者予取予奪的鬥爭工具。

例如：若要「除垢」侯友宜，則是否也應「除垢」在黨國體制下一路攀升至總統的李登輝？甚至是否要掃盡曾經執行「外來政權／黨國體制」政策的所有軍公教人員？何況，蔡英文說過：「在戒嚴時代，大家不是都選擇順從嗎？（本文按，包括李登輝）」或許至少必須具備這樣的哀矜與同理心，才能平衡地來談所謂「除垢」的議題。

如果蔣中正當年像李宗仁一樣出亡美國，那麼，後來必將陷於文化大革命的台灣，富家女蔡英文必是黑五類，三級貧戶陳水扁則是紅五類。更要有這樣的歷史意識，才能公允地談「轉型正義」。

談到白色恐怖，除冤假錯案外，當年大多數皆屬「匪諜案」。李扁政府公布，當年白色恐怖遭槍決者有一〇六一名；北京則公布，因匪諜案遭台北槍決者有一一〇〇名，並公布了八四六名死者的姓名。台灣及北京兩份名單，大體一致。現在，蔡政府一方面要啃這些「匪諜」的血饅頭、大張旗鼓地為他們伸冤洗白；但另一方面卻又緊縮人民與對岸互動，例如以沒收退休給付來懲處相關退伍軍人，又欲立法限縮領取居住證者的公民權等等。

對當年的「匪諜」懷柔，並無不可。但是，因此即更無理由去懲罰今天那些根本不是「匪諜」的台灣公民。蔡英文說過：「只要我做總統一天，沒有人要為他的（政治）認同道歉」。何況，像拿居住證，若是為了生活便利，而無涉認同的忠逆，他們當然不必「道歉」，遑論要加以懲罰。

再如，蔡英文稱譽過鄭南榕的「百分之百的言論自由」。但是，如今卻欲以「國安法」來處罰「假新聞」。本文也主張節制假新聞，卻認為，以民進黨專精製造「假新聞」、「假事件」的一貫伎倆，及其「百分之百言論自由」的主張，已然喪失了管制言論自由的正當性。

否則，連民進黨主張「百分之百的言論自由」，都是「假新聞」。

民進黨製造假新聞、假事件的紀錄罄竹難書。假新聞，其犖犖大者，蔡英文聲稱要「維持（兩岸）現狀」，她卻在眾目睽睽下毀了「現狀」。假事件，一九九八年高雄市長選舉謝長廷陣營的錄音帶，二〇〇六年高雄市長選舉陳菊陣營的走路工，皆已證實為假。二〇〇四年，陳水扁的兩顆子彈，則迄今仍是真假莫辨。不是不必追究假新聞，但像這樣前科累累的政治騙子，有什麼資格去追究別人的假新聞？

再看，民進黨曾主張核四公投。如今核四完了，公投呢？民進黨又主張台獨公投，而現在連東奧正名公投都不敢領銜推動，甚至還要大家感謝蔡政府的「自制」。但是，全國人民已經被這兩個「假公投」玩弄糟蹋了幾十年。

不勝枚舉。蔡英文承諾當選總統要為慰安婦向日本政府求償，下文如何？陳菊向來主張特赦陳水扁，如今卻說案子未結不能特赦。民進黨過去反對用「中華台北」，如今賴清德卻贊同洛桑協議。民進黨為瘦肉精美牛在立院打地鋪，如今卻百般求脫困。曾反對進口日本核食，如今看謝長廷怎麼說。先起鬨廢死刑，為選票槍斃人。先主張非核，又重啟核二。過去標榜挺同，如今立法食言。以前捍衛環保，如今用肺發電。昔誓藻礁永存，如今觀塘蠻幹。斥馬英九乘飛機在小林村上空勘災，自己則坐雲豹戰車向災民揮手。因薛香川在父親節陪岳父吃飯，「氣得要砸電視」；卻恬恬看陳建仁一家金門遊……。罄竹難書，這不但是出爾反爾，尤見其政治操作的膚淺與短視，甚至作繭自縛、玩火自焚。

這樣一個民進黨，台獨破滅，民主法治慘遭荼毒。這個「革命民主政黨」，如今「革命」與「民主」兩樣，皆成了皇帝的新衣，都是假新聞。

吳佩蓉問：這是我想要的民主嗎？我們更要問：這就是民進黨要的台獨嗎？

民進黨應自問：黨魂重病至此地步，民進黨的存在對台灣的意義何在？

二〇一八・十・一四

台獨／民主／愛台灣

民進黨的三大謊言

民進黨有三大謊言：台獨、民主、愛台灣。

無論此次九合一選舉民進黨的勝負如何，皆標誌著這三大謊言已經戳破。

先談民主。民主以形成多數為程序，但仍應以追求公理正義為目標。

民進黨在贏得執政權後，用為政黨私器，例如通過以政治佈樁為目標的前瞻條例，及以違憲違法為手段、以滅絕政黨政治為目標的轉型條例及黨產條例等等，再量身打造抵拒釋憲聲請之大法官會議，更派命陳師孟這類的監察委員以挾持恐嚇司法，再用張天欽駐促轉會、顧立雄長黨產會、陳英鈐掌中選會、葉俊榮主教育部、鄭麗君任文化部，又擴大政治任命的官吏及使節，停斷水利會民選，再將社運明星如吳音寧、詹順貴等吸納進入體制，更坐地分贓以高爵厚俸酬償親私如吳乃仁的千金公子、葉宜津的弟弟、管碧玲之女婿等等。如此這般，為所欲為，東廠林立，暴取豪奪，吃銅吃鐵，這樣的「民主」，其實已然徹底淪為「以民進黨為主」的政黨私器。

尚不僅此。民進黨擁護廢死，但死刑犯居然因選舉操作而伏法。又斬釘截鐵深澳電廠非蓋不可，居然也因選舉一筆塗銷。觀塘電廠更竟然在副主委辭職抗議、民間評委一面倒的反對之下霸王硬上弓。翻雲覆雨、出爾反爾。只玩權謀，沒有原則。試問：民主何在？法治何在？更置公理正義於何地？

尤有甚者，在這種偽民主下，蔡英文的三大政治宣示，已告跳票。包括：一、維持（兩岸）現狀。二、百分之百的言論自由。三、在我做總統的一天，沒有人必須為他的（政治）認同道歉。而蔡英文的另一政治宣示，也正在跳票的進行式，那就是：「用綠非核／不傷大局」。

以上這些描述只是對民進黨的民主法治的一斑窺豹，其全圖尤其不堪入目。

這樣的民主，落漆不落漆？

這樣的民主，下流不下流？

再談台獨。先看民意的流變。當人民看清國際博弈及兩岸消長後，對國家的機遇及侷限皆會有更理智成熟的體驗。柯文哲主張「兩岸一家親」，賴清德稱這等於是接受統一，但柯文哲的聲勢不墜反升。這當然是打臉台獨。

柯文哲儼然已從「墨綠」轉型為「挑染綠」，顯然也引領了其部分支持者轉向「挑染綠」。與此對照，韓國瑜的風潮，竟然也在「重綠」的高雄創造了「挑染藍」的新類型，更是大幅度的跨越。

韓被稱作「南版柯文哲」，柯被稱為「北版韓國瑜」。由此可見，從「墨綠」轉到「挑染綠」是可能的，再由「挑染綠」轉為「挑染藍」也是可能的。統獨、藍綠及南北的界際正在漫漶，這些都是台獨日漸消蝕的徵兆。

在這個民意出現結構性及趨勢性巨變的時際，民進黨卻被喜樂島等因素挾持，又想擺脫台獨，又想投靠台獨，真是左支右絀、進退維谷。

再看國際架構。川普政府對台灣牌表現了偏好，但台灣自己仍須因勢利導、保本為宜，不應有得隴望蜀的想法，應知沒有得寸進尺的可能性。

十月間，潘斯副總統說：「我（美）國政府將持續尊重一中政策，誠如三個聯合公報及台灣關係法所示，台灣實行民主體制，證明所有中國人（華人）皆有更為理想的道路。」

這項談話，視台灣為全體中國人的民主燈塔，表達了進取的一面，但因此也顯示了美國的對台政策仍是建立在「一中政策」上。

亦即，美國仍然認為，台灣的戰略能量，是在聯繫「一中」，而非切割「一中」。

也就是說，川普政府有可能從「反對改變（台灣海峽）現狀」，往「反對改變（中華民國）現狀」移動，但無可能轉為「支持台獨」，不可能脫離「一中」。

因而，民進黨的正確作為，就應是運用局勢，朝往「維護中華民國」的方向努力；而不應被喜樂島等因素糾纏，成為台獨的囚徒，平白錯失了以「一中各表」之類的路線在兩岸間鞏固中華民國的珍貴時機。

再看台獨的實踐面。《大屋頂下》曾指出，民進黨創議募兵制，可見是假台獨；民進黨又引領非核，主張將戰略安全最脆弱的天然氣占發電量五十％，更可證台獨是假。僅此二端，即知既無「武獨」的條件，台獨即無實踐的憑藉。

更嚴重的問題，出現在「民主」與「台獨」的相互牴觸。民進黨自黨外時代以來，是踏在民主的浪潮上追求台獨。但是，如今卻出現了「民主搞不成台獨／台獨毀了民主」的嚴重弔詭。

民進黨為了「維持（借殼台獨的）現狀」，將民主及法治糟蹋至今日地步。可見除非要用戒嚴體制或類戒嚴體制來搞台獨，就絕無可能實現台獨；但若竟然最後不能不用戒嚴體制或類戒嚴體制來實現台獨，那麼必將面臨台獨與民主皆相淪亡的結局。

民進黨若實現真正的民主，一定搞不成台獨。一方面是，民進黨不敢實施獨立公投，也就是不敢以真民主向傾獨人民交代。另一方面是，民進黨若實行真正的民主法治，即絕無可能壓制得住反獨人民的抵抗；且若真舉行台獨公投，投票結果必定是反台獨勝出。

民進黨一向認為「台獨就是民主／民主就是台獨」。但在國際博弈及兩岸消長的框限下，行民主，就不可能搞台獨；搞台獨，就不可能行民主。如前述，「台獨」與「民主」之間，其實具有一種內建的矛盾與不可相容性。

亦即：搞台獨，就要設東廠；搞東廠，就失民主。前述民意的流變，即反映了民主之所必趨必至，台獨與民主的不可相容性已然開始浮現，因而台獨遂使民進黨陷於作繭自縛，及台灣國、中華民國兩頭落空的困境。

本文主張：就台灣的利益言，台獨是反民主的。

民進黨一路高歌「愛台灣」。但它現在這種「台灣國無膽／中華民國無能」的路線，就是要使「台獨／民主／中華民國」以俱亡的路線。這條路線當然是「害台灣」的路線，而絕無可能是「愛台灣」。

選舉勝負可視為兵家常事。但一個政黨的黨魂主張若淪為謊言，卻是莫大的悲哀與恥辱。

民進黨的三大謊言已經被它自己戳破：台獨、民主、愛台灣。

二〇一八・十・二八

警惕「台獨雅各賓專政」

「反台獨」將從「反專政」的意識中凸顯出來。台灣人民終究應當不會接受「要台獨／不要民主法治」的政治操作。

《大屋頂下》曾說：民進黨的台獨是大騙局，民進黨的民主法治則是更大的騙局。民進黨的台獨，不論是「軟獨／硬獨／蔡獨／賴獨」，都是騙局。而民進黨為操作台獨，不斷踐踏民主，摧殘法治，已使它始終標榜的民主法治也成了更大的騙局。

先說明本文標題中的兩個借喻的詞彙。

一、專政：馬克思主義後來演變成「暴力革命」與「無產階級專政」，但馬克思、恩格斯早期的思想並非如此。當年，十九世紀中葉，民主政治尚未發展至一人一票等高端境界，馬克思及恩格斯原本倡議以民主政治實現社會主義，因而追求普選、工會、議會政治及言論新聞集會結社自由，甚至認為美國社會容許公民持槍是民主的最高保障……。所以，這股運動起初是以「社會民主主義」的架構推動，也就是主張以民主政治推進社會主義，因此蘇聯共產黨的前身即稱「社會民主黨」。如今，北歐的福利國家就是「以民主政治推進社會主義」的實踐。

由於當時發展未周的民主體制未給「無產階級」充分的抗爭權利，馬恩的思想內涵及策略操作，遂轉向暴力革命，並建立了「無產階級專政」的架構。所謂「無產階級專政」，或稱「新民主主義」，實際上已背叛了「民主」。而是認為，無產階級革命的目標是至高的正義，所以必須由無產階級來「專政」（dictatorship）；並經「專政」消滅了一切「反革命」的勢力，然後，家庭、階級及國家將趨死滅，全世界即可進入一個「由自由人組合之聯合體」，亦即進入「共產主義天堂」的烏托邦之中。

由於無產階級專政是至高的正義，用今天的話來說，就應由專政者來執行「轉型正義」。於是，馬克思、恩格斯當年原本所追求的普選、議會政治、工會、言論新聞集會結社自由等，皆在無產階級專政之下被消滅。至此，革命背叛了革命。

馬列主義者在「共產主義天堂」的騙局下，進行無產階級專政。今天的民進黨，也在「台灣國天堂」的騙局下，正在形塑並進行其「台獨專政」，而背叛了民主與法治。

二、雅各賓：法國大革命接下來的「雅各賓時期」，用斷頭台來誅殺異己，這是對「自由／平等／博愛」的背叛。全世界的民主革命，除美國獨立革命等少數例外，許多皆經過「雅各賓時期」。也就是民主革命後，不幸轉入了一個「反民主／反自由」

的逆反時期。尤其，二十世紀的共產革命，大多以民主的旗幟獲得成功，但也無一不是又進入了類如「無產階級專政」的「雅各賓時期」，背叛了民主革命的初心。有些「雅各賓時期」，如中共，甚至延續至今日，只是不用斷頭台。

二十世紀七〇年代以降的台灣民主浪潮，推進了台獨運動；但是，今日的台獨主政者，卻正毫不掩飾地在摧毀破壞憲政、民主、法治、人權等等必須珍惜的價值與體制。「台獨專政」正在形塑之中，「台獨雅各賓」已然是現在進行式。

台灣的民主容忍並餵養了台獨，但台獨正在反噬台灣的民主與法治、自由。

僅舉數例：蔡政府以行政裁量判定不當黨產、以東廠思維操作轉型正義、用政治鬥爭進行年金剝奪、以踐踏校園自治來拔管，及用歐威爾模式來運作NCC等等。以上均是以「台獨專政」為軸心所演出的「雅各賓」現象。

也就是，在台獨專政下，既掌握了立法院的多數及控制了大法官會議，立惡法、行惡政，完全不問應當有「法後之法」的法治與民主正義。台獨革命，走上了背叛民主法治之路。

一方面，台獨團體叫囂降低公投門檻，要讓人民有「台獨公投」的權利。另一方面，又強欲以高於修憲的規格，來扼殺兩岸有議簽「和平協議」的空間。這是不是台獨雅各賓專政？

再者，兩岸政治協議的通過門檻高於修憲。且據謂禁止出現「一中原則」四字，但難道主張「憲法一中／一中各表」的「一中原則」也不可以？又不准出現「九二共識」四字，但難道主張「一中各表」的九二共識也不可以？台獨當局用台獨思維框限並扭曲了「一中原則／九二共識」的意涵，又不容其他人與北京進行「憲法一中／一中各表」的抗衡。這是不是台獨雅各賓專政？

民進黨詆毀「馬習會」，但又倡議「蔡習會」，卻又曾欲不成比例地延長卸任高層政府首長赴陸列管期限為十五年。此已類同法國雅各賓派的《懲治嫌疑犯條例》。這是不是台獨雅各賓專政？

又如，自蔣經國以來，國民黨即一貫反對一國兩制，現在民進黨可謂也拿香跟拜。但二者的差異是在：民進黨主張以「台獨」來對抗一國兩制，卻不容其他人主張以「憲法一中／一中各表」來抗衡一國兩制。這是不是台獨雅各賓專政？

所謂「台海中線」，全無憑據，但民進黨要北京遵守此一「共識」或「默契」。而「九二共識」由當年大量函電淬鍊而出，且曾在兩岸運作有成多年，但民進黨卻片面堅拒此一「共識」。這是不是台獨雅各賓專政？

又，陳明通應該知道，所有的台灣人都要顧腹肚，但也可以拜自己的「佛祖」；且每年出口至大陸港澳一千四百億美元貨品的台灣人，無人是豬狗禽獸。你憑什麼說別人沒有「佛祖」？總不能說，把「台獨」視為「佛祖」者不是禽獸，而把「中華民國／一中各表」視為「佛祖」者就是禽獸。在政治信仰上，不容有不同的「佛祖」。這又是不是台獨雅各賓專政？

民進黨一向標榜的民主，現在已成「台獨專政」。民進黨一向標榜的法治，如今已成「台獨雅各賓」。

台灣曾經在「反攻大陸」的國策思維下實施戒嚴。若作比喻，也可稱那是一個以「反攻大陸」的「專政」傷害了民主法治的「雅各賓時期」。然而，最後蔣經國感知「反攻大陸」的國策難以為繼，果決地以「解嚴／開放探親」，根本變革了內外格局，親自將民主、法治歸還國人。

「反攻大陸」漸無可能，因此應當終止「反攻大陸專政」。如今，不論「軟獨／硬獨／蔡獨／賴獨」概無可能，民進黨又有什麼理由用這種「台獨雅各賓專政」來挾持荼毒台灣人民？像這樣下去，若要真搞台獨，難道台灣要再實施戒嚴不成？

國人應警惕台獨雅各賓專政，反對台獨雅各賓專政，消滅台獨雅各賓專政。因為，民進黨的台獨是騙局，民進黨的民主法治則是更大的騙局。

二〇一九・四・一四

沒有真相 沒有正義

從馬場町銘文看轉型正義

本文是二〇一七年十二月二十一日在二十一世紀基金會座談發言。

中共的「烈士」在台灣以「死難者」受到紀念。在綠島及景美兩處人權園區公布的「白色恐怖死難者」名單，與中共在北京西山無名英雄廣場公布的「台灣白色恐怖烈士」名單，相互有九成以上雷同。

文化部長鄭麗君說：轉型正義是要還原歷史，不該要求功過並陳。此話令人費解。轉型正義，如果是要還原歷史；但若先決定了不能功過並陳，歷史如何還原？

沒有真相，就沒有正義。不能還原真相，就不會有轉型正義。

什麼是真相？對歷史人物言，就是功過並陳。對歷史事件言，就是面面俱呈。評價人物，若只談功、不談過，或只談過、不談功，都不是真相，不能還原。評論事件，若只談一面，不談其他面，就不能面面俱呈，就不是真相，不能還原。

轉型正義是一個很大的題目。我今天選擇了一個小角度，試從台北市馬場町紀念公園的碑文談起。

馬場町是一九五〇年代槍決所謂政治犯的刑場。紀念公園有一塊石碑，碑上的銘文是這樣寫的：

一九五〇年代爲追求社會正義及政治改革之熱血志士，在戒嚴時期被逮捕，並在這馬場町土丘一帶槍決死亡。現爲追思死者並紀念這歷史事蹟，特爲保存馬場町刑場土丘，追悼千萬個在台灣犧牲的英魂，並供後來者憑弔及瞻仰。

這篇銘文，有兩點可待斟酌。

一、人物性質：銘文稱死者皆是「追求社會正義及政治改革之熱血志士」。唯根據當年的司法檔案，其中絕大多數是因匪諜罪涉案。另在中共公布的檔案中，這些在台涉匪諜案而被處決，皆是中華人民共和國烈士。

那麼，他們究竟是熱血志士？匪諜？或烈士？

其實，在當年的兩岸情勢中，「正義熱血志士」與「匪諜」，兩者是可以相容的概念。

因為，當年的紅色中國共產黨政權，被視為先進與正義；當年的藍色中國國民黨政權，則被視為反動與罪惡。尤其經歷了二二八事件，國民黨政權更被視為不義。在這樣的標尺下，中共的地下工作者（也就是匪諜），他們自視為或被視為「正義改革熱血志士」，這是可以理解的。

因此，若要還原歷史，也許馬場町的銘文可以這樣改寫：有些自期追求社會正義及政治改革之熱血志士，他們是中共或台共黨員，或參加中共或台共的工作，案發被以匪諜罪在此處決……。

這樣的論述，是將死者的「熱血志士」與「匪諜」兩種身分「並陳」。這樣一來，可能比較完整，也比較能夠「還原」。

但是，如今的銘文，卻只呈現了「熱血志士」一種角色，而顯然刻意隱藏了「匪諜」的身分。銘文在掩藏什麼？為什麼要掩藏？

二、死者人數：銘文說：「追悼千萬個在台灣犧牲的英魂。」這個論述，有失準確。究竟是一千個？或是一萬個？或是想要製造「成千上萬」的渲染意象？

據台灣官方公布的數字，涉及白色恐怖而被槍決者為一〇六一人。另據中共官方公布的人數，則為一一〇〇人（其中八四六人公布了姓名，與台灣公布的名單比對，這兩份名單約有九成以上的姓名一致，化名不計）。

那麼，究竟有多少「熱血志士」（或有多少「匪諜」）遭到死刑？是雙方官方公布的大概一千人？或是銘文說的「千萬」人？為何有這麼大的差距？

馬場町的銘文，由於在人物性質及死者人數上皆可斟酌。所以，其實可以作出兩種版本，這兩個版本呈現了兩種迥然而異的政治印象：

一、現今版：千萬個熱血志士被槍決了，他們為台灣犧牲。這是暴政，是人權事件，死者是受難人。

二、隱藏版：約一千名匪諜被槍決了，他們為中共犧牲。這是內戰，是國安事件，死者是中華人民共和國的烈士。

請問：銘文為什麼要那樣說，而不這樣說？銘文說的是完整的真相嗎？銘文主張的是平衡的正義嗎？

銘文可以主張：死者是熱血志士。但是，銘文不可以隱藏：死者也是匪諜案涉案者，是中華人民共和國的烈士。

因為，今天站在馬場町上，說槍殺了「千萬」熱血志士，與說槍決了近千名匪諜，或說槍斃了近千名中華人民共和國的烈士，這是不同「正義」。銘文卻是含糊其詞。

白色恐怖遭槍決的「熱血志士」，絕大多數為匪諜案涉案者，除了有台方及中共公布的名單可證，另外可談兩個旁證：

一、每年秋天，白色恐怖受難者家屬皆在馬場町舉行秋祭。他們在靈位上豎起巨大的幡旗，上面印著毛澤東的手書「人民英雄永垂不朽」，這是死者後裔也證實了先人為中共工作的事實。

二、綠營方面經常展覽白色恐怖死者的生平事略，多數死者皆載有「參加組織」的經歷，其實就是參加台共或中共，卻避諱而不明白說出究竟「參加」了什麼「組織」。

因此，在綠島及景美二處人權園區公布的白色恐怖死難者名單，與中共在北京西山「無名英雄廣場」公布的台灣白色恐怖烈士名單，相互間有九成以上雷同。

在北京西山，毛澤東為這些「熱血志士」死者題詞：驚濤拍孤島，碧波映天曉；虎穴藏忠魂，曙光迎來早。

孤島是指台灣，虎穴是指地下工作。

談到這裡，我們可以問，我們今天站在馬場町談轉型正義，談還原歷史，究竟是要還原中華民國匪諜案涉案者的歷史？還是要主張中華人民共和國烈士的正義？

今天的馬場町刑場，可以引申出兩種不同的「正義」觀點：

一、人權正義觀點：這是蔡英文及鄭麗君的主張，人權至上，應為當年的熱血志士平反。

二、國安正義觀點：匪諜案涉案者，是內戰敵對政權的第五縱隊。當年的處置手段或可議論，但此事的本質是國家安全事件。

我們看到，至今仍有民進黨立委主張共諜案可處死刑。這就不是出自人權觀點，而是出自國安觀點。

每個人心中的正義也許不同，但歷史不可被扭曲、剪裁或變造。扭曲、剪裁、變造的歷史，是偽史，甚至是穢史。在偽史、穢史上建立的「正義」，絕無可能是真正的正義。

我們討論白色恐怖，應當嚴正譴責其中的冤錯假案。但是，站在馬場町上，我們也必須同時思考「此岸匪諜／彼岸烈士」的歷史弔詭。

然而，我們在馬場町紀念的那群人，與北京在西山表揚的那群人，竟是同一個群體。

這樣的操作，不啻是用「洗白匪諜」來建立「轉型正義」。

馬場町銘文，正是轉型正義的十足諷刺。如果把馬場町的碑文，移置北京西山的無名英雄廣場，你一定會發現居然可以完全契合，彷彿是量身裁製。

現在，我們就把馬場町碑文略改幾個字，想像已送到北京西山的英雄烈士廣場。經過修飾的銘文是這樣的：

> 一九五〇年代爲追求社會正義及政治改革之熱血志士，在台灣當局戒嚴時期被逮

捕，並在台北市馬場町土丘一帶槍決死亡。現爲追思死者並紀念這歷史事蹟，特遙望馬場町刑場土丘，追悼千萬個在台灣犧牲的英魂，並供後來者憑弔及瞻仰。

各位，我們如果把這塊碑文放在毛澤東那首詩底下，是不是珠聯璧合，相互輝映？只說「熱血志士」、不說「匪諜」的馬場町銘文，是偽史、穢史。

一個台灣人，站在這塊銘文前面。請問：你希望他看到什麼？還有，你希望他看不到什麼？是不是希望，他們看不到的比看到的還多？

沒有真相，沒有正義。但是，我們現在看到的卻是，整個轉型正義的操作，都已墜入「馬場町銘文陷阱」之中。

馬場町的偽銘文，正是我們在談論轉型正義時必須細讀深思的教材。

剛才說，如今整個轉型正義的操作，都可能墜入「馬場町銘文陷阱」，最突出的事件是中正紀念堂的可能處置方案。

中正紀念堂這個題目，我在十二月九日聯合報寫的「誰的轉型正義」，已有略論，現在再作些展開。

馬場町銘文只談「熱血志士」，不提「匪諜」，更不提「中華人民共和國烈士」。

至於中正紀念堂，鄭麗君已經說了：轉型正義是要還原歷史，不該要求功過並陳。

但是，我們前面已經問過：若不功過並陳，歷史如何「還原」？

功過不可並陳，這竟究是要「還原歷史」，還是「不准你還原歷史」？
立法委員問鄭麗君：為還原歷史，妳能否講出三件兩蔣對於台灣有貢獻的事？鄭麗君答：身為文化部長，她不適合回答這個問題，文化部不適合提出功過報告。這又令人費解了。因為，鄭麗君在這一陣子，不斷公開抨擊兩蔣在二二八及白色恐怖的罪行，但為何她不覺得她身為文化部長不適合發表這類的看法？又為何她覺得不適合提蔣介石的功，卻可以恣意批評蔣介石的過，甚至將蔣介石比為希特勒？
我們可以問問鄭麗君：既是不能功過並陳，倘若只說陳水扁貪汙之過，而不容提他在推進台獨之功，民進黨接不接受？
馬場町銘文，只表彰「熱血志士」，但掩蓋了「匪諜」的角色。如今，又欲以「蔣介石唯有過」的論述，來掩蓋「蔣介石也有功」的論述，這豈不是又墜入了「馬場町銘文陷阱」？
在民進黨的轉型正義中，蔣介石的一生好像只做了二二八和白色恐怖兩件事。且因為這兩件事，就否定了全部的蔣介石。
蔣介石一生，且不談他在大陸時期北伐、抗日之功，即使對台灣，他實行了三七五減租、地方自治、九年國教、保留「黨外」為台灣民主的種籽、在冷戰中成功地周旋於國際困局、打贏古寧頭八二三等戰役、辛苦渡過了退出聯合國的難關，及正確領導台灣經濟發展路徑等等，這些都是蔣介石之功，都是正面的蔣介石。

接著，經由蔣經國的繼承努力，創造了經濟民生上的台灣奇蹟，他並在最後親自宣布解嚴及開放兩岸交流，這些也可以說是蔣介石透過蔣經國留給台灣的遺產。

不准對蔣介石功過並陳，是另一個「馬場町銘文」。這個偽銘文，希望台灣人看到什麼？希望台灣人看不到什麼？是不是希望台灣人看不到的比看到的還多？只看蔣介石的過，不看蔣介石的功？

若要還原歷史，平衡的看法是：蔣氏二代皆有過，許多對他們的批評皆有歷史根據；但是，蔣氏二代亦皆有功，而且對台灣更有大功。

持平而論，蔣介石所實踐的最大歷史正義，也是最大的台灣正義，就是他用中華民國保住了台灣，也用台灣保住了中華民國。

沒有蔣介石保住台灣，台灣在一九四九年已經併入了中華人民共和國。沒有蔣介石保住中華民國憲法，台灣也不可能迄今在實際上仍可以用「一中各表」與中共抗衡。

二二八及白色恐怖，皆是莫大的不幸。其實，這兩個題目，都有十分細緻的因果是非可以討論，但一方面因有些部分無理可說，有些部分則已是有理說不清；所以，多年來防守方只知對攻擊方全力賠償、道歉、平反，根本沒有餘力討論其中的因果是非，社會氛圍也不容出現理智的討論。

二二八事件及白色恐怖的紀念碑及紀念公園，全國已逾三十座。兩案的賠償金，共計約二七〇億元。以對二二八死者的賠償言，一再降低門檻、一再展延申請期限，如今幾乎已將一九四七年那段期間在戶籍資料上所有的死者及失蹤者盡皆納為二二八的死亡賠償對象，每人六百萬元，迄今共計得八六八人，其中甚至有韓國人及琉球人。再以白色恐怖死者的賠償言，一度曾發生「真正的匪諜」是否應當賠償的質疑。

白色恐怖事件中，匪諜案佔最大宗。所以，操作者為了維持白色恐怖的量體，必須將匪諜案留下，否則就不能充數到槍決上千人、涉案八千人的規模。但是，用了匪諜充數，卻又不想讓人看到匪諜。於是就有了馬場町銘文，把匪諜化為「熱血志士」，將間諜工作化為「追求改革」。

因此，迄至今日，真正的匪諜，與冤獄受害者如澎湖七一三事件涉案人，和民主運動者如雷震，及台獨先驅如高雄事件受刑人呂秀蓮，皆一視同仁為白色恐怖受難人。這種「放大數字／不問性質」、「只要賠償／不問是非」的操作，造成了雞兔同籠的異象。

為何演成雞兔同籠，另有兩種說法，可供參考：

一、李登輝開始平反白色恐怖事件時，與北京的關係曖昧，有密使溝通。處理平反匪諜，是向北京示好。他同時也處理了平反美麗島事件等本土案件，亦是向民進黨及獨派示好。

二、民進黨方面，處理平反白恐怖事件始自陳水扁，主要是想藉此建立美麗島事件等本土運動的正當性，但又怕單獨處理本土事件不易成功，因此拿匪諜案充數，並放大白色恐怖的量體，否定國民黨政府的統治。

然而，這種雞兔不分的異象，卻也顯示了國家社會畢竟已很努力地在做彌償的工作。但是。如今的轉型正義，又一次以蔣介石做為目標，其實不是為了化解二二八及白色恐怖的心結，其真正的目的只是要將台獨化及去中華民國化再推上一個台階。

因為，蔣介石的一生不是只有二二八及白色恐怖兩件事，他對台灣的貢獻也許不能彌補二二八，但若想僅以二二八及白色恐怖否定其對台灣的貢獻，只要看民民進黨竟然不敢對蔣介石「功過並陳」，即知他們只是要藉反蔣去蔣來升高台獨化及去中華民國化的台階，這才是真正的政治目標。何況，即使拆掉了中正紀念堂，操作者就會不再算二二八的帳了嗎？答案是：絕無可能。

民進黨為什麼不肯對蔣介石功過並陳、不敢對蔣介石功過並陳？

一、如果轉型正義是一場審判，刑事訴訟法規定，應於被告有利及不利之情況，一律注意。但民進黨卻死咬被告之不利，完全抹煞對被告之有利。

二、如果轉型正義是一篇學術論文，也應就相關課題的全方位正反因果元素，進行全覆蓋的論證，這篇論文的結論始能站得住腳。但民進黨如今的論證方法儼然是，問：為何蔣介石是徹底不義的？答：因為蔣介石就是徹底不義的。這是自說自話的套套邏輯，先射箭再畫靶，如何使人信服？

三、何況，轉型正義是一個歷史命題，民進黨既說要還原歷史，卻為何如此扭曲歷史？

四、更何況，轉型正義更是一個民主的命題，民進黨為何只照顧台獨反蔣的民意，而無視於至少相等比重的「對蔣介石功過並陳」的民意？

讓我們開門見山，別再拐彎抹角。眼前所見，根本無關還原歷史，反而是不容你還原歷史，重點也不在「人權」、重點也不在「和解」，而只是一場現實的政治鬥爭。這也根本不是想要化解二二八及白色恐怖的心結，而只是台獨運動要再一次地以二二八及白色恐怖來藉題發揮而已。

問題是，鞭屍蔣介石，就能實現台獨嗎？只怕即使中正紀念堂被剷平，也不會變成台獨的地基。

蔡英文說，這不只是改名的問題。這是正確的見解。因為：往過去看，這是一個必須功過並陳、拿準比例原則，以求真正還原歷史正義的巨大思考，不能只有二二八，不能把台灣的歷史停格在二二八上。往前面看，這則是究竟應當以中華民國為台灣生存戰略，或改以台灣國為台灣活路的巨大抉擇。

也就是說，要談轉型正義，必須先弄清楚，究竟是站在台獨的角度或中華民國的高度上，談轉型正義。

因為，你若從台獨的角度去談轉型正義，你就不能還原歷史，你就要剪裁或變造歷史。你若從中華民國的高度去談歷史正義，你就可以功過並陳、面面俱呈，不必刻意去製造偽史或穢史。

別以為這是在談「轉型正義」，也別以為這是在談「人權」或「和解」，這其實只是民進黨欲將中華民國「轉型」為借殼台獨的又一步驟。

轉型正義此事完全無關還原歷史，反而是不容你還原歷史。此事完全只是政治鬥爭。

不過，這種想藉「轉型正義」來「轉型中華民國」的計謀不會實現，對台灣而言反而是一種政治自殺。因為，這仍是「內殺型台獨」，而不是「外擊型台獨」。

其實，台灣仍待完成的最重大的「轉型正義」，正是台獨自己必須醒悟及轉型。

因為：中華民國若亡，台獨的忌日不會在不同日。

因為：台灣是水，中華民國是杯；杯在水在，杯破水覆。

沒有真相，沒有正義。勿讓整個「轉型正義」再陷於「馬場町銘文陷阱」之中。

二〇一七·一二·二四

我們與正義的距離

轉型正義的真相與標尺

本文是二〇一九年七月十四日在馬英九基金會「台灣與民主的距離」研討會發言紀錄。

今天座談會的題目是「我們與民主的距離」，轉型正義要談的是「我們與正義的距離」。

討論轉型正義，必須關注兩大標準：

一、必須呈現史實的真相。問題在於能否呈現真相？會不會反而扭曲了真相？

二、必須重建未來正義的標尺。問題在於能否重建正義？會不會以新的不義置換了舊的不義？

民進黨政府的轉型正義操作，是以處理國民黨威權統治時期的不義為主題。茲以前述兩大標準來評量：

一、呈現真相方面：選擇性地對於史實恣意剪裁、拼接、扭曲，以致未能呈現完整而準確的真相。不完整的真相，不是真相。

二、端正標尺方面：以台獨意識為詮釋正義的標尺，因此不能建立新的正義。轉型正義所指的不義主體，是解嚴前國民黨的「黨國體制」。黨國體制的特質是：一、一黨專制。二、專制的政黨與政府間的分化程度低。此一黨國體制對民主法治多有傷害，確實存有種種不義，必須反省與究責。這是一個進步與正確的思維。

在進一步往下討論前，先建立一個概念，就是：轉型正義事件。什麼是「轉型正義事件」？對國家社會正義結構發生重大翻轉意義的事件，稱作「轉型正義事件」。這在任何國家社會的歷史過程，都會發生。

舉一個大家都印象鮮明的例子。在中國大陸，文革就是一個「轉型正義事件」，且一般歸類為「負向轉型正義事件」；改革開放也是一個「轉型正義事件」，一般歸類為「正向轉型正義事件」。

再舉兩個台灣仍在辯證中的例子。

一、年金改制，蔡政府稱它為「轉型正義事件」。如果將它看成「年金改革」，就是一個「正向轉型正義事件」；如果將它看成違反信賴保護原則的「年金剝奪」，則是一個「負向轉型正義事件」。

二、公投法修正案。這是一個「箭已射出／將靶移開」的政治操作。所以，不只是賴清德參加初選的靶被移開，直接民權公民投票的靶也被移了位置。如果將它看成「公投法修善」，就是一個「正向轉型正義事件」；如果將它看成「公投法修惡」，就是一個「負向轉型正義事件」。

在國民黨的黨國體制時期，也曾經發生諸多強烈對比意義的轉型正義事件，有「負向轉型正義事件」，也有「正向轉型正義事件」。茲舉數例：

一類，稱「負向轉型正義事件」：例如二二八、白色恐怖等等。二二八及白色恐怖皆是「負向轉型正義事件」，這點無可爭議，容後再論。

另一類，暫稱「正向轉型正義事件」，也舉數例，但是有爭議。例如：

1.國共內戰，如果當年蔣介石未選擇台灣為撤退基地，或如果他與李宗仁一般流亡美國，則台灣今日必是中華人民共和國的一個省，而台灣也已經歷了三面紅旗及文化大革命的磨難。蔣氏當年的這個決定，是在黨國體制下作成的，而此一「轉型正義」決定了台灣自一九四九年迄今的命運。不是蔣介石，我們在場所有的人，都已經過了紅五類、黑五類的年代。

不過，也有不同的看法。認為一九四九年是「外來政權」入據台灣的開端。不是恩典，而是災禍。所以，是一個「負向轉型正義事件」。

2.一九四九年開始的土地改革，使佃農佔七十%的日據台灣農業，轉變為自耕農佔八十%。這在台灣的經濟及社會面向上，皆是重大的轉型正義，也是發生在黨國體制下。

當然，也有不同的看法。認為土地改革破壞了日據幾個世代的民間的階級正義與經濟正義，所以是一個「負向轉型正義事件」。

3.解嚴。一九八七年的解嚴，尤是黨國體制主導的最重要的轉型正義。這使得一黨專制轉為政黨政治；也使得兩岸的全面敵對，出現了和平競合的可能性。

這也有不同的看法，認為解嚴是台灣民間民主運動的勝利，黨國體制處於被動地位，不是正向的角色。

4.黨國體制在保衛台灣方面更多表現。例如，今年是《台灣關係法》四十週年，民進黨政府大力稱頌此法是國安基石，而此法也出自黨國體制的努力爭取。

但也有人認為，這只是黨國體制對前三十年外交政策失敗的彌補。

5.除此，八二三砲戰、九年國教、十大建設、四小龍之首、分期付款式的民主進階等，這些皆具轉型正義的意義，也都發生在黨國體制下。

但是，例如也有人認為，八二三砲戰只是國共內戰而已，與台灣人民無關。

不過，一碼歸一碼。不能因「正向轉型正義事件」，而否定了「負向轉型正義」的必須反省與究責。然而，也不能因二二八、白色恐怖等「負向轉型事件」，而抹去解嚴等「正向轉型事件」的意義。亦即，就前述「呈現真相」的標準來說，應當回復黨國體制在「負向／正向」表現的公正比例。因為，不完整的真相，不是真相。

因此，若將國民黨往昔的威權治理，與德國納粹或南非的白人統治歸為一類，恐失公允。因為，那不是完整的真相。

再談「負向轉型正義事件」。先說二二八。

二二八事件，發生在國民黨政府剛經歷抗日戰爭的「慘勝」、又正進入國共內戰的「慘敗」之際。二二八的主因，是當年政府的失政。但是，國共內戰因素，如謝雪紅等，及皇民、台籍日本兵在事件中的角色，皆是二二八真相的組成部分。因為，就某個意義上來說，二二八事件存有國共內戰及日本太平洋戰爭的延伸因素。

例如：南投埔里烏牛欄有一座「烏牛欄戰役紀念碑」，是表彰中共黨員謝雪紅等領導的一支「二七部隊」的武力鬥爭事件。而烏牛欄戰役，已被中共視為國共內戰的延伸。當年，北京將「二二八」稱為中共與台灣人民共同抗暴的「二月革命」。台中市長民進黨人林佳龍卻稱：「二七部隊的烏牛欄精神就是台中精神。」

這就涉及了前述的第二個標準，轉型正義的「標尺」是什麼？

假設，在今天的烏牛欄也存在一個有中共背景的武裝組織，林佳龍仍然會說「烏牛欄精神就是台中精神」嗎？這個武裝組織不是至少也該被稱作「中共代理人」嗎？這是「台中精神」嗎？

僅以烏牛欄一例來說，二二八的「真相」其實有不同角度，若用有爭議性的標尺來解釋二二八，將如何成就「轉型正義」？

後來，隨著台灣政治現實的流變，二二八的話語權落到了在土地改革中受到損失的地主後裔（如彭明敏），及皇民及台籍日本兵後裔（如李登輝、辜寬敏）的手中。於是，今天的「二二八」，加入了「三七五藉二二八復仇」、「皇民藉二二八反撲」的因素，就更加不是當年的「二二八」了。

再談白色恐怖。白色恐怖的「受難者」有四類型：一、冤假錯案，如澎湖七一三事件，張敏之校長等。二、羅織事件，如雷震案。三、台灣民運事件，如美麗島案。四、所謂「匪諜」案，此為最大宗。這四種類型，就有四種不同的正義標尺。

據李登輝及陳水扁兩屆政府核實公布，白色恐怖受難者總計八二九六人，其中遭死刑者一〇六一人。中共在北京西山則建有氣象莊嚴的「無名英雄廣場」，稱在台灣白色恐怖遭死刑者的烈士有一一〇〇人，並公布了八四六人的名單。以西山「無名英雄廣場」的白色恐怖「烈士」名單，與李扁政府鐫刻在紀念公園大理石碑上的白色恐怖

「受難者」名單比對，二者雷同率在百分之九十左右。中共的「烈士」，在台灣成了「受難者」。

至此，白色恐怖轉型正義的主體，儼然變質為「洗白匪諜」的政治工程。

這也是另種「烏牛欄標尺」的問題。二二八的「烏牛欄精神」究竟是「中共精神」還是「台中精神」？白色恐怖應當紀念的是「中共間諜的烈士精神」還是「台灣的匪諜事件」？這都是標尺的問題。

二二八把謝雪紅與張七郎歸作一類，白色恐怖又把吳石和林義雄歸為一類、朱楓和陳菊歸為一類。這種雞兔同籠的作法，不能呈現真相，不能端正標尺，也當然不能成就轉型正義。

把中共間諜吳石、朱楓，與台獨運動者林義雄、陳菊置於同一政治門類中，這不但是雞兔同籠，簡直是讓他們相互玷污。吳石與林義雄是同路人嗎？陳菊與朱楓是同志嗎？中共間諜和台獨運動者的政治信仰沒有差異嗎？把中共烈士和台獨人物放在一起，對他們是不是相互污辱？

所以，要談白色恐怖的轉型正義，至少首先應把台灣說的匪諜、中共說的烈士、台獨運動者與冤錯假案的件數與比例，作個分門別類的統計與公布。

後來有了白色恐怖受難者的賠償辦法，於是發生「真正的匪諜該不該賠」的爭議，結果說不該賠。但是，你已經把這些人的名字刻在紀念碑上，並確認他們是「受難者」，但又拒不賠償，這是不是錯亂？是不是自己打臉？

從「呈現真相」及「端正標尺」兩大標準而言，民進黨政府操作的轉型正義，已經十分明顯地走入了一條歧途，那就是：

將二二八的不義↓及白色恐怖的不義↓定為蔣介石的不義↓國民黨的不義↓中華民國的不義↓中國的不義↓因此用以證實台獨思維的正義，用台獨的標尺來操作轉型正義↓然後，操作去中華民國化↓操作去中國化↓操作台獨……。

這就是民進黨轉型正義的完整論述。

但是，從二二八的不義，並不能引伸至台獨思維的正確性。二二八是錯的，這一點沒有爭議。不過，二二八的轉型正義是要省思過去的錯誤，台獨思維則是要探索台灣未來的生存戰略。這是兩個不同的題目，不能混為一談。若是因為二二八的不義、因為白色恐怖的不義，所以就主張要台獨，要去中華民國化，這樣的轉型正義論述會不會文不對題？

因為二二八是錯的，所以台獨是對的。這不是正確的邏輯。

轉型正義的重中之重在標尺。例如，以台獨意識為標尺來評價蔣介石，與用中華民國為標尺評價蔣介石，必定會出現差異。現在，一切的問題都出在民進黨是用台獨意識來操作轉型正義。

但是，就台灣的正義言，台獨自身就是「終究必須被轉型的正義」，如何能用它來評價台灣的正義？

如此這般的轉型正義，與正義的距離，當然是漸行漸遠。

第4章

頂層設計　北京繞不過中華民國

北京對台政策的根本矛盾在於：又希望台灣能維護住中華民國，但又在終極目標上要消滅中華民國。

矯正的方法是：在過程論上建構「現在進行式的一個中國」，也就是「一中各表」；在目的論上推進「共同締造論」，也就是「不消滅中華民國的統一」、「互統一」，或「大屋頂中國兩制」。

北京說，蔡英文有一張「未完成的答卷」。其實北京也有一張「未完成的答卷」。

中共十八大的工作報告說：「探討國家尚未統一特殊情況的兩岸政治關係，作出合情合理的安排。」

這是中共自己交給自己的考卷，迄今未見完成。本章的重點，即在探討中共這張「未完成的答卷」。

當下的兩岸關係，有三個要點：

一、統一前的關係：統一不知何日實現，所以兩岸在「統一前」及「未統一」的關係，比「統一」更重要。在統一前，不能使中華民國變質成「台獨」、「獨台」或「美版台獨/美版獨台」（美國的棋子）。

二、非武統的關係：不但在道德上應當排除武統。且在實際上，武統對北京所可能造成的內外風險，未必低於對台灣。

三、民主競合的關係：武統不可行，所以必須在武統以外找解方，亦即和平統一。而和平統一，就必定應該是民主統一。

民主統一，就是兩岸終局方案必須經由中華民國的民主機制找出路。中華民國是繞不過去的。

也就是說，北京兩岸方案的頂層設計，首先必須放棄「中華民國已經滅亡論」。因為，中華民國才是兩岸的定海神針。

九二共識的包容力與發展性

若在此杯喝水　勿在此杯吐痰

本文是二〇一六年一月二十四日在上海兩岸座談會的發言節要。時在蔡英文當選總統後十日。

大選前，《聯合報》出版《81秒世紀之握——馬習會幕後大解密》，我為此書寫了一篇導論，標題是〈馬習會的意義仍在成長之中〉。我將這篇導論作為我給大會的書面報告，現在再作一些口頭補充。

蔡英文勝選，民進黨將重返執政。在大選前，北京與民進黨的折衝焦點在九二共識。所以，選後的兩岸情勢演變也要看雙方如何處理九二共識。

習近平主席說，九二共識是兩岸和平發展的共同政治基礎，「基礎不牢／地動山搖」。又說，沒有九二共識，「兩岸和平發展之舟，就會徹底傾覆」。

地動山搖，也許傷在台灣；但和平發展之舟若徹底傾覆，卻是禍害兩岸。

包容力與發展性

我希望兩岸政府都能回到「九二共識」來，也就是回到「九二共識」這四個字。主要理由有二：

一、九二共識這四個字，在兩岸關係中，已經具備了全面性。經過二〇〇五年連胡會，及二〇〇八年馬政府執政以來的種種錘鍊，如今「九二共識」幾乎已與所有的兩岸交流成果鏈接與掛鉤。也就是說，從二十三項協議，到馬習會最高領導人會談平台，與九二共識都有了掛鉤鏈接。由於九二共識具備了這種全面性，留住九二共識，就可能使兩岸現狀全面保全；失去九二共識，也可能使兩岸現狀全面坍塌傾覆。

二、九二共識是包容力及發展性很強的「模糊的傑作」。其中，有「一中原則」、「反對台獨」，也有「一中各表」；但雙方均不必把這些比較尖銳的詞句時時刻刻掛在嘴邊，也不必時時刻刻面臨對方提出這些尖銳的詞句。當雙方說「九二共識」時，心裡知道己方的堅持，也知道對方的底線。這就使得這個「模糊的傑作」，有了包容力，也有了發展性。

兩岸進入「後二〇一六時期」，更不應當丟掉「九二共識」這個如此好用的概念。理由是：一、對民進黨而言，丟掉九二共識，北京並不會放棄「反對台獨」，但蔡英文政府卻失去了「一中各表」這個進退攻守的戰略據點。二、對藍營而言，沒有了九二共識，失去了「一中各表」，台灣內部「反對台獨」的民意必定就會失去支撐。三、北京失去九二共識，也將無法使民進黨以「一中各表」維持最低程度的「中國連結」。準此，在進入後二〇一六，對藍綠紅三方面來說，「九二共識」裡的「一中各表」，實比「反對台獨」更重要。

例如：未來不太可能再有「正名制憲」的「法理台獨」，只會有掏空中華民國的「心靈台獨」。沒有「法理台獨」，九二共識的「反對台獨」就成了無的放矢。因此，「一中各表」就比「反對台獨」更重要。北京過去聽國民黨說「一中各表」，覺得刺耳。未來若聽不到民進黨說「一中各表」，那才頭痛。

再如：蔡英文說的「九二事實／求同存異」，顯然已向「九二共識／一中各表」靠攏了一步。可見，她不是不知轉身的正確方向。

所以，如果丟掉了九二共識，換來一個不是九二共識的說法，留下了失焦的「反對台獨」，失去了「一中各表」，就可能使各方都失去了包容力與發展性。

兩岸必須要有一個兼有包容力和發展性的操作架構，我認為這個架構就是「九二共識」。得來不易，應當珍惜。

A觀點與B觀點

我在書面報告中相當強調馬習會在「一中各表」的呈現。有人認為，這種看法太過樂觀，一廂情願，甚至已偏離了實際。事實上，馬習會在台灣受到的最大批評就是，只有一中，沒有各表。不過，我認為，馬習會雖然並未確立一中各表，但我們何妨在會後來開發一中各表的效能。畢竟，馬習會的意義仍在成長之中。

各方對馬習會「一中各表」的觀點，可分AB兩種：

A觀點：認為只是北京的暫時權謀。不容馬英九在開場公開致詞說「一中各表」，北京也不正面回應，只是供馬英九內銷之用而已。持此類觀點者，是認為北京的態度虛假，只是應急的權謀作為，不應視為具有政策意義的試探、突破或創新。

B觀點：亦即類似我在書面報告中所持觀點。從馬習會的儀節及論述上，皆可將「一中各表」的當面呈現，視為兩岸互動的重大試探、突破或創新。

那麼，請問各位：我們應當將馬習會的「一中各表」作何看法？是看成北京玩弄權謀、馬英九只問內銷的逢場作戲？還是雙方確實體認到兩岸情勢的艱難而產出了更具包容力及發展性的創新元素？

我們可以確定，如果不讓馬英九在會中呈現「一中各表」，馬習會根本開不成。而北京接受了馬英九在會中呈現「一中各表／兩岸分治」的概念，就不能說此中不具任何政策意義。

試問：如果我們現在將馬習會「一中各表」的這一幕，解釋為只是一場權謀而已，只是北京釣魚上鉤的一個魚餌而已，兩岸關係未來將如何走下去？

在台灣，「九二共識／一中各表」，會使得台獨更沒有理由主張台獨；也會使得支持中華民國者，更有理由支持中華民國。正如前面說的，失去「一中各表」，台灣內部「反對台獨」的民意必定就會失去支撐。

因此，一中各表不只是對台灣有利的兩岸論述，也是對北京有利的兩岸架構。這也就是杯子理論：「台灣是水，中華民國是杯；杯在水在，杯破水覆。」

喝水杯中勿吐痰

兩岸情勢走入今日僵局，主要原因是北京與民進黨過去幾十年的「去中華民國化」。北京說，「中華民國已經滅亡」；民進黨則仍維持台獨黨綱，「應就台灣主權獨立之事實制憲建國」。但是，走到今天，北京發現，愈要消滅中華民國，台獨意識就愈激越；即使阻擋了「法理台獨」，也難挽回「心靈台獨」。台獨亦發現，若無中華民國，台獨也成了皮之不存毛將焉附。

現在，蔡英文當選中華民國總統，試問：今日誰最想「一直捍衛中華民國」？第一個是民進黨，第二個就是北京。

北京與民進黨或許都體認了「杯子理論」。

所以，北京和民進黨都不可在這杯子裡喝水，又在這杯子裡吐痰。

其實，二〇〇八年三月二十六日，胡錦濤主席與小布希總統的熱線中，胡錦濤就說過，「中國大陸和台灣將在九二共識的基礎上恢復談判，意即雙方承認只有一個中國，但同意對其定義各自表述。」可見「一中各表」曾經進入北京的政策思維。但是，如今馬英九總統要在習近平主席面前，說出與胡錦濤主席當年所說一模一樣的話，卻竟要經過如此的周折與磨難。這是多麼諷刺的一幕。

試問：我們究竟要用A觀點的權謀或B觀點的創新，來看待及解讀這次馬習會所謂的「世紀之會」所傳遞出來的「一中各表」的政治訊息？是政治權謀？或是政策創新？

和平發展的必經路徑

我希望兩岸能夠回到兼有包容力及發展性的「九二共識」來。

希望蔡英文總統能說：「我將在中華民國憲法架構下，理解並發展九二共識。」因為她說過：「將在中華民國現行憲政體制下，推動兩岸關係和平穩定發展。」以上兩說，可視為民進黨兩岸政策的水平移動，無縫接軌。對民進黨來說，這一條路徑就是：從「九二共識」進，由「一中各表」出。

也希望北京團隊能走出「中華民國已經滅亡」的戰略架構，將馬習會對一中各表在儀節與論述上的突破創新繼續發展下去。如此，有了「一中各表」，就能以「現在進行式的一個中國」為過程，而以「共同締造論」為目標。對北京來說，這一條路徑就是：從「一中各表」到「一中同表」。

我在書面報告中說：一中各表雖使「一中定義處於爭議狀態」，但也可維持「一中原則處於共識狀態」。

至於最終如何處理「一中定義」的分歧，那可能就涉及「第三概念」、「上位概念」的「一個中國」，或「大屋頂中國」，那就是另外一個更高層次的涉及「一中同表」的議題了。

無論如何，無「一中各表」在前，即不可能有「一中同表」在後。

九二共識有「反對台獨」的框限，更不能沒有「一中各表」的引領。只有一半的九二共識，就不是具有包容力與和發展性的九二共識。

我認為，馬習會的意義還沒有完整體現，也還沒有正確體現。讓我們共同努力，使九二共識成為一個更具包容力和發展性的兩岸架構。也讓我們共同努力，使「一中各表」從釣魚上鉤的「謀略」層次，昇華到共生雙贏的「政策」層次。

如果兩岸關係的解決方案，不是「弱肉強食／生吞活剝」，而是「兩岸一家親／心靈契合」，那就唯有「和平發展」一途。那麼，「一中各表」就是兩岸關係和平發展的必經路徑，無可繞道。捨此，難有和平發展。

二〇一六・一・二四

不是只有一種「台獨」也不是只有一種「統一」

兩岸拔河 心靈台獨VS.心靈統一

本文是在北京參加一項兩岸座談的書面報告。座談的主題是：「民進黨時代的兩岸交流：挑戰與出路」。

挑戰人人都看得見，問題在出路。

大陸智囊鄭必堅先生說：「眼界決定境界，思路決定出路。」據此可言，兩岸沒出路，關鍵在思路的境界不夠，所以要開闊並提升思路。

暫時擱下當前的困局，從宏觀架構看，我們或許不妨想像：兩岸未來的走勢，有無可能形成一場民進黨的「心靈台獨」和北京的「心靈統一」的拔河？這是我想談論的思路與出路。

思路的起點是：對民進黨而言，「台獨」不是只有一種「台獨」；對北京而言，「統一」也不是只有一種「統一」。

在二〇一六總統大選以前，我曾發表過三個與本文有關的看法：

一、我認為，蔡英文在當選執政後，不會再操作「法理台獨」，而是改採「心靈台獨」。這也就是，台獨不只一種。

二、我認為，由於不再有正名制憲的法理台獨，九二共識裡的「反對台獨」就成了無的放矢，而「一中各表」就會變得更重要。

三、我認為，由於不再正名制憲，民進黨新的台獨思維是「不抹掉中華民國四個字的台獨」；所以，北京也應當有一種新的統一思維，也就是「不消滅中華民國的統一」。這也就是，統一不只一種。

這些，都是我在選前提出的看法。

心靈台獨 比文化台獨更準確

先談心靈台獨。一般都說是「文化台獨」，文化台獨是指一種社會意識，心靈台獨則是指一種更深層的人格狀態。我覺得，對於台灣目前的傾綠民意樣態，用心靈台獨來說明，可能較文化台獨更準確。

比如說，所謂的「天然獨」，若稱之為「文化台獨」，就不如稱之為「心靈台獨」來得深刻。一旦到了心靈台獨的境界，也就不必再求法理台獨，甚至也不必再找什麼文化上的理由。到最後，可以只是沒有抹掉「中華民國」四個字，其他都心靈台獨了。這就是借殼上市。不必正名制憲，也能「台獨」。

走到今天這個地步，民進黨的「中華民國」有兩種發展的可能性：一、借殼上市的中華民國。二、一中各表的中華民國。

中華民國憲法　兩岸攻防武器

接著就談一中各表。蔡政府不再操作法理台獨，就必須以新的標尺來檢證其兩岸政策，這標尺就是「一中各表」。

當下，有一個十分清楚的景象是：兩岸當局都朝向中華民國與中華民國憲法來尋找交集點。

在選前，王毅的「憲法說」，不論是有心或無意，皆是指向「他們自己的憲法」這個方向。選後，有更多的大陸智庫都主張蔡政府應回到中華民國與中華民國憲法，甚至說「憲法一中」就可以等同於「兩岸同屬一個中國」。另一方面，蔡總統在就職演說中說「依據中華民國憲法及兩岸人民關係條例處理兩岸事務」，亦顯有「憲法一中／一國兩區」的暗示。

可見，北京欲以中華民國憲法來防獨，蔡政府則欲以中華民國憲法來抵擋北京的壓力。其實，這些皆可謂是「一中各表」的操作，只是北京和蔡政府都不承認。

當前的事實是，在北京與蔡政府間，如今中華民國的分量都上升了。但是，如果不及時將民進黨往「一中各表」引導，那麼「心靈台獨／借殼上市」就會一路走到底。

再談新的統一思維。習近平主席說：「我們追求的統一，不僅是形式上的統一，更重要的是兩岸同胞的心靈契合。」也許可以說，這就是「心靈統一」；或者，有無可能把這句話提升成為「心靈統一」的架構。

接著下來，不妨用「心靈統一」與「心靈台獨」對照著來說。

如果台灣不再操作「法理台獨」，北京就幾乎絕無可能「武力統一」，因為武力統一在國際及在兩岸皆無正當性。而若北京不再能採「武力統一」，即須採「和平統一」，說到底，就是習近平所說的「心靈契合的統一」，也就是「心靈統一」。試想：沒有心靈統一，如何能和平統一？

前面說，「心靈台獨」是「不抹掉中華民國四個字的台獨」。那麼，北京有無可能出現一種「心靈統一」，那就是「不消滅中華民國的統一」。

這就是把「心靈統一」和「心靈台獨」對照著說。

其實，「心靈台獨論」正是習近平「心靈統一論」的悖論。可以說成：「我們追求的獨立，不必是形式上的台獨，重要的是台灣人民的心靈契合。」（相對於習近平所說，我們追求的統一，不僅是形式上的統一，重要的是兩岸同胞的心靈契合。）

武獨或武統　現在皆無可能

我想，大家都會承認，兩岸情勢，武獨或武統皆無可能。現在及未來的情勢可能是也必須是：文化台獨與文化統一的競合，亦即心靈台獨與心靈統一的競合。也就是一場心靈的拔河。

拔河的場面，觸目盡是。例如，辛亥革命紀念日、對日抗戰紀念日、台灣光復紀念日，及孫中山一百五十年誕辰紀念日，台灣都非常淡漠，但大陸卻搞得紅紅火火，對這些涉及文化及心靈的事件，比台灣更熱衷。

這些皆是文化統一與文化台獨的角力，也就是心靈台獨與心靈統一的拔河。不過，現實卻是，如前所述，習近平對「心靈契合統一」雖有先見之明，可稱他是「心靈統一」的創制者，但仍然被「心靈台獨」搶先了一步。

北京回填自己挖的坑

台獨成因複雜，但主要是因台獨與北京的「去中華民國化」所致，而北京在這方面責任還要大於台獨勢力。

且看當前情勢：一方面北京未放棄「中華民國已經滅亡」的政策，另一方面又要主張台獨的民進黨政府回到中華民國和中華民國憲法，這難道不是以子之矛攻子之盾？在「中華民國已經滅亡論」下，中華民國在現實上不能維持自尊，也看不到得以保全尊嚴的未來；於是中華民國遂成有些台灣人在心靈上的負荷與恥辱，因而催生了「心靈台獨」。北京倘要改變這個趨勢，顯然亦知須從「心靈統一」入手，須先回填台灣因「去中華民國化」所形成的文化及心靈空洞，把中華民國先補滿填實。

須知：對台灣去中華民國化，就是去中國化。要台灣回到中國，就必須先回到中華民國。所謂「心靈台獨／心靈統一」的拔河，在現階段，其實就是「掏空中華民國」與「回填中華民國」的拔河。

我覺得，北京這幾年做的事，就是以前挖了一個洞，現在要把它填回去。今後，將是心靈台獨「掏空中華民國」，與心靈統一「回填中華民國」的速度比賽。

面對「心靈台獨」的方興未艾，北京必須設法將民進黨從「借殼上市的中華民國」，拉回到「一中各表的中華民國」。

北京看「心靈統一」，不應是「你吃掉我／我吃掉你」的「被統一」，而應是「你不吃掉我／我不吃掉你」的「互統一」。所謂「互統一」，大屋頂中國、一中三憲、第三主體、共同締造論或歐盟模式等，皆是可以思考的方向。

台獨有了新的想像力，「心靈台獨」是新的台獨，也就是「不抹掉中華民國的台獨」。因此，北京會不會也有新的想像力，「心靈統一」即是「不消滅中華民國的統一」或「保留了中華民國的統一」？

回到中華民國 對兩岸都有利

有人說，現在是「天然獨」與「天然統」對抗的時期，但其實也是「人造獨」與「人造統」對抗的時期。既然人能造之，人也能改變之。兩岸當局若能以「中華民國」為交集處，穿過「一中各表」，即可能以「大屋頂中國」為「心靈契合」的歸宿。

也就是說，兩岸關係可以建立在縱橫兩條軸線上。一條是處理現狀的空間橫軸，就是一中各表；一條是指向未來的時間縱軸，就是大屋頂中國。

我曾提出「杯子理論」：「台灣是水，中華民國是杯；杯在水在，杯破水覆。」只要兩岸都回到中華民國，必對維持兩岸現狀有利，也對走向兩岸未來有利，而且對藍綠紅三方面都有利。只要民進黨仍甩不掉「中華民國」這只杯子，就有可能將其導回「一中各表」。

蔡政府似乎正在嘗試「另一種台獨」，也就是「心靈台獨」。北京會不會也思考「另一種統一」，建立起「心靈統一」的架構。那麼，也許我們就可看到一場「心靈台獨」與「心靈統一」的兩岸拔河。

其中的要領是：不是只有一種「台獨」，也不是只有一種「統一」。

二〇一六・九・二五

從「被統一」到「互統一」

統一三形態 兩岸五階段

本文是前篇北京座談書面報告的口頭補充節要。

我的書面報告「兩岸拔河：心靈台獨 vs.心靈統一」，已請大會轉呈各位。野人獻曝，請大家指正。現在我再作一些口頭補充：

我談的題目是：「統一」不是只有一種「統一」。並提出了四個概念：一、心靈統一。二、不消滅中華民國的統一。三、互統一。四、大屋頂中國。

這些思考，並非我所首創或獨有，其實在兩岸間早有同類的思考，只是各家使用的語彙不一樣，但相互間存有很大的交集。

應改變「中華民國已滅亡」論述

參加今天座談的孫亞夫先生是我敬重的兩岸實務及理論專家，我特別期待他會知道我在說什麼。二〇一四年六月，孫先生和薄瑞光分別領導的陸美二軌團隊在紐約舉行會談，據說，會中出現的一種思考就是：能否就「一國兩制」中「一國」的概念，以承認中華民國的方式而重新定義。

我覺得，如果能夠出現「承認中華民國存在的一國兩制」，就有可能出現「不消滅中華民國的統一」。所以，「一中」不是問題，問題在如何定義「一中」，及如何定義「統一」。

黃嘉樹先生也是我敬重的兩岸問題專家。我在想，黃老師提出的「第三主體」的主張，和我所思考的「第三概念的中國」和「上位概念的中國」，亦即「大屋頂中國」，或許也有交集互通之處。

再者，我們或許也可將汪道涵先生的「共同締造論」，歸類為一種「互統一」的思考。

更進一步，鄧小平先生說的「你不吃掉我，我不吃掉你」，若用今天的認識來看，這也是一種「互統一」，而不是一種「被統一」。

在台灣，也有這類看法。譬如，張亞中教授的「一中三憲」即是。

其實，蔣經國總統所主張的「三民主義統一中國」，也可演繹成「互統一」的概念。

我的看法是，統一不是只有一種統一。一種是「被統一」，就是「你吃掉我，我吃掉你」。另一種是「輕統一」，就是兩岸交戰政府轉為分治政府，簽訂和平協議。再一種是「互統一」，也就是「你不吃掉我，我不吃掉你」的統一，也就是共同締造論，也就是大屋頂中國。

上述這個架構可稱為「統一三形態」，思考的方向是從「被統一」向「輕統一」及「互統一」移動。

鄭必堅先生說「眼界決定境界，思路決定出路」。我覺得，面對兩岸難題，必須要用新的眼界來定義「一個中國」、來定義「統一」，更要用新的思路來處理中華民國在中國的地位。

也就是說，北京是不是應當改變「中華民國已經滅亡」的論述，未來不論在兩岸互動或兩岸建構解決方案的過程中，都要正視中華民國的地位。

九二共識應發展「一中各表」

時間所限，我只談兩個現實問題：一、九二共識還有沒有用？二、國民黨還有沒有救？

第一個問題：九二共識還有沒有用？我的看法是，九二共識如果只是朝「反對台獨」的方向壓縮，就未必有用；但若是朝「一中各表」的方向發展，就一定有用。台獨批評九二共識，第一句話就是「只有一中，沒有各表」。也就是說，如果是「雖有一中，也有各表」，亦即「既有原則，又有善意」，台獨的空間就限縮了。

舉一例。二〇一五年十一月馬習會，馬英九總統在開場談話時未提「一中各表」，於是，台灣的名嘴在同步的第一時間就咬死了「只有一中，沒有各表」。

當天，接下來是馬習閉門會談六十分鐘，再加上張志軍主任主持國際記者會卅分鐘，等到馬英九主持記者會，說出會談提到「一中各表」，已在九十分鐘之後，但已不能扭轉台灣名嘴對「只有一中，沒有各表」的定論。可以說，這個「九十分鐘的落差」，決定了馬習會「一中各表」效應的成敗。

如果馬英九在開場談話就提到「一中各表」，雖然未必能扭轉總統大選的失敗，但必可強化現今兩岸論述的基底。

我的看法是：九二共識若還要有用，必須發展一中各表。

第二個問題：國民黨還有沒有救？國民黨現在有三個重傷：一、沒有論述。二、沒有領袖。三、黨產失守，沒有錢。這三個都是致命傷，其中傷得最嚴重的仍在沒有論述。

國民黨沒有論述，主因是在北京的「中華民國已經滅亡論」下，中華民國很難建立起一套有自尊、有願景的論述。北京若不改變對中華民國的論述，中華民國的論述就很難站穩腳跟。

台北流傳著一個笑話。國民黨已無擔任台灣的反對黨的能力，也沒有護持中華民國的能力。現在台灣的反對黨是中國共產黨，現在護持中華民國的也是中國共產黨。這個笑話聽來荒唐，但也相當寫實。

我覺得，以前北京是寄望國民黨來護持中華民國，進而保住台灣。現在應當透過發展「一中各表」，直接寄望以中華民國的論述來保住台灣，這就是我說的「杯子理論」。紅藍綠三方面如果丟掉了中華民國這只杯子，兩岸關係始終是竹籃打水一場空。

不要覺得最長的麥桿還在前頭

我要強調：台灣的問題已經超越了國民黨有沒有救的層次，而是已經且必須指向中華民國還有沒有救？

若想引導台獨走向兩岸關係的正向發展，可用「兩岸五段論」來推演：台獨↓借殼上市↓一中各表↓和平協議↓共同締造論或大屋頂中國。

其中，「借殼上市」與「一中各表」是個分岔點。也就是說，北京究竟希望看到

「借殼上市的中華民國」或「一中各表的中華民國」？

聖經上有一故事。有人經過麥田，想選一隻最長的麥桿，看著眼前，總覺得更長的還在前面。此人最後走完了麥田，手裡卻是空的。

剛才我說了「一中各表」在馬習會的「九十分鐘的落差」，馬英九在九十分鐘前沒說、卻到九十分鐘後才說一中各表，這是一個當代版的麥桿故事。

不要覺得最長的麥桿還在前頭，這是我的結論。

二〇一六・九・二六

如何治療兩岸關係的精神病

兩岸三張沒有完成的答卷

本文是二〇一七年三月二十五日在上海一場兩岸座談會的口頭報告節要。

我最近出了一本書，書名是《獻給天然獨／從梵谷的耳朵談兩岸關係》。我將這本書做為給大會的書面報告，現在我再做些口頭補充。

蘇起教授為書寫的序說：「兩岸關係的精神病，像最後幾年的梵谷一樣，已經是愈來愈嚴重了。」

蘇起兄說，「兩岸關係還真的很有梵谷的悲劇性格」。他並舉出了兩種「精神分裂症狀」。

一種是「統一只能說，不能做」，另一種是「台獨只能做，不能說」。這都是精神分裂。

其實，兩岸的「精神分裂症狀」不僅是這些。還有：北京一方面說「中華民國已經滅亡」，另一方面又主張台灣要維護「中華民國」。蔡英文一方面說，「依據中華民國憲法及兩岸人民關係條例處理兩岸事務」，但另一方面「憲法一中」及「一國兩區」卻說不出口。洪秀柱一方面說「在中華民國憲法下，深化九二共識」，但另一方面又想丟掉「一中各表」。這些都是某種「只能做／不能說」或「只能說／不能做」，也可說都是某種「精神分裂症狀」。

上個月，人民大學的王英津先生接受訪問時說，中華民國對大陸、國民黨及民進黨三方面，都帶來困擾。他說：對大陸言，具有「否定與捍衛的糾結」；對民進黨，有「推翻與接受的無奈」；對國民黨，有「延續與挑戰的尷尬」，我認為也可說是有「資產與負債的尷尬」。這三種說法，也正是三種精神分裂症。

中華民國，對藍綠紅來說，似乎都是一種「莎士比亞命題」，那就是：To be, or not to be, that is the question.

所以，我認為，兩岸需要建立一個「可以說／也可以做」的共同政治架構，不要精神分裂。

我的想法是：大屋頂中國。

在大屋頂中國下，中華民國是民主中國，中華人民共和國是社會主義中國，兩者皆是一部分的中國，共同屬於並共同締造「一個（大屋頂）中國」。

只要藍綠紅三方都守住中華民國，就不致精神分裂。

這也就是我說的「杯子理論」：台灣是水，中華民國是杯；杯在水在，杯破水覆。把黑桃叫做黑桃，就不會精神分裂。明明是黑桃，卻不叫它黑桃，就會精神分裂。

就過程論來說，大屋頂中國就是汪道涵先生所說的「現在進行式的一個中國」。就目的論來說，大屋頂中國就是汪道涵先生說的「共同締造論」。

如何建構「大屋頂中國」？我在書裡提到「兩岸三張沒有完成的答卷」。

北京指蔡政府有一張「沒有完成的答卷」；其實，北京也有兩張「沒有完成的答卷」。雙方都不能只出卷子給對方，而不答自己的卷子。這三張「沒有完成的答卷」是：

一、台灣如何面對大陸：民進黨必須淡出台獨路線。民進黨喜言「轉型正義」，而台灣最重大且最必要「轉型」的「正義」，就是不能再以台獨作為國家生存戰略，台獨必須轉型，台獨必須淡出，不可繼續作繭自縛。這是一張未完成的答卷。

二、大陸如何面對台灣：中共十八大政治報告說：「探討國家尚未統一特殊情況的兩岸政治關係，作出合情合理的安排。」所謂「尚未統一特殊情況的兩岸政治關係」，就是「中華民國明明沒有滅亡的兩岸政治關係」；至於說「作出合情合理的安排」，就是北京不能再以「中華民國已經滅亡論」待之。這個十八大的政治命題，迄今仍是未完成的答卷。

三、大陸如何面對中國夢及中華民族的偉大復興：我在書裡說，一條可能的路徑，就是「從有中國特色的社會主義，到有普世價值的中國方案」。如此，就能使內部治理、世界角色，及兩岸關係兼籌並顧，同步理順，相輔相成。

這三張答卷若能皆有正向的答案，大屋頂中國就會有過程，也會有目標。

我希望，紅綠藍三方面皆以大屋頂中國為現在進行式的一個中國，並以大屋頂中國為共同締造論的努力目標。

所以，大屋頂中國是現在進行式，大屋頂中國也是未來式。銜接現在與未來的是兩岸和平協議。

兩岸為什麼不能進入談論「統一」的深水區，是因為兩岸都不談「如何統一」。如果兩岸能談「如何統一」，自然就有可能談「統一」。

如何統一？我不認為會有「天然統」，我也反對「武統」。因此，「如何統一」的問題，必須在「天然統」與「武統」之間找到方法。

大陸方面可能會說，如何統一？就是和平統一。但是，統一如果是「消滅中華民國的統一」，也不會有「和平統一」。

書中說，統一，如果不是「你吃掉我／我吃掉你」的「被統一」，而是「不消滅中華民國」的「互統一」，統一當然有可能成為「可以說／可以做」的議題。

為免精神分裂，我在書裡說：「北京愈要依靠中華民國來保全未來和平統一的條件，也就愈不可能在統一時甩掉中華民國。」

因此，「不消滅中華民國的統一」或「互統一」，就是「共同締造論」，也就是以大屋頂中國為歸趨。

兩岸關係的精神分裂症狀如何治療。一、民進黨不能一邊說「正視中華民國的存在」，一邊操作「借殼上市」。二，國民黨若要維繫「九二共識」，就不能拋棄「一中各表」。三、北京須正視中華民國沒有滅亡的事實，作出合情合理的安排。

所以，這三張沒有完成的答卷應當同步作答，相互呼應，相向而行。台灣要給大陸正向作答的條件，大陸也要給台灣正向作答的餘地。

最後，我想再提出兩點看法。

一、我在書裡強調，武統不可能發生，也不應該發生。我說出了一些理由，其中的一個理由是：

如果是和平統一，是兩岸自己的事。

但如果是武力統一，那就是國際道義的事，也是人類文明的事。

武統，台灣會很痛苦，大陸也會很危險。這些危險或許會包括：一、可能受到國際聯手抵抗的危險，那種抵抗，可能不僅止於美國和日本的聯手而已。二、可能增加中共在人類文明及中國歷史上的負債，那種負債可能與文革不相上下，甚或可能超越文革。三、武統也許拿到了土地，卻拿不到「心靈契合」。

今天，想拿掉一個釘子戶都不容易，何況是要用武力消滅一個二千三百萬人的民主政體？

所以，我認為，武力或許可以嚇阻法理台獨，但不能用來統一。

二、我在整本書的核心概念，就是主張不要輕易拋棄「一中各表」。我認為，在過去、現在、未來，一中各表都是兩岸之間最重要的議題。

目前兩岸都出現要揚棄「一中各表」的聲音，認為「中華民國」既保不住了，就應直接朝向「一中同表」。

但是，放棄了「一中各表」，更將助長「中華民國失敗論」及「中華民國無望論」。這不僅使台灣更失凝聚「中國意識」與「中國連結」的架構，尤其可能更增強台獨意識的合理化。

主張放棄「一中各表」者應當警覺我說的「杯子理論」：台灣是水，中華民國是杯；杯在水在，杯破水覆。

放棄一中各表，也許是台灣有些人的一種孤臣孽子的悲憤，也許是「寧給大陸，不給台獨」的悲情，但這卻是破罐子破摔的情緒性反應。

如果連「一中各表」在台灣都站不住，就絕無可能將台灣一步推向「一中同表」。所以，不能將策略建立在情緒上。

北京也當警覺：沒有一中各表，兩岸的路只會更不好走，甚至走不下去。這也是：杯在水在，杯破水覆。

「一中各表」是兩岸之間最重要的平衡架構，因為它兼顧了「連結點」與「主體性」。失此，難以和平發展，亦難和平統一。

在台灣的外省人，有一種「梨形結構」。像梨子的形狀，幾十年來，在台灣真正成為獲益者的外省人，只占梨子的上半部，其實是外省人的少數；相對的，多數外省人，都是，或都自認為是梨子的下半部，付出多，得利少，甚至最後走進榮民之家，癱在床上。所以，當中華民國在台灣受到挫折，中國在台灣受到挫折，他們就很可能出現「寧給大陸／不給台獨」的悲憤。

放棄「一中各表」的情緒，就是在這種思考下發生的。但是，這種思考與情緒，是一種梨子底部的思考，比如黃復興。它並不是台灣的最大公約數，也不是台灣的主流思考，這種論調是台灣的少數，不可能帶動風氣與潮流。

如果新黨作這種主張，可能還符合台灣政治的比例原則。但如果是國民黨作這種主張，這就是自己拆自己的台。

等到國民黨變成一個放棄一中各表的黨，國民黨就會變得更小、更弱、更邊緣化，國民黨也就失去了作為台灣泛藍及反台獨、非台獨的最大平台的效用。國民黨新黨化，這是一件非常非常嚴重的事。

在座諸位可能有人還記得，在二〇一六年台灣大選的前一年，也就是二〇一五年五月，我到上海來，也是在這個論壇上我就說過，即使國民黨有人要放棄一中各表，大陸也不能輕率跟從。但是今天已經出現了這樣的情勢，我請兩岸再認真思考，要不要丟掉「一中各表」，能不能丟掉「一中各表」？

「一中各表」不是沒有用，而是「一中各表」做得不夠。

把台灣問題看成台獨問題，是一個角度；把台灣問題看成「中華民國保不住」的問題，則是另一個角度。台獨，就談如何化解台獨；中華民國保不住，就談如何保住中華民國。如此，就會發現，台灣問題看似台獨問題，其實是「如何保住中華民國」的問題。

我說這些，或許會被認為不靠譜。但如果諸位能從汪道涵先生的「現在進行式的一個中國」和「共同締造論」來思考我的論點，就知道，我只是不希望汪先生的悲天憫人和先知先覺成為絕響。

以上，也許說得不夠周延，但皆出自真誠，請各位指教。

二〇一七・三・二六

「民主決定論」終結「國共內戰決定論」

兩岸議題已由「內戰決定論」，朝向「民主決定論」。不看透這一點，兩岸僵局找不到鑰匙。

有人主張，兩岸問題是國共內戰的遺留。若是如此，從一九二七年第一次國共內戰算起，已經內戰了九十年；從一九四五年第二次國共內戰爆發計，也已七十二年。

但是，從兩岸每年約千萬人次攜著鳳梨酥與黃飛紅往返互訪的行旅來看，究竟是內戰真正經歷九十年仍在繼續，或只因有人不肯讓內戰歇止？

讓我們先回到真正的內戰當年。

內戰進入高峰時，最響亮的口號就是「反內戰」。這是在九十年後的今天仍主張內戰未完者，首須思考的問題。

這場內戰固然表現在國共雙方的軍事對戰上，但發生這場內戰的原因，卻是緣於國共雙方對「中國往何處去？」的政治願景出現歧異。因此，內戰的結果，可從軍事及政治兩方面來看。

軍事上，共軍大勝，國軍慘敗。

至於在政治願景上，當年的主要主張是：實行民主憲政、推行多黨政治、保障言論自由、實現司法獨立、軍隊國家化，及土地改革等。

若準此以論兩方在政治願景上的成敗，國民黨領導的國民政府在歷經顛躓曲折之後，已經大體實現了前述願景，包括土地改革的過程與結果也比較人道，因此也比較平和；但共產黨領導的人民政府，除了一度實現了悲慘代價的「土地改革」後來又收回集體化之外，其餘承諾的政治追求皆走向了幾乎完全相反的道路。

因而，若從軍事勝負言，共軍勝利。但若從「為何內戰」的原因而論，國民政府大體實現了內戰所追求的政治願景，人民政府則是經歷了前三十年「共產主義是天堂」的磨難，始又轉向了後三十年「有中國特色的社會主義」的改革開放。

因此，在九十年後看內戰，公正評價當年政治願景的追求與實踐，是不是應當高於軍事戰爭的勝負？

今天的中華民國，已經大體實踐了當年內戰所追求的政治願景，成為中國歷史上首見的民主政體。而我們若仍然竟謂內戰還未終止，甚至不容其終止，試問：內戰究竟是為了實踐願景，或僅是無論如何總要殲滅對方？

國共內戰在實際上已經終止，也不容有人再虛擬其延續，或製造其再爆發。

在九十年後再看「內戰」，中華民國飽嘗艱困，已是中國歷史上僅見的民主政體；中華人民共和國歷經滄桑，也已走向改革開放。這些均是血淚浸泡的代價，甚至是屍山血海的代價。當年內戰，要追求的其實就是這樣的政治覺悟與願景，但當年的內戰畢竟並未直接實現這些。那麼，今天兩岸都已經好不容易走到了這個境地，難道仍要繼續主張內戰未止？兩岸應不應當一起來「反內戰」？

內戰，究竟是要追尋政治願景，或只是想征服對方或奪地殺人？不能再用「內戰」來咬死兩岸關係。兩岸關係，應當是在大屋頂中國下的中華民國與中華人民共和國的關係，雙方互視為不是外國的國家。中國的屋頂夠大，只要走出「內戰思維」，一定可以容得下這個「分治而不分裂」的架構。

退一步言，即使回到內戰仍在繼續的架構，也必須承認，交戰雙方迄未消滅對方。因此，縱然回到內戰的架構，也無由成立「中華民國已經滅亡論」的說法。若謂內戰未止，則豈非正是證明中華民國仍然存在？

如果出現了台灣國，兩岸可能發生戰爭。但那也是兩個異國的戰爭，不是「內戰」。

從這些角度來說，兩岸現今的僵局正是：中共在內戰中並未消滅中華民國，卻想在政治上以「中華民國已經滅亡論」來滅絕中華民國，但中華民國不能接受中共這種違離事實的論斷。

所以，兩岸僵局的解方，就在必須走出虛擬的內戰，正視中華民國與中華民國憲法的存在。

中華民國已經是經歷了終止動員戡亂時期、七次修憲、六次總統直選、七次以上國會全面直選，及三次政黨輪替的民主政體。在這樣的架構下，若謂「國共內戰」仍在繼續，難道不知國民黨已兩次下野？

蔣經國解除戒嚴，開啟兩岸交流，就是將台灣的民主化與兩岸互動綁在一起。因此，「內戰決定論」，也就朝向「民主決定論」移動。

其實，北京不是不知內戰論述的侷促。自鄧小平說「統一不是你吃掉我，也不是我吃掉你的統一」，到習近平的「統一是心靈契合的統一」，皆可看出其視域和境界超越了內戰思維。而歷屆中共領導人所說的「寄希望於台灣人民」，在實際情境中，其實即是必須「寄希望於中華民國的民主體制運作」。

然而，一方面主張「中華民國已經滅亡論」，另一方面又希望台灣能夠撐持住中華民國，卻是長期以來北京在兩岸政策上的重大矛盾。北京不接受中華民國、中華民國不能被正式定位為一部分的中國，正是台灣不能出現穩健的反台獨勢力的主因，也是台灣人民不能與中國培養心靈契合的主因。

中華民國已經是一個不可逆轉的民主政體，除非加以武力消滅（重啟內戰？），則兩岸關係殊無可能繞過中華民國憲政民主的體制運作。因而，必須鞏固中華民國的憲政民主運作，如今已成為北京在兩岸政策上的重中之重。既如此，「內戰決定論」轉向「民主決定論」，也就成了必須正視的趨勢。

在此，我願再次引述汪道涵先生的見解。亦即：必須將中華民國及中華民國憲法的存在，視為「現在進行式的一個中國」，並設法朝向「共同締造論」移動。這也許正是從「內戰決定論」轉向「民主決定論」的可能路徑。

一國兩制，是指在「中華人民共和國」下的「兩制」。誠然，對兩岸而言，在可見的未來，不可能放棄「兩制」；因此，倘欲尋求突破，就必須從昇華「一國」之意涵的方向去思考。

亦即，不能改變「兩制」，就須提升「一國」。

那麼，若從「大屋頂中國」的方向去思考「一國兩制」，就可能出現：「在大屋頂中國下中華民國與中華人民共和國分治而不分裂的兩制。」

此一「大屋頂中國兩制」，也許就是汪道涵所說的「現在進行式的一個中國」與「共同締造論」。

我的觀點是：不接受中華民國，兩岸問題無解。若欲強解，必致災殃。

這就是「杯子理論」：台灣是水，中華民國是杯；杯在水在，杯破水覆。這個命題，對紅綠藍三方皆無誤。

二〇一七・九・二四

非武統的兩岸關係

英文說，她不相信大陸會對台動武。這話並不奇怪，因為，在中共十九大，習近平也再次確立了「和平統一」路線。

習近平主張和平統一，至少有兩個原因：

一、文明：二〇一四年，習近平提出「心靈契合的統一」，可謂是首次形象化地將統一與人性及文明連結。若是心靈契合的統一，即不能不是和平統一。再者，中共又將統一與中華民族偉大復興連結，則亦不能以血腥統一汙染了偉大復興。兩岸統一，必須是一個為人類文明創造典範的榮譽事件。

二、現實：以美國為首，兩岸問題的國際底線是「和平解決」。只要台灣不跨過「法理台獨」的紅線，世界不會容中共以武力吞併台灣。中共若欲在無理違情下以武力吞滅中華民國這個民主政體，極有可能使自己成為眾矢之的，亦極有可能因此形成嚴重毀傷中國大陸內外安全的高風險危機。

因此，雖然兩岸軍力懸殊，中共不是沒有能力發動戰爭，而是在文明及現實的考慮下不能武統。而且，中國愈崛起，文明及現實的顧慮就愈大，武統的概率就愈小。

不過，中共也仍有對台動武的可能。那就是當台灣推翻了世界上「一個中國」的框架、發動正名制憲的法理台獨時，中共將不得不發動武統。這應也是蔡英文十分清楚的底線。

一旦因法理台獨而動武，戰爭的發展亦可想像：一、北京為了避免第三方介入，勢將以閃電速度及精準破壞，速戰速決。二、正在鬧法理台獨的台灣，處於「台灣國」與「中華民國」的分裂狀態，不知為何而戰，不知為誰而戰，即根本無迎戰的條件。三、倘演成長期封鎖戰，或第二戰、第三戰，台灣將更遭重創。

台灣不能用法理台獨召喚戰爭，中共則因文明及現實因素不能武力併台。在「非武統」或「和平統一」的想像下，兩岸關係如何發展？

先說台灣方面：

世界上「一個中國／和平解決」的架構已相當穩固。

一個中國，就是不獨。和平解決，就是不武。不獨加不武，就能維持不統，也就能維持中華民國的存在。

台灣若走法理台獨，不僅將使自己陷於險境，亦使台灣變成世界的麻煩製造者。但台灣若能成為「一個中國」架構中有意義的積極元素，這對世界與中國相處，及世界與台灣相處，皆能發生高度正能量的效應。

由於法理台獨是逆世界架構而行，於是有借殼台獨的思考。但這也是自欺欺人。因為，既然終究不能實現法理台獨，卻不斷掏空中華民國，將使「台灣國」與「中華民國」兩頭落空。

於是，回到「原真中華民國」（憲法統緒不變，即是原真），仍是台灣最佳的生存戰略。因為，中華民國仍有「一中各表」的空間，這是世界上「一個中國／和平解決」的架構可以支撐的局勢，也是北京必須面對的事實。

在非武統的情境中，台灣應當做的是全力爭取「一中各表」，以及全力將「被統一」引導向「互統一」，以處理日漸升高的統一壓力，也就是要全力鞏固中華民國在兩岸的地位。

在非武統的想像下，正是中華民國最佳的發展場域。一、中華民國使武統失去藉口。二、確立中華民國的政治認同，使台灣不再被實際上已絕無可能的台獨所分裂，即可全力發展民生。三、台灣建立「中華民國」的明確戰略，世界上的配合因素就可加速穩定累積。四、確立中華民國路線，好好發展民主政治，應可維繫大陸十三億人對台灣的正面思考。五、站穩中華民國的立場，是肆應兩岸及世界任何動態變局的最佳戰略。六、在和平統一的前提下，「如何統一」的議題將優先於「是否統一」，有利於台灣。

反之，如果認為不武統正是借殼台獨的溫床，遂不斷掏空中華民國，那將是一條自我磨耗的自殺道路，終將導致台灣與中華民國之俱亡。

借殼台獨，一方面託庇於「中華民國」，另一方面卻「去中華民國化」，這豈不是政治自殺？

必須認清：不武統，正是可用以力圖伸張中華民國的最佳機運。但若將不武統視為操弄台獨的機會，不論是法理台獨或借殼台獨，皆是暴殄天機，自掘墳墓。

再說中國大陸：

若不能武統，和平統一必將耗時長久。

已有大陸智囊提出「兩岸關係三十年發展進程表」，並有人將兩岸統一與「第二個一百年」（二〇四九）連結，這也是漫漫三十年的想像。也就是說，和平統一，兩岸未來三十年、五十年還統一不了，是絕對可能之事。

試問：如果沒有穩固的中華民國，兩岸如何維持三十年、五十年？

兩岸如果要和平統一，必須先維持一個不變質的中華民國。因此，北京還能繼續以「中華民國已經滅亡論」來對待台灣嗎？

二〇一六變局後，北京迄未發動「地動山搖」，反而想方設法欲以國民待遇等種種手段拉住台灣。即是知道，若要「心靈契合／和平統一」，這個紐帶不能聽它斷裂。但這些作為，只是徒增「壓制」與「懷柔」兩手策略的自相矛盾，其實發生不了什麼系統性的功能。

因為，兩岸的主要紐帶不是這些，兩岸的主要紐帶是中華民國。

借殼台獨的出現，使兩岸關係從「法理台獨 vs.中華民國」，轉為「借殼中華民國 vs.原真中華民國」。如前述，憲法統緒不變，即是原真。

由於出現了各種「變形台獨」，北京的戰略，亦必須由「反法理台獨」，移位到「維護原真中華民國」。

若是心靈契合的統一，如果和平統一是在三十年、五十年後，北京若不直面「原真中華民國」，難道不知夜長夢多？

北京必須承認，三十年來其兩岸政策最失敗者就是「中華民國已經滅亡論」。

北京若想抑制「借殼中華民國」的台獨，就應回過頭來正面接受「原真中華民國」。也就是說，北京必須放棄「中華民國已經滅亡論」。北京接受了中華民國，也就是實現了汪道涵所說的「現在進行式的一個中國」。

當台灣人民可以在借殼台獨與原真中華民國作選擇的時候，兩岸的糾結始有可能化解，始有可能心靈契合，始可能和平統一。

綜上所論，兩岸問題的解決方案在於：台灣必須在「台獨」以外找尋出路，大陸必須在「武統」以外找尋出路。

也就是：雙方都要先回到原真中華民國來！

二〇一八・一・七

再籲兩岸協商以青天白日滿地紅為奧會旗

平昌冬奧 看兩韓及兩岸

平昌冬奧牽動兩韓政治互動。金與正面交金正恩親函邀請文在寅訪問平壤，文在寅回稱雙方要努力創造條件。

兩韓互動達此程度，這不是第一次。

就運動會言，一九九一千葉世界桌球錦標賽，兩韓即共持「朝鮮半島旗」入場，後來又有二〇〇〇雪梨奧運、二〇〇四雅典奧運及二〇〇六杜林冬奧等。就政治面言，則二〇〇〇及二〇〇七年，金大中盧武鉉前後訪問平壤，皆與金正日會面。

但是，過去的這些努力，皆未實現當時之所期待。現在亦已有人猜測，這回平昌冬奧會不會又是一次西西弗斯？

以兩韓比台灣海峽兩岸，最大的差異在於：兩韓在國家架構的交集較大，但民生治理績效懸殊，雙方實際的社經交流幾無發展。兩岸則在國家架構問題的歧異甚大，但民生治理績效的差距相對較兩韓小，雙方社經交流更是暢旺。

一、先談國家架構問題。以平昌冬奧所表現者言：

1.「大韓民國」代表團與「朝鮮民主主義人民共和國」代表團，在「朝鮮半島旗」下，一同組隊進場。「半島旗」（統一旗）是一個高於並包容了「大韓民國」與「朝鮮民主主義人民共和國」的「國家概念」。

2.在「半島旗」下，兩韓尊重各別的「國號」及「國旗」，金永南、金與正向南韓太極國旗行禮。

3.雙方會面，金永南對文在寅說：「承總統先生的關心，一切都好。」文在寅也曾稱金永南為「委員長」。尤其，二〇〇〇及二〇〇七，兩韓高峰簽署的兩份「南北宣言」，簽署者的身分也是「韓國總統金大中（盧武鉉）」及「朝鮮國防委員會委員長金正日」。

「朝鮮半島旗」尚非法定旗幟，卻表達了一種政治意識的交集，確認了「大韓民國」與「朝鮮民主主義人民共和國」的對等地位。此一確認，也穩定了「半島分治而不分裂」的概念。

回視兩岸。二〇〇八年北京奧運，台灣代表團是以「中華台北」名義，持梅花五環旗進場；當時大陸媒體還為「中國台北」或「中華台北」的中文稱號，喧嚷了一陣。至於政治面，二〇一三年，國台辦張志軍及陸委會王郁琦互稱官銜，已引為重大突破；而二〇一五年馬英九與習近平在新加坡（不是在北京或台北）會面，則互稱「領導人」（不稱總統與主席）。

兩岸與兩韓不同。「大韓民國」與「朝鮮民主主義人民共和國」相互接受，不否定對方的存在；如當年的東西德，「互視為不是外國的國家」（兩德與兩韓皆為聯合國會員國）。但兩岸之間，北京認為「中華民國已在一九四九年滅亡」，不承認中華民國的國旗、國號、總統。

二、再談民生治理績效與社經交流。先看兩韓。北韓不是沒有「改革開放」的試探，畢竟這是唯一的活路，但因起步太晚，兩韓民生治理的落差過大，以致北韓失去「改革開放」的信心，深怕走上自我顛覆之途。所以，兩韓之間開放金剛山旅遊及開城工業區等試點，皆告失敗。金正恩此時之想，也許是打算抱著核彈來改革開放，以因應可能引發的內外壓力。

回視兩岸。由於對岸改革開放的成效，兩岸民生治理的績效差距相對縮小。甚至大陸方面由於量體較大、效率較著，已出現規模及體制的優勢，透露出自信。兩岸之間的年貿易總額已近兩千億美元，年互訪行旅近千萬人次，並簽訂了二十三項協議。這些，皆遠非兩韓能及，在此已不必贅述。

兩岸與兩韓對照。兩韓在國家思維的頂層架構上較穩固。「大韓民國」與「朝鮮民主主義人民共和國」的相互接納，可謂是「現在進行式的一個韓國」；「朝鮮半島旗」（統一旗）的飄揚，則是一種「大屋頂高麗」，穩固了「分治而不分裂」的態勢。至於若欲增長兩韓的社經交流，只要北韓能決志縮短民生治理的差距，重建起南北互動的信心，兩韓即有可能朝向「共同締造論」發展。

相對而言，兩岸在國家思維的頂層架構上，則相當脆弱。雖然兩岸社經交流暢旺，但北京的「中華民國已經滅亡論」，無法維繫「現在進行式的一個中國」，亦阻絕了「共同締造論」的可能性。不僅如此，更已成為助長台灣分離主義的主要因素，使得台獨運動獲得正當化及合理性。

兩岸的僵局主要出在「中華民國已經滅亡論」。「中華民國」不被北京接受，「中國一體」在台灣也失去支撐。北京一方面希望台灣能維持住中華民國，卻又以滅亡中華民國為目標，這是其兩岸政策的主要矛盾所在。

「一國兩制／和平統一」，如果「一國」是指「中華人民共和國」，即是一個矛盾的悖論。因為，「一國是中華人民共和國的兩制」，絕無可能實現「和平統一」。

如今，「和平統一之路已死」的說法甚囂塵上，但這只因「一國兩制」不是「和平統一」的方法，而絕非「和平統一之路已死」。

如果兩岸要建立「現在進行式的一個中國」，即應思考「中華人民共和國」與「中華民國」，「互視為不是外國的國家」，並以「共同締造論」來維繫共同的願景。其可能路徑是「大屋頂中國」、「互統一」、「不消滅中華民國的統一」、「大屋頂中國兩制」，也就是「不是你吃掉我、我吃掉你的統一」。

朝鮮欲以核彈建立其在兩韓的話語地位。中華民國則以民主建立其在兩岸的話語地位。民主比核彈有力。北京若要實現「心靈契合的統一」及「和平統一」，那就必須設法經由中華民國的民主憲政去完成統一，其前提就是不能再有「中華民國已經滅亡論」。

看平昌冬奧，我曾建議，兩岸應當協商改以「青天白日滿地紅旗」為「中華台北」的奧運「會旗」。因為，這面旗幟是兩岸重要的精神聯結。北京應知：留下這面旗、維護這面旗，比否定、羞辱這面旗，來得明智。

兩韓是個僵局，但他們至少維持了大韓民國與朝鮮民主主義人民共和國並立於「分治而不分裂」的「半島旗」下。北京應當覺悟：若要消滅中華民國，豈有可能實現「和平統一」？

二〇一八・二・二五

板門店啓示　兩岸路徑九原則

眾裡尋他千百度，驀然回首，那人卻在燈火闌珊處。

兩岸關係如何發展，也許可從板門店的兩韓文金高峰會獲得啟示。「朝韓模式」顯示：兩韓的問題在「兩制」，兩岸的問題在「一國」。

試以二〇一五年十一月七日在新加坡舉行的馬習會，與此次文金會作一比較。

文金會中，金正恩稱文在寅為總統先生，文在寅稱金正恩為委員長先生。文在寅以大韓民國總統身分簽署宣言，金正恩以朝鮮國防委員會委員長身分簽署宣言。兩韓所有與會人員皆使用各自政府的官銜。

馬習會中，二人未使用各自的政府官銜，而互稱為「台灣領導人」及「大陸領導人」。大陸媒體報導台灣與會者的官銜皆加上「引號」。

這正是兩岸與兩韓的主要差異。兩韓在各種交流上幾無進展，連「開城工業區」及「金剛山觀光」兩個試點都難以為繼。但是，兩韓在二〇〇〇年舉行了金大中總統與金正日委員長的官式會面，又在二〇〇七年舉行了盧武鉉總統與金正日委員長的官式會面，此次文金會已是兩韓政府第三次的官式高峰會。

相對以觀，兩岸關係則因北京不接納及不尊重中華民國體制的對等地位，以致雖然兩岸各種交流的成績皆十分顯著，卻因雙邊體制架構的裂縫不能解決，無法確立「現在進行式的一個中國」，遂使豐富的交流成績不能體現其政治效果。

文金會可互稱官銜，為何兩岸不可以？就馬習會言，馬不承認習為中華人民共和國主席、習不承認馬為中華民國總統，若與馬承認習為中華人民共和國主席及習承認馬為中華民國總統相較，哪一種情況對兩岸的政治整合比較有益？

習近平讓馬英九不承認其為中華人民共和國主席，與金正恩稱文在寅為總統先生。哪一條路徑比較合理可行？

我在四月十五日的《大屋頂下》專欄說，「朝韓模式」表達的是：「一韓各表」、「大屋頂高麗」（一韓同表）、「互視為不是外國的國家」、「大屋頂高麗兩制」、「現在進行式的一個韓國」、「分治而不分裂」、「互統一」及「共同締造論」等。這些概念，其實長期存在於兩岸之間，但兩岸做不到，兩韓卻大體上做到了

兩韓與兩岸的主要差異在於：文在寅與金正恩相互承認國號與官銜，馬英九與習近平互不承認國號與官銜。

兩岸關係的未來發展，必須有一「過程」，並朝向一「目的」。亦即應自「合理的

過程」，朝向「改善的目的」。不論是過程或目的，皆不能沒有「現在進行式的一個中國」，也就是皆不能沒有一個「去引號」的過程。

板門店文金會落幕，回頭論兩岸關係。以下試舉九原則，亦即九條思考的路徑，供兩岸有心人斟酌：

一、心靈契合原則：此一原則在確保「和平發展」及「和平統一」。這個原則可說是所有九項原則之中的最高原則，其他八項原則皆是為體現此一原則而設想。心靈契合既是最高原則，其他原則也就有了準據。

二、現在一中原則：「一個中國」不是未來式，而是「現在進行式的一個中國」。台灣持守中華民國憲法，不主張台獨，大陸則不持「中華民國已經滅亡論」。亦即，雙方共認兩岸現狀是「分治而不分裂」，中華民國是民主中國，中華人民共和國是社會主義中國，二者皆是一部分的中國，共同屬於「一個（大屋頂）中國」，此即「現在進行式的一個中國」。

三、雙邊共締原則：兩岸共同屬於現在進行式的「一個（大屋頂）中國」，並也以現在進行式共同締造「一個（大屋頂）中國」。此即不是你吃掉我、也不是我吃掉你的「共同締造論」。若論及統一，這就不是「被統一」，而是「互統一」的架構。

四、比例保護原則：由於兩岸體制互異及規模懸殊，所以，相對在量體上較小的台灣在互動中應受較優保護。大陸的量體優勢應當用在包容台灣，而非壓迫台灣，或消滅中華民國。

五、現狀發展原則：「現在進行式的一個中國」，即是基本的「現狀」。在此現狀下，兩岸應在「互視為不是外國的國家」的理解上，試圖向前向上發展。例如：北京不再持「中華民國已經滅亡論」，即可在兩岸兩辦（國台辦與陸委會）首長互稱官銜的起點上，推展至其他政府機構及官職的相互承認及接觸，亦可考慮各設或共設「兩岸和平發展委員會」之類的機構，取消兩岸兩會（海基會與海協會）的白手套。此即現狀發展原則，現狀是存量，發展是增量，從治權領域的「互不否認」到「相互承認」做起。

六、內外對應原則：在「現在一中原則」下，兩岸以「大屋頂中國兩制」相互承認治權，並推進「現狀發展原則」。這是兩岸的內部關係，可能較易做到。至於兩岸對外部分，亦在「現狀發展原則」下，可建立高低兩個綱領。低綱領部分，即是在現狀下宣示「外交休兵」，及大幅改善台灣的國際空間，並以法制條文保證「現狀發展原則」的持續發展。至於高綱領部分，則如在「一個（大屋頂）中國」下，兩岸共同進入聯合國，實現「大屋頂中國兩席」等構想。然而，兩岸對外關係畢竟比較複雜，也許可在「先內後外／內外對應」的考慮下，隨著雙方互信的積增，漸次有序推動「現狀發展原則」。

七、文明典範原則：建立兩岸未來關係的終局方案，必須「為人類文明建立典範／為兩岸同胞創造救贖」，並以實現「兩岸同胞的偉大和解」，來體現「中華民族的偉大復興」。亦即，不能使兩岸的終局方案，汙染了甚至血染了民族救贖及人類文明。

八、法制保證原則：兩岸在二〇〇八至二〇一六年，已簽訂二十三項協議，謂此等同於二十三項「和平協議」，亦不為過。未來兩岸關係發展方案，仍應以建立法制及協議來落實。亦即議簽和平協議或軍事互信機制等，皆是可以追求的目標。簽約必須在「現在一中原則」下，兩岸均以政府地位簽署；約文的內容亦須符合前述諸原則，並保證體現。

九、國際理解原則：兩岸僵局，須由兩岸自己化解。但兩岸不能自外於國際，國際也不會坐視兩岸以非和平或不公平的方式強橫建立終局方案。因此，兩岸關係未來方案不能違離國際的理解和共識，亦屬必然。前文所論八個原則，也在考慮國際的接受性。

二〇一八・四・二九

如果不是「現在進行式的一個中國」

武統無可能　和統無希望

本文是二〇一八年四月十五日在上海一場座談會的發言紀錄。

愈來愈常聽到「和平統一之路已死」的說法，好像在暗示只能武力統一。但是，這類說法大多只是一種威懾及恐嚇。我們迄今還沒看到有人會說，武統對北京而言就是一條必定成功之路。

兩岸當前的情勢其實是：和平統一沒有希望，武力統一也無可能。先談武統無可能。

可談的角度很多，但只從美軍太平洋司令哈里斯的一句話談起。他說：「北京任何以武力統一台灣的企圖都是不可接受的。」

不能把這句話視為一人或一時的看法。對於兩岸關係，「一個中國／和平解決」，是美國及國際間長期形成且已相當穩固的共識架構。一個中國，就是不獨。和平解決，就是不武。不獨不武，就能維持不統，也就能維持中華民國的存在。所以，國際間的兩岸共識架構就是：「不統／不獨／不武」。

其實，就宏觀戰略言，兩岸即使是和平統一，恐亦不是有些國家所樂見。但北京若以武力併吞中華民國這個民主政體，其恐將成為國際間的眾矢之的，就絕對是一個大概率事件。

因此，北京可質疑哈里斯的說法，但不能用行動去試探其真實性。北京如今的最高戰略是「和平崛起」，「武統台灣」恐將導致「和平崛起」的破局，甚至釀成大災難。所以，武統很可怕，我覺得，北京現在應當思考的，不是要不要武統，而是思考如何才能不掉進內外可能製造的引誘武統的陷阱。

再談和統無希望。

北京主張：一國兩制，和平統一。此處所稱「一國」，是指「中華人民共和國」。但是，如果這就是指「以消滅中華民國來統一」，這種「統一」，還有可能是「和平統一」嗎？

現在，雖有這麼多人在說「和平統一之路已死」，其實說的只是「一國兩制」的方案無望，但不一定就是「和平統一之路已死」。

其實，如果真是「心靈契合的統一」，那就一定是「和平統一」。現在只是「一國兩制」不能「心靈契合」，不必因此即宣告「和平統一之路已死」。

我們試從平昌冬奧的兩韓互動來看兩岸關係。

平昌冬奧的主要場景是：出現「朝鮮半島旗」、兩韓組隊一同進場、金永南和金與正在開幕式起立向南韓太極國旗及國歌行禮，金永南稱文在寅為總統先生，兩韓相互尊重各別的國號、國旗……等等。

如果用兩岸的語彙來說，兩韓的這些場景是在表達：「一韓各表」、「大屋頂高麗」（一韓同表）、「互視為不是外國的國家」、「大屋頂高麗兩制」、「現在進行式的一個韓國」、「分治而不分裂」，「互統一」及「共同締造論」等等。這些概念，其實長期存在於兩岸之間，但兩岸做不到，兩韓卻大體上做到了。

兩韓與兩岸的難題，都是面對了「國家民族」與「體制治理」兩個層次。可以說，都面對了「一國」與「兩制」的問題。「兩制」又分為「民生治理」與「政治制度」兩方面。

兩韓的「一國」（國家民族層次）相當穩固。兩韓即使有「暫不統一」的思維，卻少有「獨立」的思想。但在「兩制」（體制治理層次），兩韓在不論是「政治制度」及「民生治理」兩方面，都呈現極大的懸殊。

兩岸則在「一國」的歧見甚大。台灣不但有「不統一」的思維，「台獨」運動也很強烈。至於「兩制」，兩岸「民生治理」的方向雖漸趨同，但「政治制度」的歧異卻愈來愈固化。

兩相對比，兩韓的問題在「兩制」，兩岸的問題在「一國」。

兩韓如果能改善「兩制」的懸殊表現（尤其是民生治理的績效），「一國」的「共同締造」即有可能。相對而言，兩岸雖在民生治理上各有表現，卻在「一國」上出現嚴重僵局。

兩岸的「一國」僵局，主要出在北京的「中華民國已經滅亡論」。此一理論形同否定了以下所有的出路：「一中各表」、「大屋頂中國」（一中同表）、「互視為不是外國的國家」、「現在進行式的一個中國」、「分治而不分裂」，及「互統一」、「不消滅中華民國的統一」、「大屋頂中國兩制」、「邦聯論」、「共同締造論」等等。

中華民國明明存在，但北京卻以「中華民國已經滅亡論」對待中華民國。這樣的政策，如何實現「和平統一」？

以上所論應當就是「武統無可能／和統無希望」的主因。

近一年來，在武統論滾滾滔滔之際，在「和平統一之路已死」甚囂塵上之時，習近平幾度重申「和平統一」。

我認為，這是因為不願中國的「和平崛起」被「武統台灣」破了局，也不願中華民族的偉大復興被血腥統一所汙染。

所以，從習近平的表態及定錨可知，和平統一應該仍是北京的方向，只是有待建立方法論。

習近平在二〇一四年提出的「心靈契合的統一」，可謂把「和平統一」帶進了方法論。因為，若要和平統一，必定要是心靈契合的統一。

「心靈契合」，可說是為「和平統一」建立方法論提供了第一塊礎石。

兩岸若要「心靈契合」，前提就是不能再有「中華民國已經滅亡論」。

北京若一方面要消滅中華民國，另一方面又欲以中華民國為中國統一的平台，這種自相矛盾的政策，豈有可能實現「心靈契合／和平統一」？

回看兩韓，在「大屋頂高麗」（半島旗）下，大韓民國與朝鮮民主主義人民共和國「分治而不分裂」。沒有一方被迫稱做「高麗平壤」，也沒有一方被迫稱做「高麗首爾」，雙方「互視為不是外國的國家」。用汪道涵當年的話來說，這就是「現在進行式的一個韓國」及「共同締造論」。

兩岸的問題卻在於：中華民國被迫稱作「中華台北」。

和平，平才能和；不平，就不能和。兩韓能平等相待，為何兩岸不行？

不能說，這是誰的拳頭比較大的問題。因為，這就不是「心靈契合」。從歷史道統言，中華民國是推翻中國五千年專制的中國政體，也是領導對日抗戰勝利的中國政體；就現實言，中華民國依據中華民國憲法，是正在實踐三民主義的中國政體。中華民國是人類文明的重大成就，更是中國文明的重大成就。如果偏偏要說中華民國已經滅亡，請問這要從何說起？

如果一定要這樣說，將如何能平？又如何能和？

所以，我願再次建議兩岸回到汪道涵在廿年前提出的思考。那就是，在中華民國和中華人民共和國分治而不分裂的基礎上，從「現在進行式的一個中國」，朝「共同締造論」邁進。

這樣，才能避免武統，才有和統的可能。否則，就是武統無可能，和統也無希望。

和平統一是認識論，我們缺少的是方法論。

二〇一八・四・一五

紅綠藍都在去中華民國化

習近平與胡錦濤在兩岸政策的最大差異在於：胡錦濤始終存有「一中各表」的思維背景與發展空間，習近平則自二〇一六年後出現了欲阻擋或消滅「一中各表」的跡象。

先談胡錦濤。二〇〇八年馬英九首次當選總統後，胡錦濤在與美國小布希總統的熱線中，明白表示兩岸將在九二共識的基礎上恢復協商談判，並稱「九二共識就是指雙方都認知只有一個中國，但同意其有不同的定義」。其實，這就是「一中各表」。或許可說，在整個胡錦濤時代，「探討國家尚未統一特殊情況的兩岸政治關係，作出合情合理的安排」，始終是其政策目標，這可解釋為對「現在進行式的一個中國」的探討。後來，這些政策雖皆無收尾，但無疑是兩岸八年和平發展的支柱。

習近平原亦延續胡錦濤的思維，二〇一四年國台辦及陸委會首長互稱官銜即是顯證之一；至二〇一五年十一月馬習會，約定了雙方互稱「領導人」等儀節，亦可視為「一中各表」的深度試探。但到了二〇一六年民進黨執政後，習團隊的兩岸操作卻出現了欲阻擋或消滅「一中各表」的跡象，也就是加重了「去中華民國化」。分論如下：

一、對民進黨。北京以機艦繞台等姿態遏制法理台獨。另一方面，亦對民進黨的「去中國化」（去中華民國化）強烈抨擊，甚至台灣省政府預算歸零，也指為「去中國化」。但是，民進黨愈「去中華民國化」，其結果就是使台灣自己愈失去兩岸抗衡的能量；所以，只要民進黨不敢翻越法理台獨的紅線，中共可視民進黨的去中華民國化是北京去中華民國化的政治代工者，是為北京的終極戰略利益服務。

二、對國民黨。在胡錦濤時代及習近平前期，北京對「九二共識／一中各表」，均持「不公開贊同／亦不公開反對」的戰略操作。甚至馬習會，馬英九尚在習近平面前提「一中各表」。但在二〇一六年後，北京對「一中各表」改採阻擋或消滅的態勢。自此，吳敦義的「一中各表」四字說得就有點勉強，而常改用所謂「原湯原味的卅五字」。然而，不說「一中各表」，國民黨就不易維持兩岸論述的共主地位。與此同時，北京並刻意扶持傾向「一中同表」的藍營部落酋長或政治買辦，用以制衡及弱化國民黨中央「一中各表」的立場。北京的此一操作，使國民黨中央對「一中各表」不敢堅持，又使藍營的部落酋長們視「反一中各表」為逢迎北京之方，其目標即在阻擋或消滅「一中各表」，即是去中華民國化。

也就是說，台獨的「去中華民國化」其實是為「北京代工」，而北京又欲迫使國民黨「去一中各表化」。待民進黨的台獨走不下去，國民黨又撐不起中華民國，那也許就是北京所想像的瓜熟蒂落、水到渠成之日。

眼前的景像，是紅綠藍三方都在去中華民國化。這恐怕終究會造成三輸的局面。我認為，三方還是應回到「杯子理論」。

台灣是水，中華民國是杯；杯在水在，杯破水覆。

北京的對台政策，「武統」不可能，「買統」也恐怕很難買到台灣選民投票放棄中華民國而贊同歸併到中華人民共和國下的那一天。所以，應當設法追求「心靈契合的統一」，無疑仍是理智的選擇。

《大屋頂下》曾說，美國的「一中政策」，已經轉移至「反對片面改變（中華民國）現狀」的地步。中國愈是崛起，美國的此一戰略立場將會愈堅持愈顯著。那麼，北京如果不能使美國退棄「反對片面改變（中華民國）現狀」的立場，就要設法使台灣內部政治不致在美國的保護傘下，完成了「去中華民國化」的「借殼上市」。

具體來說，北京就不可阻擋及消滅「一中各表」。而應在中華民國與中華人民共和國並立分治下，確立「現在進行式的一個中國」（一中各表），並進而導向「心靈契合的統一」發展，那也許就是「共同締造論」、「互統一」或「大屋頂中國兩制」。

北京如果心裡只想著「中華民國已經滅亡論」，只想著「去中華民國化」，而不給台灣走「一中各表」（或換個說法也可）的路，將使「心靈契合的和平統一」絕無可能。而兩岸若不能「心靈契合的和平統一」，那倘非就另無統一的可能，否則就是若要強求統一，那就必將造成中華民族的慘重悲劇。

回頭看民進黨。顯而易見，民進黨現在所做一切「去中華民國化」的動作，如「課綱去中」，其實都是在自殘用以抗衡中華人民共和國的台灣能量，自廢武功，完全是為中共的「去中華民國化」打工。頻年壓線，為人作嫁而已。

再說國民黨。現在盤旋在國民黨頭上的兀鷹們，正是那群藍色部落的小酋長們。他們要把國民黨「一中各表」的屍體，轉化成他們的政治營養。處此危地，國民黨更應點醒北京「中華民國已經滅亡論」的誤區，而尤當更明銳地為兩岸創造「一中各表」的競合關係。北京必須知道，沒有「一中各表」，就不會有「現在進行式的一個中國」。

紅綠藍皆在去中華民國化。當下的關鍵在民進黨，必須警覺民進黨的去中華民國化最終將為北京的去中華民國化服務與祭旗。若要扭轉此一危局，首須民進黨改變「借殼上市」的自殺路線，如此才能使北京認知必須正視原真中華民國，國際間也始能有效且正確地操作「反對片面改變（中華民國）現狀」。如此，台灣始有出路，兩岸始有出路。

民進黨操作台獨，及國民黨不敢堅持「一中各表」，皆是不識台灣價值。

什麼是台灣價值？台灣價值，就是中華民國，也就是「中華」加「民國」。

因為，愈「中華」，在國際及兩岸之間「民國」就愈有力量；反之，愈「去中華」，在國際及兩岸之間「民國」就愈無力量，甚至不能立足。

尤其，北京若能體認到「中華民國」的不能「武統」及「買統」難成，即應改從「將心比心」及「心靈契合的統一」來思考中華民國的角色。

因為，「消滅中華民國的統一」，不可能是「心靈契合的統一」。若非「心靈契合的統一」，統一就是災難。

二〇一八・九・三〇

統一難，重點在統一前

九合一選季，兩次與來訪的大陸涉台智囊人士敘會。當時，韓流正在三山登場，回回都出現一大片看不到邊際的青天白日滿地紅的國旗海。

我問來客：你們看到這片國旗海，心裡的第一個反應，是正面還是負面？是歡喜還是厭惡？是認同還是敵視？

有幾位來客直接說是正面的，也有幾位意識到我問話的機關，笑笑而不答。

我接著說：其實，大陸的兩岸政策，只要順著各位現在的真實心理反應去制定，就有可能得到正確的答案。你們現在對中華民國的國旗有何反應，就在兩岸政策上對青天白日滿地紅旗作何反應。此中，就是大陸兩岸政策的答案所在。

來客都是優秀的大陸涉台智囊，他們當然知道那片出現在深綠高雄地帶的國旗海，顯示了民意的翻轉與選情的翻轉；也當然知道，青天白日滿地紅的國旗，就是穩定兩岸關係的主要支柱。看到國旗海，他們的心理反應當然是正面的。

然而，我當時來不及說的是：如果各位看到選舉造勢場合的國旗海感到歡喜興奮，為什麼會在兩岸政策上仍採「中華民國已經滅亡論」？

北京一方面希望台灣能維持中華民國，但另一方面又在否定和滅絕中華民國。這種根本的戰略矛盾，正是兩岸關係不能正常發展的主因。

金馬獎在選季爆出政治風波，對選情造成震撼。在當晚第一時間，所有大陸藝人立刻切斷了與台灣媒體的接觸，可見已警覺這是一個在選季說不清楚的題目。此一損害控制動作的操盤者，當時一定在擔心：好不容易三十年才出現的青天白日滿地紅高雄旗海，千萬不要被大陸藝人幾句「大陸正確／台灣不正確」的話語給掀翻了。

因為，當台灣有人主張「台灣是一個主權獨立的國家」時，多數台灣民眾必定聯想到，事情的主因是大陸始終沒有否棄「中華民國已經滅亡論」。

又反台獨，又主張中華民國已經滅亡論。北京當局真的認為，這是合情合理的兩岸政策嗎？

那一大片三十年來僅見的高雄國旗海，對兩岸政策的根本啟示是：兩岸關係不能不以「中華民國」為平台。

這個平台有兩大意義：一、中華。二、民國。

一、中華：也就是中國認同。包括中華民國、中華民國憲法、中華民國國旗等。台灣失此，無中華民國，亦即無中國，兩岸關係即失憑藉。

二、民國：也就是行民主政治之國。在選舉造勢會場，每一面國旗都必須有一名自認為中國人的台灣人來擎持。民主選舉，是要一票一票選出來，兩岸關係也要靠一位一位選民來維護。也就是說，兩岸關係跳脫不出台灣的民主體制。

北京如果不接受「中華民國」，兩岸關係即在「中華」與「民國」皆失憑恃。

大陸方面見到選舉造勢晚會的中華民國國旗海，應當感知到：兩岸關係的連結是「中華」，兩岸關係的過程亦須依靠一票一票累積的「民國」來支撐。

因此，當時我對大陸來客說：面對愈來愈複雜及細緻的兩岸情勢，北京應當將注意的心力，從「統一」，移向「統一前」。

因為，「統一」很難，非常難；「統一」也需時很久，也許非常久。所以，兩岸共同經營好「統一前」的關係，遠比「統一」重要得多。

這也就是中共十八大政治報告所說：「探討國家尚未統一特殊情況的兩岸政治關係，作出合情合理的安排。」

如何建構穩固的「統一前」關係？就是要營造一個「現在進行式的一個中國」。

這是大陸首任海協會會長汪道涵的主張。他說：

「一個中國不是現在式，因為很困難。也不是未來式，是因為可望不可即，夜長夢多。因此，為何不用現在進行式，也就是現在進行式的一個中國。」

也就是說，現在，中華人民共和國與中華民國並立分治的現在，現在就是「進行式的一個中國」。那麼，不接受中華民國，就沒有「現在進行式的一個中國」。

汪道涵的「現在進行式的一個中國」，否定了「中華民國已經滅亡論」。這就是經營「統一前」兩岸關係的方案。

汪道涵也倡議統一，其方案被稱作「共同締造論」：

「一個中國不等於中華人民共和國，也不等於中華民國，而是兩岸同胞共同締造統一的中國。一個中國應該是一個尚未統一的中國共同邁向統一的中國。」

「共同締造論」可解讀為中華人民共和國與中華民國的「互統一」，而不是「誰吃掉誰」的「被統一」。

「現在進行式的一個中國」，可使「統一前」的關係穩固。「共同締造論」，則使「和平統一」及「心靈契合的統一」成為可能。

「現在進行式的一個中國」與「共同締造論」皆以中華民國為平台，而非建立在「中華民國已經滅亡論」之上。

其中，尤以「現在進行式的一個中國」最關緊要，唯有如此始可能度過「夜長夢多」的「統一前」時期。始能在台灣維繫住「中華」，並得到「民國」的支撐。

這就是「杯子理論」：台灣是水，中華民國是杯；杯在水在，杯破水覆。

再回到選季的那一大片青天白日滿地紅國旗海。直白而言，從政治符號來說，「統一前」兩岸關係的重心，其實就是兩岸必須共同維護這一面青天白日滿地紅的旗幟。

例如，「東奧正名公投」被否決，但「奧會模式」應有改善的空間。我屢次主張，兩岸應當協議，先從改以青天白日滿地紅旗為「中華台北」的「奧會會員旗」著手。這必可使兩岸在心理及實際上的連結推進一大步。

這面青天白日滿地紅旗，就是兩岸的定海神針。穩住這面旗幟，就穩住了現在進行式的一個中國，就穩住了兩岸關係。

現在，我也想請問北京當局：看到中華民國國旗海在這次選舉中重現高雄，你們第一個心理反應，是負面還是正面？是歡喜還是厭惡？是認同還是敵視？

然後，是否就順著你們心情的直觀反應，來重新檢視並制定兩岸政策？

因為，維護中華民國，始能有「現在進行式的一個中國」，始能營造穩固的「統一前」兩岸關係。

在「汪道涵路徑」上，兩岸可以相向而行。

二〇一八・一二・九

別讓九二共識走不下去

本文是對二〇一九年一月二日習近平談話的評述。蔡英文因此自九二共識解套，兩岸情勢大翻轉。

本文要談：九二共識是否已死；若死，還有無可能起死回生。

元月二日習近平的《告台灣同胞書》，在兩岸發生重大效應：

一、絕大多數台灣人民反對一國兩制，且許多人開始更質疑九二共識，此點毫無懸念。頓時，兩岸出現了十分困惑又低迷的氛圍。

二、蔡英文將一國兩制鏈接九二共識。這使她在九合一的慘敗後，撿到槍，一夕間又活了過來。蔡及綠營反對九二共識的立場因此更形尖銳，顯然將以對抗九二共識為二〇二〇大選的主體訴求，亦即勢必升高兩岸衝突。

三、藍營「九二共識／一中各表」的論述受到致命性的重創。若失去「一中各表」，藍營將不知該如何面對北京，也不知該如何面對台獨，陷入進退維谷的境地。甚至部分人對應否繼續維持九二共識及一中各表發生了動搖。

四、以上這些強烈的負向效應，再加上所觸發的國際上的擾動，應當皆不是北京原本所追求，但不知北京有否承認操作失敗的誠實與勇氣。

此種情勢如果繼續惡化並變質下去，台灣人民對兩岸前景的正向預期勢將愈發耗弱；民進黨則不論是否贏得總統大選，皆將繼續陷於「反對九二共識」的泥淖中，難以自拔；藍營的反台獨平台因失去「一中各表」，恐面臨崩解；而北京對台灣人民，及對綠營與對藍營，皆失去了正向連結的政治論述，亦即失去了「心靈契合」的紐帶，那個局面將是兩岸關係的大解構及大倒退。

在台灣方面，九二共識的主體表述是：「在海峽兩岸共同謀求國家統一的過程中，雙方雖均堅持一個中國的原則，但對一個中國的涵義，認知各有不同。」這一段四十五字的論述，有極周延及多元的包容性與覆蓋性。包括三個元素：一、共謀統一。二、一中原則。三、一中各表。

這三個元素，各自具備其歷史階段性及社會條件性。若階段正確、條件充足，可有正向效應；但若階段錯誤、條件短絀，就是橫柴入灶。

自二〇〇八至二〇一六年，九二共識的解讀以馬政府的「一中各表」為主體（胡錦濤在二〇〇八年三月布胡熱線也承認「九二共識／一中各表」），並楬櫫「不統／不獨／不武」。九二共識被界定在這樣的階段性及條件性上，北京固然不甚滿足，但也相當包容地配合了八年，並稱馬政府時期是兩岸關係的最佳時期，九二共識是「定海神針」。

但是，自蔡政府上任，否定九二共識，北京轉而將「一中各表」列為新聞禁用語，開始稱「體現一中原則的九二共識」，並在此次習近平談話中，首次說出「共謀統一的九二共識」。且因論及統一的頂層設計，端出了一國兩制，而民進黨遂把九二共識套上了一國兩制。至此，「九二共識三元素」的階段性及條件性出現錯亂，引爆了政治海嘯。

以上論述，未能周延照顧許多細節。但九二共識至此已遭致命性的重創，卻是既成事實。接著略論有無可能起死回生。

先看北京。十二月二十六日、元月二日及元月十六日的三次論述，在語境上出現歧異。

十二月二十六日，國台辦稱：九二共識的核心意涵不但符合事實，也符合各自規定（指各自憲法），同時得以擱置暫時難以解決的分歧（這是承認了兩岸分治及存有「暫時難解」的分歧）。並隱稱，指「九二共識是消滅中華民國」為「歪曲誣蔑」了九二共識。此一陳述較接近「一中各表」，且較傾向「過程論」。

七天後，元月二日的談話，未著墨「各自規定」及「暫難解決的分歧」，也就是在「九二共識三元素」中，跳過了「一中各表」，欲片面定義「一中原則」，並直接訴求「共謀統一」，而統一的方案是「一國兩制」。這是「目的論」，越次躐等了階段性；也是單邊主義，忽略了條件性。

十四天後，又見轉折。元月十六日國台辦稱，民進黨當局將九二共識與一國兩制「故意混為一談」，是「刻意誤導台灣民眾」。並完整引述了本文前述四十五字的台方對九二共識的主體論述，這形同是在九二年會談後，北京首次公開承認及接受了九二共識包涵了「一中各表」的元素。然則，「一中各表」又回來了嗎？

若說「九二共識是消滅中華民國」為「歪曲誣衊」，若指「九二共識即一國兩制」是「混為一談／誤導民眾」，並能接受「兩岸對一個中國的涵義，認知各有不同」，這當然是九二共識起死回生的契機。

再看民進黨。連北京都說九二共識與一國兩制是兩回事，蔡英文若執意要以扭曲九二共識來為一國兩制背書，這不啻是自投羅網。蔡英文若為了短線操作，完全堵死了「九二共識／一中各表」的唯一活路，亦無疑是作繭自縛。再者，蔡若因激烈「反九二共識」而當選連任，勢將續陷「反九二共識」再四年，這更是自掘墳墓。倘有這樣的遠慮，蔡英文就不能不為九二共識留一線生機了。

再談國民黨。習近平的談話，對國民黨的衝擊更勝於對民進黨。因為，民進黨藉此反而開出了一條路，但國民黨卻立陷進退維谷之地。

對國民黨而言，不能再顧慮北京讓不讓你說「一中各表」，而應知若不能守住「一中各表」的底線，就無活命。畢竟，在馬政府八年，「九二共識／一中各表」曾是兩岸「定海神針」的重要組件；北京若不願台灣的反獨平台就此解構，就應重新思考「九二共識三元素」的階段性及條件性，亦即改以十二月二十六日及一月十六日國台辦的發言邏輯，來扭轉九二共識被「歪曲誣衊」的嚴峻情勢。倘係如此，九二共識亦不無起死回生的可能性。

最後談柯文哲。柯文哲的支持者傾綠，但他的政治出路傾藍。他若競選總統，最重大的價值在也許能夠重塑兩岸論述。如今，蔡英文被台獨綁架，很難碰觸「一中」；而國民黨必須死守「九二共識」四字，不易另創論述。在這樣的階段性及條件性下，柯文哲也許可朝「中國大屋頂／兩岸一家親」之類的架構發展，那就是「不稱九二共識的九二共識」了。這或許也是九二共識起死回生的契機。

「九二共識」是兩岸關係七十年中所創造的最靈動的運作概念。它在一九九二年會談現場幾乎「功虧一簣」（當年陸委會發言人馬英九語），但在兩岸後續的實踐中起死回生，並成為定海神針。今天，九二共識也命不該絕。

紙短心長。九二共識若死，兩岸皆受重傷。若能校正「九二共識三元素」的歷史階段性及尊重其社會條件性，應有使之起死回生的可能。

別讓九二共識走不下去！

二〇一九．一．二〇

現在進行式的一個中國

北京兩岸政策應思調整

自中共十九大修憲至中美貿易戰開火，中國大陸內外情勢丕變。這個變化是結構性的與方向性的，其影響也將是長遠性的。

在此大變局下，北京的兩岸政策也應思調整改變。

丕變表現在中國的國際形象上。一、十九大修憲取消國家主席任期限制。二、盛大舉行紀念馬克思二百年誕辰等活動，標榜為「二十一世紀馬克思主義者」。三、放棄「韜光養晦」戰略，對外宣揚「一帶一路」、「二〇二五中國製造」、「中國方案」等，對內表演「厲害了，我的國」。這三方面的演出，本文暫稱為「後十九大的中國形象三元素」，這三個元素使國際對中國的崛起發生高度警惕，遂使中國有成為國際共同標靶的風險。

中美貿易戰不是單純的經濟衝突，更是一個已陷「修昔底德陷阱」的戰略衝突。如果「中國形象三元素」不變，以美國為首的這個尚未完全成形的集體，其發展方向將是以阻滯中國崛起為共同目標。

本文的主要關切，是中共所處的內外情勢不變所引發的兩岸情勢變化。國際既有阻擋中國（中共）崛起的警惕，亦即國際對中國（中共）的看法變了，國際對台灣的看法也就併隨改變。為了阻滯中國（中共）崛起，台灣成為國際籌碼或棋子的必然性更形升高，因此台灣的國際角色也變了。

未來的歷史也許會說，一九五〇的韓戰曾經改變了台灣的地位，如今則是二〇一八年的「後十九大中國形象三元素」也微妙變化了台灣的角色。

最關鍵的影響，就是中共「武統」的思考將更加困難。在大陸輿論時時倡議武統時，習近平屢次重申「和平統一」。這不但是看到了武統在道德上的不可欲（違反心靈契合），也是看到了武統對中共自身安危存有的風險。試想，現今這場中美貿易戰已是捉襟見肘，如何想像居然發動併吞台灣的戰爭。要武統，北京就要有面對國際介入的準備。若非一萬，也是萬一。

武統若更不可能，所將牽動的兩岸情勢是：

一、兩岸分裂的時間會延長，變數會增加。

二、北京必須改採「惠台買統」（融合）的路線，但這條路線或許有助「維持現狀」，卻未必有助於實現統一。

三、北京顯然也已意識到「和統」及「買統」均不易實現，因而如今主流見解已傾向主張將「兩個一百年」及「中華民族的偉大復興」與「祖國統一」脫鉤，因此所謂的「統一時間表」漸已成為假議題。

四、為阻擋中國崛起，以美國為首的集體，將更加堅持「反對任何一方片面改變現狀」，因而造成兩岸「和平分裂」的實質。

五、美國為首的集體繼續「反對片面改變（中華民國的）現狀」，會使台獨勢力利用為「借殼上市」的機遇，中華民國的內涵漸趨變質。

六、此一變化趨勢是「切香腸」式的，北京屢稱已屆底線，但底線卻屢被穿透。

北京若要因應這樣的變化趨勢，應當進入三條軸線思維：

一、武統若更不可能，統一就會成為難計天日的漫長工程。因此，兩岸關係的核心議題，也應當從「統一」，轉移到「未統一」及「統一前」。也就是說，兩岸如果愈難「統一」，那麼「未統一」及「統一前」的關係就愈重要。

這也就是中共十八大政治報告所說，必須「探討國家尚未統一特殊情況下的兩岸政治關係，作出合情合理的安排。」

此處所謂「合情合理的安排」應當是指，必須在「統一前」維持中華民國如何不變質為「借殼台獨」。

二、如前文所述，以美國為首的「反對片面改變台海現狀」，已經演化為「反對改變中華民國現狀」（亦即，無外交承認的接納中華民國此一民主實體）。國際不會支持台獨，但會反對北京以非和平手段併吞中華民國。也就是說，北京對台灣「國際圍堵」的邊際效用，正在降低。

北京不應將當下的「川普現象」視為歷史的偶然，而應警惕其中寓有文明衝突的必然因素。因此，這未必是一時的突變，而可能是長期的趨勢。川普遲早會退場，但他打開的潘朵拉盒已經關不上。火車會過去，但軌道會留下來。

因此，北京對台灣的著力處，必須由「國際圍堵」，轉移到更加用心地訴求台灣的「民主運作」。也就是說，想用國際外力窒息台灣的手段幾已做到盡頭，因此仍須轉向在台灣的「民主運作」中找尋解方。

三、兩岸若在相當長的期間內不能統一，台灣可能以兩種樣態存在。一、借殼台獨，就是民進黨所主張的「反對一中各表的中華民國台灣」。二、藍營主流所主張的「一中各表的中華民國」。

法理台獨已無可能，但「借殼台獨」已成兩岸更加棘手的難題。因為：對外，它並未觸及「反對改變中華民國現狀」的國際底線；對內，它也未觸及「法理台獨」的台灣民主紅線。

此一變化，使得兩岸的反台獨大戰略，已經由「反對法理台獨」，轉變為要設法「化解借殼台獨」，更轉移到「必須維持原真中華民國的存在」。

北京若不接受「一中各表的中華民國」，將使得「原真中華民國」在台灣的民主體制中無法站立。那麼，也就不可能抑制「中華民國台灣」之「借殼台獨」的生存與發展。

民進黨反對「九二共識」，真正的原因是在反對「一中各表」。但是，民進黨從來不說「反對一中各表」，而只是不斷地說：「九二共識是要消滅中華民國」、「九二共識沒有一中各表」，「九二共識沒有中華民國的空間」。

因此，北京若要對抗「借殼台獨」，就要在「九二共識」中為「一中各表」留下空間，為「原真中華民國」留下空間。

北京必須對台灣的民主體制說：「一中各表」原本即是「九二共識 二元素」的既有內涵，九二共識也沒有說要消滅中華民國。（十二月廿六日及元月十六日，國台辦說過）

也就是說，北京必須走出「中華民國已經滅亡論」，開闢出一條「現在進行式的一個中國」的新路徑。

總結前述。統一若不易實現，就須先穩固「尚未統一特殊情況的兩岸政治關係」，那就是必須穩固「統一前的一個中國」。但是，北京若否定「一中各表」，堅持「中華民國已經滅亡論」，那就是在現實上將中華民國推出在「中國」之外，也就不可能有「現在進行式的一個中國」，那恐將使得統一更難實現。

須知：「一中各表」是兩岸間不可或缺的「存量」。若北京與台獨競相掏空此「存量」，兩岸就難有「增量」可言。

兩岸不能武統，就必須在武統以外找解方。

二〇一九・三・一七

中華民國是兩岸間最重要的存量

兩岸關係的存量與增量

本文是二〇一九年三月二十三日在上海一場兩岸座談會的發言節要。文中指出，兩岸曾錯過了國統綱領，不要又毀了九二共識。

上星期的《大屋頂下》談到：「一中各表」是兩岸間不可或缺的「存量」。若北京與台獨競相掏空此一「存量」，兩岸就難有「增量」可言。

怎樣改變這個情勢呢？就是北京和台獨都要對「去中華民國化」鬆手。因為，中華民國就是兩岸間最重要的存量。

以下的申論，從九二共識談起。

習近平元月二日《告台灣同胞書》發表後，元月十六日，國台辦發言人馬曉光對相關提問作了答覆。

他說：民進黨當局將九二共識與一國兩制「故意混為一談」，是「刻意誤導台灣民眾」。

他又說：九二當年，台灣海基會的表述是：「在海峽兩岸共同努力謀求國家統一的過程中，雙方均堅持一個中國的原則，但對一個中國的涵義，認知各有不同。」

這是二十餘年來，北京首次公開完整引述海基會的「九二表述」。此段表述完整包括了「九二共識三元素」，亦即「共謀統一／一中原則／一中各表」。而且也顯示，「共謀統一」雖是九二共識的「三元素」之一，但並未涉及統一的具體方案。也就是說，九二共識與一國兩制無關，不是一國兩制。

但馬曉光的發言也有另種解讀。二月二十四日，國台辦前副主任王在希說，九二共識「不僅包括堅持一個中國，還包括謀求國家統一」。他又說：「多年來國民黨把九二共識解釋為一中各表，這就扭曲了九二共識本來的意義。」

王在希將「九二共識三元素」加以肢解，留下了「共謀統一」及「一中原則」，卻切掉了「一中各表」。這好像成了前國台辦副主任否定了現任國台辦的政策見解。

王在希在強調九二共識的「一中原則／共謀統一」時，也論及「一國兩制」，於是又將九二共識與一國兩制綁在一起。這也有異於馬曉光欲將九二共識與一國兩制作出區隔的努力。

我認為，九二共識三元素是同時存在的。兩岸隨著歷史階段及社會條件的發展，對三元素可以有各自不同的強調，這三個元素也會與時推移地相互激盪。因此，台灣若只說「一中各表」，那就不是完整的九二共識；北京若否定「一中各表」，那也不是完整的九二共識。

肢解了三元素，九二共識即無意義。因為，北京若只是要主張「共謀統一／一中原則」，哪裡用得著「九二共識」這一塊裹腳布？難道不能直接就說共謀統一、一中原則、一國兩制、反對台獨或中華民國已經滅亡……。這會不會更加乾淨俐落一些？

為什麼九二共識不能丟？正因九二共識三元素裡面有「一中各表」，這留給台灣一個兩岸可以和平競合的念想，也留給北京打開兩岸可以和平競合的空間。因此，一中各表不但對台灣有大用，對北京也有大用。

馬曉光說：共謀統一是九二共識應有之義。但是，同樣也是應有之義的是，一中各表是九二共識繞不過去的路徑，不可切割。

沒有「一中各表」的存量，兩岸關係難有增量。例如，馬曉光那天的發言，也引述了當年北京方面的「九二表述」，亦即：「海峽兩岸都堅持一個中國的原則，努力謀求國家統一。但在海峽兩岸事務性商談中，不涉及一個中國的政治涵義。」

但是，北京若將兩岸過去在「九二共識」下明明是經「政治協商」簽訂的二十三項協議，盡皆定義為「事務性協商」，這就使得兩岸的政治關係無從出現「增量」，也就不能出現「現在進行式的一個中國」。這是把黃金說成沙子，糟蹋了大家的心血。試問：北京會與廣東省經「事務性協商」簽訂二十三項協議嗎？

馬曉光與王在希的出入，在馬接納了「九二共識三元素」，王則認為只有「九二共識二元素」。這是事實的出入，也是策略的出入。大陸如今有人主張「國號、國旗、國歌都可以談」，也有人主張「去主權化」。但是，既說「去主權化」，其實表示，在主觀認知及客觀存在上，中華民國的「主權」雖然受傷，卻是存在的。

我屢次指出：如今兩岸基本關係的戰略的衝突已經改變。亦即：兩岸的戰略衝突已經不是「反對法理台獨」，因為法理台獨已無可能發生；而是已經轉變為要設法「化解借殼台獨」，更轉移到「必須維持原真中華民國的存在」。維持「原真中華民國」的存在，就維持了兩岸關係的重要存量。

從去年高雄三山出現的青天白日滿地紅中華民國國旗海，即可見到中華民國這個「存量」的珍貴。而且，現在若要推動民進黨轉型，亦無可能叫它一步走到「共謀統一／一國兩制」，也是要使它先從「借殼台獨」回到「中華民國／一中各表」。

台獨的成因複雜，但之所以變成台灣的慢性病，在近年來主要的原因就是北京的「去中華民國化」，及沒有給「一中各表」應有的空間。自去年九合一選舉後，台灣社會對台獨的思考顯然出現了變化，韓國瑜和柯文哲都是此一變化所反映的徵兆。我認為，北京在此一關鍵階段應當作的，是持守「九二共識三元素」，並以「一中各表」來因勢利導此一變化。而不是將完整的「九二共識三元素」，硬生生切去「一中各表」，使得好不容易出現的這個民心轉變的滔滔巨流，失去了暢流宣洩的渠道。

由於韓流的激盪，此時正是引導台灣人民將「中華民國」與「台獨」作一比較的重要時機。《大屋頂下》曾請問：「中華民國哪一點不比台獨強？」必須讓台灣人先想清楚這個問題，先面對「中華民國 vs.台獨」的選擇，才有可能使台灣人正確思考「中國問題」的兩岸方案。也就是說，先要讓台灣人珍惜中華民國的存量，才有可能發展增量。

所以，剪掉了「一中各表」的「九二共識」，其實是與台獨同一口徑。因為賴清德就說，九二共識沒有一中各表。

我認為，統一是兩岸議題。但就世界局勢及兩岸關係的走向來說，統一不容易，因此，「統一前」及「未統一」的時期尤須妥善經營。其具體目標，就是要在「一中各表」的存量之上，累積「現在進行式的一個中國」及「共同締造論」的增量。

這正是當年汪道涵先生的高瞻遠矚，我們現在應當還看得到他的車尾燈。

中華民國是兩岸間最重要的存量，因此「一中各表」即是兩岸最重要的存量。昔日的「國統綱領」，可謂就是要在此「存量」之上，嘗試追求兩岸的「增量」。現在的

「九二共識／一中各表」亦然。但相較於國統綱領，「九二共識／一中各表」顯已倒退了好幾步。

我要說的是：兩岸曾經錯過了國統綱領，現在千萬不要又毀了「九二共識三元素」。毀了存量，難有增量。

二〇一九・三・二四

北京兩岸方案的頂層設計

李毅或習近平誰說了算？

李毅就是日前被驅逐出境的那位。拿他與習近平並論，甚不匹配。但是，二人的異同對照，卻鮮明映現了大陸對台政策的奇形怪狀。

一、習近平三番五次強調和平統一，但「李毅們」這幫人卻強力鼓吹武統。而李毅明明是習的鐵粉，他卻以反對習的和統自詡。且好像愈是鼓吹武統，愈顯示他懂得習近平。

二、李毅說，為了統一，在統一前要使台灣「愈窮／愈亂」愈好。就邏輯言，李的看法符合常識。但習近平卻猛推惠台政策。此間顯現了大陸的兩岸方案，確實存在「壓台／窮台／亂台／弱台」與「惠台／買台」的矛盾，左右都不是。

三、李毅被逐出境時說：「根據台灣現行的《中華民國憲法》，根據《兩岸人民關係條例》，大陸各省和台灣省同屬一個中國。」此論並不新鮮，二〇一六年，王毅在與蔡英文隔空喊話時，更直接地說：「他們應當接受他們自己的憲法所規定的大陸和台灣同屬一個中國。」可見，李毅、王毅都承認《中華民國憲法》的存在。那麼，北京何以迄今不放棄「中華民國已經滅亡論」？又為何不容以「一中各表」推進「現在進行式的一個中國」？

李毅與習近平的異同，普遍存在於大陸涉台人士之間。大多數人嘴上跟著習近平喊和平統一，但心裡和李毅一樣固持武統的想像。鴿派主張跟著習近平走「融合／惠台／買台」的「心靈契合」，鷹派則主張壓台、窮台、亂台及弱台。大多數人皆主張，台灣自己應當在「一個中國」下，維持中華民國與中華民國憲法的法統；但大多數人也主張，中共應當在「一個中國」下，以消滅中華民國為終極目標。

如此這般矛盾的狀態，其實很難區別李毅與習近平的異同，更無可能為大陸的兩岸方案建構可大可久的頂層設計。因此也很難說，李毅與習近平究竟誰說了算。

大陸兩岸方案的頂層設計，應當建立兩個準則：

一、兩岸方案必須在武統以外找解方。

二、兩岸方案必須在中華民國的民主機制中找出路。

許多人都談武統。北京不放棄使用武力，是在威懾台獨。台獨渲染武統，是在為兩岸的敵意保溫。藍營也喊武統，是用北京助勢。美國警告武統，是在維持兩岸均勢。所以，人人都談武統。

我認為，台灣若走上「法理台獨」，北京動手就別無選擇。但除此以外，包括「借殼台獨」、「借殼獨台」，或「美版借殼台獨／美版借殼獨台」（美國在「一中政策」的空殼下，保留台灣作為制衡中國的棋子），北京都很難有動武的可能性。

從一年來中國在美中貿易戰的窘態畢露即可看出，北京不可輕蹈在兩岸發動戰爭的風險，那將比貿易戰凶險萬倍。此時及未來漫長年月，「中國崛起」已成國際默認的共同標靶。中國倘若武力進犯台灣，恐成眾矢之的。

武統，當心玩火自焚。

所以，北京的兩岸方案必須在武統以外找解方。武統不武統，不能讓李毅說了算。老老實實丟掉武統的幻想，也老老實實地推進和平統一或心靈契合的統一，這是北京在兩岸政策頂層設計的應有覺悟。不能口裡跟著習近平喊和平統一，心裡卻跟著李毅想反正到頭來就武統。

如此，李毅作不成武統，習近平也作不到和平統一。

如何和平統一？就是要民主統一。若不是民主統一，就不可能是和平統一。而民主統一，就是兩岸方案必須在中華民國的民主機制中找出路。

這條出路就是在李毅所說的《中華民國憲法》之中，也就是在王毅所說的「他們自己的憲法」之中。

習近平提一國兩制，這當然是和統的主張，而不是武統的方案。況且，習近平也未強要台灣接受他的方案，而說台灣也可提出「兩制台灣方案」。其意似指，北京會尊重台灣對兩岸方案的話語權，包括同意權及否決權。

這樣的高度，當然不同於李毅們。

倘若這樣的解讀無誤，則習近平應當知道，台灣方面表達同意權及否決權的方法，自然是最終必須經由中華民國的民主機制，如公投。如此一來，習近平所說的「台灣方案」，就可能與李毅及王毅所說的「中華民國憲法」或「他們自己的憲法」程序對接。

因為，如果要有「和平統一方案」或「民主統一方案」，不可能從中華民國民主法制以外的其他路徑中產生。

最後可談的是一個弔詭。台獨一方面渲染武統，如此台獨才有話題。不過，另一方面台獨也因估計北京不致發動武統，所以將之用為發展「借殼台獨」的環境。

但是，我認為，兩岸若能共同加強「不武」的默契，台灣應當用以更加鞏固中華民國及中華民國憲法，而不是藉以發展「借殼台獨」。因為，只要維持中華民國，就有益於維持「不武」，亦有益於兩岸和平競合；而去中華民國化，或「借殼台獨」，將會一方面升高兩岸的衝突，另一方面又削弱台灣與北京抗衡的能量。畢竟，當北京改變了主意，即使不動武，他也有壓台、窮台、弱台及亂台的十足能力。

也就是說，兩岸關係的武力威脅愈降低，和平競合的條件愈升高，台灣愈應維護中華民國與中華民國憲法，而愈不應去中國化，去中華民國化，愈不應搞借殼台獨。這也是一個弔詭，可以深思。

至於對北京來說，不能武統，自會延長兩岸「統一前」的歲月。統一前的夜長夢多，恐怕會出現前述的「借殼台獨」、「借殼獨台」或「美版借殼台獨／美版借殼獨台」。北京若要與這「四獨」爭衡，就要接納中華民國與中華民國憲法，使中華民國及中華民國憲法能在台灣穩固站立，讓台灣回到「原真中華民國」。

因此，北京兩岸方案的頂層設計，不能建立在「中華民國已經滅亡論」上。那是自欺欺人，兩岸俱傷。

在台灣，無中華民國、無中華民國憲法，即無中國。

李毅是荒謬的。武統不可行，不要仍留在北京有些人的心中。

二〇一九・四・二八

面對台港 北京要換腦袋

坦克車開不到香港金鐘

本文是對二〇一九年六月香港「反送中事件」的評述。

六月，香港的「反送中」與台灣的「反一國兩制」相互激盪。向來是「中港關係／兩岸關係」的兩條平行線，在民間的民運互動層次儼然已經形成「中港台」的三角關係。

面對台灣與香港，北京要趕快換腦袋。

以六四與今次反送中相比，六四的民意強烈逾於反送中，六四的民主訴求也高於反送中。但六四被鎮壓，反送中卻逼到北京與港府退讓。

主要原因是，坦克車開上了天安門廣場，但坦克車開不到香港金鐘。

從長期看，只要坦克車開不上金鐘，北京及港府就不可能在香港的民主博弈中說了算。反過來說，北京及港府就要覺悟：對香港的管治，必須在「坦克車不能開上街」的前提或局限下建立方案。

坦克車不能上街，但香港人可以。一百萬不夠，兩百萬。

二〇一四年九月二十八日以前，眾人還在懷疑「占中」有無可能，但如今「占中」已成香港民運的基本規格。

北京的坦克車不能開上金鐘，所以「反送中」沒有變成「六四」。相對而言，北京也應覺悟：武統台灣絕非可欲及可行的選項，因此北京的兩岸政策，必須在武統以外建立方案。

從這場六月風潮可以看出：北京與台灣及香港的關係，絕無可能只靠經濟利益維繫，而是終究必須觸及民主、自由、法治、人權等頂層思維。一國兩制在淺水階段或能維持。但一個專政政體絕無可能永遠容忍底下有一個民主社會，而一個民主社會也絕無可能永遠忍受頂上有一個專政政體。這就是一國兩制在「反送中」顯現的深水矛盾，也是台灣普遍反對一國兩制的原因。

香港的一國兩制，說是五十年不變。但至二〇四七年，「香港新大限」又屆，北京難道就能斷然終止香港的「資本主義社會」運作嗎？我認為，不可能！

除非，坦克車上街。但坦克車能上街嗎？

因此，北京及港府必須在「忘掉坦克車上街」的前提下，建立管治香港的方案。這個方案應當是使中共自己向香港的民主「融合」（北京近年很喜歡用這個統戰新詞），而不能與香港的民主更加敵對。

切勿到了二〇四七年，又出現坦克車上街的場面。

回頭看北京與台灣的關係，談兩個層次。

第一個是法制層次。香港行的是基本法，台灣行的是中華民國憲法。香港特首是選舉委員會選出，中華民國總統是全民直選選出。因此，從政治發展趨勢上說，應當是「香港可能愈來愈台灣化」，而絕無可能倒過頭來「台灣香港化」。

金鐘的香港人挑戰北京，是真正與中共肉搏。但凱達格蘭大道上台灣人的反中，其實只是表演性的碰瓷。

中共駐港部隊的坦克車開到金鐘或許仍有懸念，但北京的坦克車要開到凱達格蘭大道顯不容易。因此，如果我們可以建議北京自己更向香港的民主「融合」，就更有理由要北京使自己更與台灣的民主「融合」，而不是更趨敵對。

比如，反對北京定義的一國兩制，已成台灣共識。台灣的民意已分兩支。一、用借殼台獨反對一國兩制，即「用台獨捍衛中華民國」。二、用中華民國反對一國兩制，即「用中華民國捍衛中華民國」。

北京不能在台灣的票箱裡投下一張選票，也就是不可能在台灣的票箱裡創造出「支持北京一國兩制」的結果。因此，面對台灣的民主體制，北京也只有兩個選擇：一、接受用借殼台獨反對一國兩制；或者二、接受用中華民國反對一國兩制。

在目前情勢下，對北京言，我不認為台灣反一國兩制的凶險情勢會低於香港的反送中。因此，北京不能不面對台灣分歧的民意。其間的差異在於：北京究竟要接納借殼台獨或接納中華民國？

第二個層次是武統。「和平統一」已成北京內部相互敷衍的語言，好像只要祭出「和平統一」四字，就能像鴕鳥鑽沙相互敷衍過去。「武統」也是，好像只要留住「武統」的想像，認為終究會有辦法。北京諸人相互間，我用和統來敷衍你，你用武統來敷衍我，這正是使得兩岸武統無可能、和統無希望。

北京要忘掉「坦克車開進香港」，才能建立管治香港的正確方案。同理，北京更要「忘掉武統」，才能建立正確的兩岸政策。

對北京來說，訴諸武力，只可能用在出現正名制憲的法理台獨之時。否則，訴諸武統台灣，除了北京必然成為國際的共同標靶，開個腦洞，屆時中共恐怕先得出動坦克車去鎮壓香港街頭反對武統台灣的「暴亂」吧！

因此，面對台灣，北京必須「忘掉武統」，要在武統之外建立兩岸方案。這場六月風潮顯示，北京與台灣及香港的關係，根本仍在「民主／自由／法治／人權」的頂層思維。中共應知坦克車不可能開到凱道與金鐘，因此，從長期看，即必須在台港的民主規制中尋找與台港相處的方法，也就是中共必須與兩地的民主「融合」。

六月風潮，爆出了一個中台港大弔詭：

香港人衝撞一國兩制的意態益趨強烈。但由於香港沒有「中華民國」，使香港人失去避險及轉圜的空間，壓力就直接衝向「一國」。

相對而言，台灣卻有「中華民國」，這使得台灣在「一國」的爭議中有了「一中各表」的避險及轉圜的緩衝地帶，雖然它也成了台獨的借殼。所以，對北京而言，只要保全中華民國，兩岸就有了緩衝；但北京的「中華民國已經滅亡論」，卻是硬生生要把台灣逼成了香港。

香港問題居然比台灣問題更尖銳化，這是眼下驚人發展的大弔詭。香港人直指反對中華人民共和國，但台灣尚停留在是否要保全中華民國的爭議中。

北京應想清楚：中華民國才是兩岸的定海神針。

北京正處在中美貿易戰、香港反送中、台灣反一國兩制的四面楚歌之中，這三者已成內外桴鼓相應之勢。若思因應之道，北京應從「忘掉坦克車上街」及「忘掉武統」想起。面對民主，別無他途！

二〇一九・六・一三

第5章

韓國瑜的枕頭與郭台銘的帽子

瀕近二〇二〇總統大選，出現「韓流」與「台風」，顯示了幾個徵象：

一、韓國瑜和郭台銘二人，對台獨改採攻勢。可見，在台灣，中華民國的根底仍在。

二、在台灣的民主體制中，一位反台獨的政治領袖，必須扛起中華民國憲法及中華民國國旗。他不可能是北京的代理人或中共的政治買辦。

三、因此，這位反獨的民主領袖，他必須反對北京如今定義的「一國兩制」，並主張「一中各表」（其實，不一定要這四個字，但這四個字太難置換），並要北京「正視中華民國存在的事實」。失去此一立場，在台灣，反獨的民主領袖就不可能立足。

於是，就出現了一個問題：在台灣，反台獨必須站在中華民國的根底上。但是，北京是否仍持「中華民國已經滅亡論」，甚至連「一中各表」都不容納？

其實，在馬英九時代，「九二共識／一中各表」、「不統／不獨／不武」，曾是台美中三方皆採納的政治架構。馬卸任前，二〇一五年十一月七日舉行的馬習會，更可謂是正面證實了北京其實是接納了馬英九一路走來的階段性兩岸運作，並以馬習會為馬英九的「台灣方案」背書，更想以馬習會作為此一政治架構未來的延續接點。

但是，二〇一六年民進黨執政後，北京收緊了對「一中各表」的操作。這是一種倒退。

台獨的新論述是：「以台獨捍衛中華民國。」台灣的反獨民主領袖則必須證明：「中華民國就能捍衛中華民國了，何必偏勞台獨？」

其實，北京亦知，兩岸關係首須「捍衛中華民國」。只是，在「台獨捍衛中華民國」與「中華民國捍衛中華民國」之間，必須作一抉擇。

二〇二〇年的兩岸關鍵，在於能否再回到馬習會的延續接點，重新再從「一中各表」起步。

滾燙韓流　翻轉綠色敘事

本文是對二〇一八年十一月二十四日「九合一」選舉的評述。

大變天。

這是奇蹟，對任何人都是意外。

這股「滾燙的寒（韓）流」，翻轉了台灣政治。整個選舉像一場全島大廟會，以韓國瑜為濫觴，分香、會香、刈香，匯流，外溢。藍綠翻轉，南北翻轉，並出現了小編超越小野的翻轉，候選人打臉黨主席的翻轉，包容壓過哭調的翻轉等等。最怵目驚心的是：韓流帶動了台灣兩大「政治敘事邏輯」的大翻轉。

一、階級敘事：民進黨向以經濟弱勢族群的代言人自居，但此一地位在這次選舉中儼然已被韓國瑜取代。呂秀蓮稱「魯蛇都靠向韓國瑜」，即是最佳註腳。這是台灣階級敘事的天翻地覆的大翻轉。

二、兩岸敘事：「貨賣得出去」，此語在選區的直接譯文，就是更多的農漁產品銷往大陸，這是訴諸菜農、果農、養殖戶等。「人進得來」，在選區的譯文，則是更多的陸客到訪高雄，這是訴諸夜市攤商、觀光相關業者、計程車司機、餐飲業者等等。再者，「南南合作計劃」的譯文，就是以加強兩岸交流為主體的經貿操作。此種變體的政經論述，其實是「兩岸敘事」改頭換面的大翻轉。

應當注意的是，在此，「階級敘事」的翻轉，與「兩岸敘事」的翻轉竟然鏈接在一起。

例如：大家對選季高雄市有些計程車排出的大大的「苦」字應有印象，這是他們對「人進不來」表達的憤懣，即是「階級敘事」與「兩岸敘事」的鏈接。他們控訴民進黨的治理失敗，但民進黨如呂秀蓮者竟將他們視為「魯蛇」。

這是民進黨對社經弱勢族群的公然侮辱與背叛。

這次大翻轉，簡直可作為佛家懲惡勸世的宗教故事。標題是：《因果報應：自作孽，不可活。》

因果一：蔡政府為賄賂「父為台獨大老／女為社運明星」的父女檔，硬生生拉下了北農總經理韓國瑜。遂致演成今日吳音寧「賣菜」，韓國瑜「賣蔡」的因果。這是不是自作孽不可活？

因果二：民進黨不應推出台北市長候選人來挑戰柯文哲，這是選前用膝蓋想亦知之事，遂致落到今日的因果報應。這是不是自作孽不可活？

因果三：二〇一四年，太陽花冒出頭的時候，其實正是民進黨內「凍結台獨黨綱」甚囂塵上之時。當時的民進黨上層，像是已經看完整場電影的人，他們知道了台獨的結局，所以有凍結台獨黨綱之念，可稱為「過氣獨」。詎料，這批「過氣獨」卻碰上了太陽花這一批剛剛看到電影開場而不知結局的遲來者，「過氣獨」立馬將之封為「天然獨」，並視為救命的稻草，而成為太陽花的「收割者」。演變至今，時代力量在此次議會選舉已然成為民進黨的勁敵，而轉為陳菊口中的「收割者」。何況，韓流中出現的巨量年輕人，更似乎比太陽花提前看完了整場電影。這是不是民進黨自作孽不可活？

因果四：民進黨已「完全執政」，但仍然堅持其「單邊敘事」或「一半敘事」的政治操作。此次選舉，即是此種「單邊台灣敘事／一半台灣敘事」的破滅。民進黨已壓制不住「另半邊台灣敘事」的強烈反抗，更不能不面對「全面台灣敘事／整體台灣敘事」的大反撲與大翻轉。這又是自作孽不可活。

民進黨此種「單邊一半的台灣敘事」，例如：只看到反核的台灣，看不到主張以核養綠的台灣。只看到挺同的台灣，看不到對性別議題有保留的台灣。只看到主張廢死的台灣，看不到主張保留極刑的台灣。只看到年金的「改革」，看不到年改操作的鬥爭與撕裂。只看到主張卡管的李遠哲等，看不到校園自主受傷的血淋淋。只看到戒嚴體制的錯咎，看不到自己竟然也是東廠林立。只看到太陽花，看不到其他千科萬目的百花世界。只看到要滅絕國民黨的台灣，看不到想要維持政黨制衡的台灣。只看到要推倒中正紀念堂的台灣，看不到認為蔣氏父子是反共保台恩人的台灣。只看到主張台獨的台灣，看不到拚死也要維護中華民國的台灣。只看到自己場子裡一片台灣旗，看不到別人場子裡一片青天白日滿地紅旗。只看到反對九二共識的台灣，看不到贊同九二共識的台灣⋯⋯。

以上，就是台灣的民主現狀。這兩個「一半的台灣」，往往是五五波。甚至，在諸多議題中，民進黨尚居於四六波或三七波的劣勢。但是，民進黨卻只看到自己的支持者，看不到持不同意見者。且竟然妄稱：這就是「民主」，這就是「改革」。簡直豈有此理。

韓國瑜是一個政治奇蹟，未來的吉凶成敗難卜，可謂仍是一個「帶著問號的勝利」。但此次選舉卻無疑是民進黨的慘敗。標誌著民進黨「台獨／民主／愛台灣」三大謊言的再戳穿。也就是，蔡英文已輸掉了「一半台灣」的綠色敘事。

韓國瑜在此次選舉的破題金句是：「高雄又老又窮。」這句話說出了「另一半高雄的敘事」，也外溢為「另一半台灣的敘事」。

高雄在負債三千億之下，廿年來部分市容市貌確有美化，但這只是「高雄一半的故事」。這一半外貌美麗的高雄，與另一半「貨賣不出去／人進不來」及「北漂／外漂」的高雄，形成了強烈對比。這就是韓國瑜所說「又老又窮」的另一半高雄。

民進黨認為，把高雄說成「又老又窮」不公平，而呂秀蓮甚至乾脆把持此看法者指為「魯蛇」。

但是，民進黨須知，並非所有的高雄人都會像陳水扁一家人那樣看高雄。阿扁一家正是「一半高雄敘事／一半台灣敘事」的經典。住在高雄的豪宅中，超越中監規範、超越正義準則，荼毒法律尊嚴；主張一邊一國，獲得徒眾的崇拜與關懷，陳致中又風光競選市議員。對陳水扁一家而言，這「一半的高雄／一半的台灣」，當然不是又老又窮。

不過，畢竟高雄仍有思維不同於陳水扁的人，因此對高雄的見解也有不同。這些人看到了被政治遲誤得「又老又窮」的高雄，造成了韓流。這就是「另一半的高雄」。

其實，民進黨不但一向只說「高雄的一半敘事」，也一向只說「台灣的一半敘事」。民進黨的台灣敘事，要切割中華民國，要切割中華民國憲法，要切割中國，要切割兩岸關係……。這些切割，都是「台灣的一半敘事」，並觸動了此次「另一半台灣敘事」的大反撲與大翻轉。因此，韓流才有如此猛爆的外溢效應。

韓流呈現了「另一半的台灣」。看韓流出現的國旗海，即知造成韓流的根本底蘊是：民進黨欺負糟蹋汙辱中華民國太狠太毒也太久了，尤其在以錄音帶及走路工盜取的高雄。

韓流說出了「另一半台灣」的「中華民國敘事」，使得高雄地區不再在紫爆卅年的「一半的綠色敘事」中窒息，並爆發了此次大變天。這對於重建「完整的台灣」，有重大意義。

民進黨應知警惕：勿使「討厭民進黨是全民最大黨」，從這場選舉外溢。

二〇一八・一一・二五

借殼台獨是最壞方案

借箸代籌民進黨新決議文

一九九九年，民進黨發表《台灣前途決議文》，為次年陳水扁競選總統做了鋪墊。二十年後的今年，民進黨會不會發表「新決議文」，再為蔡英文明年競選連任總統預作鋪墊？

一九九一年，民進黨發表《台獨黨綱》，主張「建立主權獨立自主的台灣共和國及制定新憲法」。此為「法理台獨」，本文稱為「法獨」。

至一九九九年的《台灣前途決議文》，改稱「台灣是一主權獨立的國家……固然依目前憲法稱為中華民國」，並明文「揚棄『一個中國』的主張」。此為「借殼台獨」，本文稱為「殼獨」。

二〇〇七年，民進黨發表《正常國家決議文》，主張「正名制憲」。推翻了「殼獨」，又回到「法獨」。

民進黨當下若要發表新決議文，不必回到「法獨」，因為已有台獨黨綱及正常國家決議文；也不須回到「殼獨」，因為已有台灣前途決議文。而可能會在「法獨」及「殼獨」之外，建立新的論述。

我認為，新決議文應當不會更靠向「法獨」，而可能會思考如何從「殼獨」再挪一步。想像中的方向，是由「殼獨」，挪向「華獨」。

「華獨」是綠營近年創製的新詞彙。

自二〇一四年開始，民進黨內就曾出現「凍結台獨黨綱」、「中華民國決議文」及「維持現狀決議文」等倡議。這些都呈現出「由殼獨到華獨」的思維，順著這些脈絡，新決議文若要有所突破，至少必須進入兩條思考軸線：

一、由「台灣是一個主權獨立的國家」（賴清德仍這樣說），轉向「中華民國是主權獨立的國家」（蔡英文有時這樣說）。

二、《台灣前途決議文》主張：「任何有關（台灣）獨立現狀的更動，都必須經由台灣全體住民以公民投票的方式決定。」在「新決議文」，則可能引伸為：「任何有關（中華民國）獨立現狀的更動，都必須經由中華民國的公民投票決定。」

新決議文如果是朝這兩條軸線發展，也許就接近了「華獨」。但是，如果僅是如此而已，就仍與「華獨」大相逕庭，其實迥然而異。

因為，華獨是以「原真中華民國」為主體，主張「憲法一中」，支持「一中各表」，並接受「國家統一前」的狀態。之所以被稱為「華獨」，是指在兩岸未有終局整合方案前，「中華民國」是以「主權獨立的國家」存在。

因而，如果新決議文繼續反對「一個中國」，否定「憲法一中」及「一中各表」，這就仍是「兩國論」，仍是「殼獨」，而不是「華獨」。

民進黨如今思考發表「新決議文」，應當知道，「法獨／殼獨／華獨」三個類型中，其中最壞的方案就是「殼獨」。

先說「法獨」。如果真要推進法獨，那就應當公開宣示台獨為國策，讓「全體住民」有一凝聚共識的過程，並在法制上備有一個選擇的機制（喜樂島聯盟主張放寬公投法是合理的）。或者，如果不能台獨公投，也當在總統選舉時推出賴清德這類「務實的台獨工作者」為總統候選人（何況賴的人氣超過蔡），引領國人迎向台獨。但是，以台獨為國策說不出口，又不給人民「台獨公投」的權利（因此也剝奪了不贊同台獨者的權利），而連用賴清德作副總統搭檔都怕拖垮了蔡英文，這還能妄言什麼「法獨」？

再看「殼獨」。蔡英文看起來好像穩住了，主因是民進黨內主流認為她的「殼獨」操作得好。她在「依據中華民國憲法及兩岸人民關係條例，處理兩岸事務」（注意，並非據以定位兩岸關係）的掩飾下，全力進行「去中國化」、「去中華民國化」，這正是「殼獨」的SOP。但是，「殼獨」的「去中華民國化」，方方面面、點點滴滴，其實都是在為北京的「去中華民國化」做政治代工。亦即，「殼獨」根本就是北京「去中華民國化」的OEM代工者。

因此，如果真的搞「法獨」，真的舉行「正名制憲台獨公投」，台灣人民還有警覺及反對的機會（如東奧正名公投）。但是，蔡英文這種為北京作OEM代工者的「殼獨」，矇蔽了人民的警覺性，卻是使台灣內耗自殘以致自殺的最壞選項。

民進黨今日在憲法論述及兩岸政策上面臨的困境，就是「台灣國無膽／中華民國無能」，因此走上「借殼台獨」這條路。但這條路卻必將使台灣國與中華民國兩頭皆告落空，深陷「恰是行船上高灘」的噩運。

韓國瑜和柯文哲的問話，對民進黨應有啟示。

韓國瑜問：蔡英文總統現在也不敢獨立，又不接受九二共識、不愛中華民國。請問蔡總統，到底台灣兩千三百萬人要去哪裡？

柯文哲問：（九二共識）這個問題如果不存在，當然不用提，不然就應該有替代方案。應該反問蔡總統，不然妳覺得應該怎麼處理？

韓柯二人的問話，都是指向蔡英文的「台灣國無膽／中華民國無能」。

民進黨曾從「法獨」移向「殼獨」。若新決議文是從「殼獨」移向「華獨」，也算是順理成章。

蔡英文常說，她這一套國家論述及兩岸操作（其實就是「殼獨」），始能保護「台灣」的主權及主體性。但事實卻是，「這個國家」自一九四九年至今艱難維護的主權及主體性，始終均建立在「中華民國」及「中華民國憲法」之上。這尤其在蔡英文主政後的兩年餘來看得最清楚，此段期間，邦交國的喪失、國際空間的窄化、國家能量的萎縮及國家處境的危殆等等，正是皆源自蔡政府的「殼獨」操作對「主權及主體性」所造成的嚴重創傷與倒退。

民進黨不應僅為二〇二〇選舉來製作新決議文，而是應當為了民進黨的轉型自救及台灣的前途出路來思考新決議文。

法獨是作法自斃，殼獨是作繭自縛。新決議文不應倒退到法獨，但也不可從前一種「老殼獨」，轉向另一種「新殼獨」。

就民進黨的思考來說，進一步跨入「華獨」是合理取向。但華獨不是「殼獨」，也不是「兩國論」。而是回到「原真中華民國」，將兩岸未來的終局解決寄託在雙方的和平競合之上。

許多人討厭「華獨」這個容易以文害義的標籤稱號，本文也是為了顯示民進黨的可能演化邏輯而使用。不過，華獨實是在兩岸終局方案出現前的應然法理狀態；如果不能維持華獨，那就必會變質為殼獨。而且，就實際效應來說，華獨其實是為兩岸得以維持「現在進行式的一個中國」及「共同締造論」提供了保障。

認真地說，就兩岸競合關係言，台灣當下最嚴峻的問題，就是必須先將愈來愈惡化的「殼獨」導向「華獨」，以建構起藍綠紅三方的共同政治交集，再徐圖其他。

北京若能說真心話，相信也會承認，不是「兩國論」的「華獨」，比「殼獨」及「法獨」都更可接納，甚至應當珍惜。否則，北京即不會因見到高雄三山出現的中華民國國旗海而振奮。

總之，對民進黨言，「借殼台獨」是自欺欺人、自殘自殺，是北京「去中華民國化」的OEM代工者，因此是為人作嫁的最壞方案。

二〇一九·二·一七

解剖九二共識一國兩制

一張中華民國身分證的各自表述

陸委會主委陳明通說，他與韓國瑜都拿中華民國的身分證，藍綠之間應可建立戰略協同。

但是，他們二人一樣拿中華民國國民身分證，其實完全無助於化解藍綠分歧。

請問：在台灣的台獨份子，哪一個不拿中華民國身分證？李登輝、陳水扁、李遠哲、彭明敏、高俊明、吳澧培、辜寬敏，哪一個沒有中華民國身分證？但他們對中華民國的認同，與藍營一樣嗎？又與韓國瑜相同嗎？

其實，這些台獨，在滅亡中華民國及去中華民國化上，反而是中共的同路人，與中共的共識極大，但與藍營或韓國瑜卻是南轅北轍。

再看，蔡英文、賴清德、蘇貞昌、陳明通、鄭麗君，哪一個沒拿中華民國身分證，而且吃中華民國的俸祿。但這些女士先生們對中華民國的認同，與藍營一樣嗎？又與韓國瑜相同嗎？

陳明通實在滑頭。他要韓國瑜與他「共同守護中華民國身分證」，但他不說要韓國瑜與他「共同守護原真中華民國的價值與內涵」。

因為，台獨拿中華民國身分證，只是「借證上市」、「借殼上市」，其實卻是掛羊頭賣狗肉的偽國民。

因此，藍營說，正因「依據中華民國憲法及兩岸人民關係條例」，所以要主張「九二共識／一中各表」；但蔡政府同樣主張「依據中華民國憲法及兩岸人民關係條例」，卻堅決反對「九二共識／一中各表」。

原因在於：藍營主張的中華民國憲法是一中憲法，兩岸人民關係條例是一國兩區。因此，藍營主張「九二共識／一中各表」。但台獨借殼於中華民國憲法卻否定「一中」，上市在兩岸人民關係條例卻否定「兩區」。正因台獨不承認「一中各表」，所以不接受「九二共識」。若接受了一中各表，還能台獨嗎？還能兩國論嗎？

因為，九二共識是一中各表的載體。能丟掉「九二共識」的澡盆，就可同時丟掉「一中各表」的盆中嬰兒。

正因如此，台獨就巴不得「九二共識就是一國兩制」，要將二者鎖在一起，因此才能「反九二共識」，並趁此切斷「一中各表」。但藍營則致力於將兩者拉開來，因而主張以「一中各表／九二共識」來對治「一國兩制」。

台獨如今的操作，正是要進一步扭曲「九二共識」，用來為中共的「一國兩制」背書。而主流藍營的操作，則在努力端正九二共識的解讀，要用「一中各表」來節制「一國兩制」。

所以，贊不贊成「九二共識／一中各表」，在本質上就是反不反對台獨。

談「一國兩制」，首須端正兩個史實：

一、自蔣經國開始，國民黨即明確及堅定地反對一國兩制。現在蔡團隊竟然以「反一國兩制」的旗手自居，其實只是蔣經國的啦啦隊。在此必須闡明者，蔣經國是站在中華民國的立場上反對一國兩制，台獨卻是站在台獨的立場反對一國兩制。

二、九二年香港談判，爭議焦點即在「一個中國的涵義」。原因正在於台灣方面不接受「一國兩制」中「一國」的意涵，而極力爭取「雙方對一個中國的涵義，認知各有不同」。可以說，九二共識的原始努力，即在對抗「一國兩制」所指的「一國」。但是，蔡英文如今的所作所為，居然是要否定九二共識的一中各表，而強將九二共識與一國兩制鎖在一起，不啻要為北京的「一國」背書。至此，蔡英文又變成了中共的啦啦隊。

經過北京十二月二十六日、一月二日，及一月十六日三次談話的震盪，一國兩制及九二共識反而呈現出較過去更清楚的面貌。首先，關於一國兩制，可有兩點解讀：

一、國台辦在一月十六日談話中已指出，民進黨當局將九二共識與一國兩制「故意混為一談」，是「刻意誤導台灣民眾」。由此可見，北京是將九二共識視為雙方交流過程的政治基礎，而一國兩制則是可待討論的開放性議題，兩者已有區隔。民進黨不必再將二者送作堆。

二、習近平提一國兩制，並首次提出可以探討「兩制台灣方案」。這仍維持了「什麼都可以談」的基調。也顯示「一國兩制」保存了開放性及可討論性，也保存了台灣對「大陸方案」的反對權；若是可以討論，也維持了否決權，這就是一個尚無定論的開放性議題。

不過，此中有一細節。習近平說「兩制台灣方案」，而不說「一國兩制台灣方案」。有兩種判讀：一種說，「一國」並未定義，因此不提「一國」，留下討論餘地。另一說，「一國」即是「中華人民共和國」，不容討論，因此不提「一國」。以上二說的差異重大，應當標明為「一國兩制的台灣方案 vs.一國兩制的大陸方案」，始能給「大屋頂中國兩制」之類的「台灣方案」留下空間。

準此，台灣若能以「如何統一」，來節制「是否統一」及「何時統一」，即不必迴避「統一」、「和平協議」、「互統一」，或「台灣方案」等開放性議題。

至於九二共識，經過此次震盪，也呈現出更可正向評價的變化。國台辦在十二月二十六日稱，九二共識符合雙方各自現行規定（雙方憲法），同時得以擱置暫時難以解決的分歧（兩岸分治的事實）；並隱稱，指「九二共識是消滅中華民國」，為「歪曲誣衊」了「九二共識」。至元月十六日（習近平元月二日談話後），北京又首次明白公開承認了台方所主張的「雙方對一個中國的涵義，認知各有不同」（一中各表）為「九二共識」的既存內涵。至此，已使九二共識的意涵更完整亦更正確。

經過此次強烈政治海嘯，九二共識應以「一中各表」來呈現「現在進行式的一個中國」。至於「一國兩制」等等，只要能維持為「台灣方案vs.大陸方案」的開放性議題，應可隨著歷史階段性及社會條件性逐漸推移。

蔡英文新創「中華民國台灣」這個不三不四的「國號」，其實是「台灣國無膽／中華民國無能」的狼狽組合。民進黨若就此將「國號」改稱「中華民國台灣」，那就是公然顛覆了《台灣前途決議文》所稱「固然依目前憲法稱為中華民國」。

陳明通要韓國瑜「共同守護中華民國身分證」，這完全解決不了藍綠糾纏。因為，韓國瑜所持是「中華民國國民身分證」，陳明通所持則是蔡英文變造的「中華民國台灣國民身分證」。清真羊肉店與掛羊頭賣狗肉，仍有徹底又根本的差異。

台灣的死結，正在於一張中華民國身分證的各自表述。

二〇一九・一一・二四

四個字 三十五個字 二十八個字
無一中各表 即無九二共識

四個字，變成了三十五個字。

國民黨主席吳敦義在就職演說中，沒有說「一中各表」四字。他說的是，「兩岸都堅持一個中國的原則，但是對於它的涵義，雙方同意用口頭聲明方式，各自表述」，三十五個字。

吳敦義陷於兩難之中。一方面，北京希望吳敦義把「一中各表」甩掉；但吳敦義顯然知道，若丟掉「一中各表」，國民黨也就玩完了。

一中各表是台灣的反台獨及主張兩岸和平競合勢力的最大公約數。國民黨若要領導台灣的反台獨及主張兩岸和平競合勢力，就必須持守一中各表的論述。可以說，一中各表就是國民黨的呼吸及心跳。吳敦義若要國民黨維持生存，就必須持守一中各表。所以，吳敦義即使不說四個字，也要說三十五個字。

問題在於：北京為何要抹掉「一中各表」四字？這個謀略如果閉著眼睛硬幹下去，

不但將破壞了台灣的反台獨及主張兩岸競合勢力的最大公約數，也形同將置國民黨於絕境死地。北京難道認為：逼迫國民黨「新黨化」或「白狼化」，會是有益解決兩岸僵局的明智出路？

其實，一中各表是兩岸關係的最大躍進。因為，一中各表是：一、持守一中原則；二、反對台獨；三、認為中國問題是須由兩岸共同處理的問題，也就是在主張中華民國的同時，並未排除中華人民共和國，而是認為中國問題是中華民國與中華人民共和國必須共同參與解決的課題。

「一中各表」是「分治而不分裂」的概念。一中，不分裂；各表，分治。

所以，一中各表不是兩國論，不是獨台，而是「雙方均堅持一個中國的原則（一中同表），但對於一個中國的涵義認知有所不同（一中各表）。」因此可說，這是以「一中同表」為指向的「一中各表」。

這從民進黨迄未贊同一中各表，即可印證。因為，一中各表即是各表一中，也就是「雙方均堅持一個中國的原則」。所以，僅僅因民進黨及台獨皆不接受「一中各表」這一點，北京就沒有理由丟棄「一中各表」。

北京在兩岸關係上出現了幾個盲點：

一、兩岸問題，北京始終抱持「內戰決定論」，但在台灣已經轉化為「民主決定論」。若要在「心靈契合」的境界中解決兩岸問題，就必須經由台灣的民主法制來解決。北京可拋棄國民黨，但不可能繞過台灣的憲政民主法制。

二、那麼，除非訴諸武統。但武統牽動國際權力博弈、衝擊世界文明，亦對中國歷史難謂造福反而是作孽，所以武統不應當是選項。

三、正名制憲的法理台獨已經匿跡，去中國化及去中華民國化的借殼台獨高漲，對北京來說，台灣問題也已由「阻止法理台獨」，質變為「如何維持中華民國與中華民國憲法的真正存在」。

四、「統一」與「消滅中華民國」不是同一概念，因為也可以有「不消滅中華民國的互統一」，或「大屋頂中國」。

五、北京如果仍抱持「中華民國已經滅亡論」，則豈能寄望民進黨如王毅所說回到「他們自己的憲法」？何況，如果北京仍寄望民進黨能轉型，則民進黨能轉的第一個彎大概仍是回到真正的中華民國。至於統一，那恐怕是下下好幾個彎以後的事了。如果抽掉「一中各表」，將使民進黨如何轉彎？

總之，現今的事實是，北京必須寄望藉中華民國來維持兩岸未來得以統一的條件。因此，北京不能一方面寄望國民黨能撐持中華民國，且阻止民進黨搞法理台獨或借殼台獨，同時卻說中華民國已經滅亡，但台灣仍要撐住中華民國這個殼子，留待我來收拾中華民國！

難道這就是北京的兩岸政策？何止矛盾，更何止左手打右手？

九二共識的核心意涵在求同存異，因此也相當平衡。而且，不論如何剪裁，九二共識裡也少不了「雙方均堅持一個中國的原則，但對於一個中國的涵義認知有所不同」這二十八個字。因此，如果北京仍要繼續使用「九二共識」這四個字，就不能恣意抹掉這二十八個字。因為，這涉及對歷史的忠實，對兩岸的誠信，且攸關是否要毀滅反台獨勢力的最大公約數，及是否要置國民黨於死地。

沒有「一中各表」的九二共識，不是完整的九二共識。北京若忠實於歷史，且存有兩岸誠信，可以儘管不用「九二共識」四字，但不能用「沒有一中各表的九二共識」。

其實，北京可以直接主張：兩岸須在中華人民共和國下一中同表，應在中華人民共和國下統一。如此，沒有九二共識，亦可旗幟鮮明。

然而，北京畢竟迄未丟棄「九二共識」四字。或許，這應是知道：唯有在「九二共識」裡，才存有「一中各表」這四字潛台詞。

如此，現在不徹底推翻否棄「九二共識」四字，或許正是為了給紅綠藍三方仍留下了「一中各表」的空間。

二〇一七・八・二三

中華民國有哪點不比台獨強？

蔡英文應直言台獨不台獨

就當前情勢而言，台灣面臨的兩岸思考，還不是統一不統一的問題，而是台獨不台獨的問題。

台灣面對兩岸關係的生存戰略，有「中華民國」與「台獨」兩種選擇。持守「中華民國」的生存戰略，不能排除「統一」的議題，必須接受「統一前」的框架。然而，中華民國可以主張「一中各表」、「如何統一，先於是否統一及何時統一」、「互統一」、「大屋頂中國兩制」與「台灣方案」等等。在馬英九總統任內，甚至主張「不統／不獨／不武」。因為主張「不獨」，所以可以主張「不統」及「不武」。由於中華民國可以主張「統一，不是現在」，因此兩岸出現了和平競合的空間。

相對的，則是主張以「台獨」為生存戰略。台獨，北京不答應，美國不支持。由於不說「不獨」，所以也失去了說「不統」的餘地，兩岸甚至可能失去「不武」的保障。

前面說，中華民國可以公開主張「一中各表」，但台獨政府敢公開主張「一中一台」嗎？中華民國可以主張「統一，不是現在」，但台獨政府敢說「台獨，不是現在」嗎？

本文逕稱蔡政府為台獨政府。如果不是，可以更正。但蔡英文想必不願戴台獨這頂帽子，卻又沒有脫掉的勇氣。這種「玩台獨其實不敢台獨」的錯亂與尷尬，正是民進黨一切問題之所在。

韓國瑜三問蔡英文：不敢台獨，不接受九二共識，又不愛中華民國，到底要把台灣兩千三百萬人帶到哪裡？

此問打破了長年的政治禁忌。因為，在過去的約二十年中，台獨是不容挑戰的「政治正確」。說什麼台獨才能護持台灣的主權及主體性。台獨就是民主，民主就是台獨。台獨就是「愛台灣」，「愛台灣」就要台獨。

在這樣的政治氛圍中，誰敢挑戰台獨？又誰敢戳破「玩台獨其實不敢台獨」的騙局？現在，韓國瑜直白抨擊台獨，並直截了當地指出，蔡英文這些人「玩台獨其實不敢台獨」，是裝腔作勢，是「喊假的」。

從「台獨是愛台灣的同義詞」，到「台獨是喊假的」，這是台灣政治論述的大翻轉。

二〇一八年，高雄三山出現的青天白日滿地紅國旗海，使人們開始思考：就「愛台灣」而言，在兩岸抗衡關係上，中華民國有哪一點不比台獨強？

例如：就體現國家主權及主體性而言，中華民國和台獨誰比較強？中華民國已有一部總統直選及三度平順政黨輪替的憲法，但台獨的「正名制憲」還在「裝腔作勢」。又如：就維護民主而言，中華民國容許台獨運動公開主張「正名制憲」，但台獨政府卻連國人主張「兩岸和平協議」都要圍堵封殺。台獨已漸成民主的反義詞。

甫聞「兩岸和平協議」之說，台獨政府就提出「前後雙審核／前後雙公投」的扼制手段。然而，迄今仍保留《台獨黨綱》的民進黨，是否亦應一體比照，也對台獨的正名制憲設下「雙審核／雙公投」的規範？但現況卻是：台獨主張降低「正名制憲台獨公投」的門檻，台獨政府卻打算對「和平協議」設下較修憲還要嚴格的政治障礙。民進黨的「雙標黨」，誠非浪得虛名。

蔡英文政府的台獨只是「裝腔作勢」。妳不敢台獨，但總不能連「兩岸和平協議」也要封殺吧？

「和平協議」是一種中程協議，主要目標是想要在兩岸間，為中華民國爭取主體性，並用以節制統一的發展，緩和統一的壓力，以和平競合來保護台灣。

且看：金正恩願以討論非核化來交換「和平協議」，蘇貞昌卻要拿著掃帚去抵制「和平協議」。你說奇怪不奇怪？

蔡英文只須回答一個問題，就能澄清內外的各種猜疑，那就是：妳及民進黨究竟是不是要搞台獨？

蔡英文若不先回答這個問題，她所有的國家論述及兩岸論述，如韓國瑜說的，都是「沒有羅盤」。

若是台獨，當然就反對「九二共識／一中各表」。若不是台獨，依中華民國的一中憲法，就沒有理由反對「九二共識／一中各表」。若不是台獨，總統就應依憲法，稱「這個國家」為中華民國；若是台獨，「總統」才會想用「中華民國台灣」，來假裝是另一個國家。若不是台獨，反對一國兩制是因反對「一國」為中華人民共和國；若是台獨，由於支持「一國」為中華人民共和國，所以巴不得「九二共識就是一國兩制」，也就變成了北京一國兩制的啦啦隊。若不是台獨，就絕不會不擇手段地去中華民國化；若是台獨，就會淪為北京去中華民國化的OEM代工者，淪為北京在台灣去中華民國化的第五縱隊……。

這一切，只等蔡英文說清楚一句話：妳到底是不是台獨？

是台獨，就做台獨的事，行台獨的道理。不是台獨，而是中華民國，就應做中華民國的事，行中華民國的道理。

最惡劣與最愚蠢的就是：不敢台獨，卻盡幹些北京去中華民國化OEM代工者以及第五縱隊的事。也因此才會不敢台獨，也不准議簽「和平協議」。

韓國瑜指台獨是裝腔作勢，不啻指台獨是騙局。這是中華民國的支持者忍受了至少二十多年壓抑的大反彈，這也才能解釋幾乎「藍綠三七開」的高雄市為何會在五十天內一個筋斗翻轉過來。

民間對台獨的質疑與思考，正在快速浮現。柯文哲從「墨綠」能走到「喊台獨卻取銷徵兵是喊假的」、「兩岸一家親」、「反對九二共識，蔡英文應有替代方案」、「我也很想知道她的台灣價值是什麼」及「台灣能不能撐過兩天」，而韓國瑜又能在深綠的高雄主張「九二共識／一中各表」，這些無疑皆顯示了綠色版塊的鬆動及綠色選民的漂移。

在這樣的民意流動下，蔡英文其實不是沒有引導民進黨轉型的機會，何況她也有領導民進黨轉型的責任。但蔡英文卻眼看著柯文哲和韓國瑜兩頭灰犀牛來引領這場綠色漂移，她自己卻淪為台獨的囚徒，仍然陷於「台灣國無膽／中華民國無能」的困境之中。

再問一次。台灣若想與大陸和平競合，就維護主權及主體性、保障民主，及「愛台灣」來說，中華民國有哪一點不比台獨強？

沒錯，中華民國的處境的確非常非常困難艱苦。但比較而言，中華民國比台獨強，中華民國比台獨好。強得多，好得多。

蔡英文須先說清楚，她究竟是不是台獨。要先答清楚這個前提性的問題，她自己才會知道，她要不要反對九二共識及封殺兩岸和平協議，或尋求任何安保對話，等等。

民進黨，放下你的掃帚吧！

二〇一九・三・十

一國兩制：麵團或水泥塊

蔡英文反對一國兩制，韓國瑜則說可以把「反對一國兩制」六個字刻在枕頭上。兩人都反對一國兩制，但可以想像他們的反對完全是不同的模式。

習近平提出「一國兩制」，但也強調「探索『兩制』台灣方案」。前一句是說出北京的想法，後一句則是等待台灣說話。

韓國瑜說：不要把統戰二字無限上綱，民進黨強調「威脅論」，我則主張「信心論」，要對台灣的民主有信心。有些時候，韓也稱「可愛論」，台灣因對民主有信心而可愛。

「威脅論」和「信心論」，是韓蔡兩種模式的基本不同。因此，蔡強調「威脅論」而禁止主張武統及一國兩制者入境。韓因「信心論」而主張「只有道路，沒有圍牆」，應是主張正面迎對，而不是自我封閉或逃避。

習近平提「一國兩制」，對台灣當然是威脅。但他也說「探討『兩制』台灣方案」，則在考驗台灣的因應能力與信心。這應當是台灣爭取主體性的重大契機。

蔡英文看似強勢，卻以自我封閉的方式因應。其實，她不但沒有回應習近平「探討台灣方案」的膽識，也迄今尚未回答韓國瑜的問題：「蔡總統不要九二共識、不愛中華民國，又不敢台獨，請問二千三百萬人到底要去哪裡？」

面對韓的問題，蔡英文不能回答「兩千三百萬人要台獨，要借殼台獨，要去中華民國化」。所以，她迄今不答。

同理，習近平的問題，可說就是：「妳若不贊成大陸方案，那麼請問妳的方案是什麼？」

蔡英文看起來是有「台灣方案」的，但她同樣不能說她的方案是「台獨，借殼台獨，去中華民國化」。

面對韓國瑜及習近平，蔡英文皆無言以對。

蔡英文的自我封閉與逃避，主因是她對她的「台灣方案」沒有信心，或根本拿不出來。所以她就不准主張武統及一國兩制者入境。這是鴕鳥，正如，她曾說：「以後不要再提九二共識。」

如果採韓國瑜模式，他應當就可以理直氣壯地說：我的「台灣方案」，當下以「一中各表」為主軸，不會背離中華民國憲法，反對去中華民國化及去中國化，可以在這個架構下發展兩岸競合關係。

我認為，若在這樣的「信心論」下，台灣不但不應禁止，而且應安排大陸有代表性的二軌人士來台，與台灣有資格人士舉行對話，不須保留地討論武統或一國兩制的「大陸方案」，並徹底表達台灣及中華民國的觀點，也就是「台灣方案」。

我相信，台灣在這樣的民間對話中不會陷於劣勢，且反而能凸顯台灣在民主思想及體制文明上的優勢。台灣應當有這種信心，到時候，可能反而會是大陸來客不知如何說服台灣人民。

韓蔡的差異，在韓以中華民國反一國兩制，蔡以台獨反一國兩制。因此，韓敢辯論，蔡不敢。

蔡英文為掩蓋掉台獨的劣勢，竟然丟棄了中華民國的優勢。這就是威脅論與信心論的差異。

任何的兩岸終局方案，如果是一坨麵團，那麼，兩岸就有對等的話語權。你可主張將它捏成包子，我可主張將它做成餃子。因為，麵團就是可協商性，就是可塑性。

但是，如果這個方案是一個水泥塊，那就是已經定型，沒有了協商性，失去了可塑性。

習近平提一國兩制，又說「探討台灣方案」。可說這就是一坨麵團，而不是水泥塊。

蔡英文的反應十分怪異。她斷然拒絕了可以參與揉麵的機會。反而巴不得九二共識沒有一中各表，又巴不得一國兩制已是水泥一塊。她放棄了台灣對「九二共識」及「一中各表」這兩坨麵團的詮釋權與發展權，反而一個勁地為北京背書，希望一切都已是無可挽回也不必挽回的水泥塊。

其實，由於習近平提出「一國兩制」，大陸涉台人士競相鑽研此一課題，儼然出現了兩種派別。一類是將一國兩制視為北京已灌製成型的水泥塊，另一類則接近麵團論。

比如說，有涉台智庫將討論兩德統一的書籍譯印出來，發現兩德統一方案是經過了兩德國會分別通過。因此認為，任何兩岸終局方案必須經過台灣的民主程序通過，這應當是繞不過去的。更有人認為，兩岸終局方案若經過台灣的公投程序，也是應然與必然的。

大陸部分涉台智囊在深入課題後，有此重大發現與覺悟，可以說不啻建立了兩岸關係的一個準則，那就是：和平統一，一定是民主統一。

既是民主統一，那麼，任何兩岸終局方案（大陸方案或台灣方案），就不可能是水泥塊，就應當是一個麵團。

此處可見，大陸在深入一國兩制課題後，也能發現不可能繞過台灣的民主機制。則何以蔡英文竟把大門關上，不容許以台灣的民主優勢引導兩岸的相關辯論？

然而，陳明通不甘寂寞。他突然冒出：兩岸關係的未來可能性，有歐盟模式、獨立國協模式，或建交成更緊密的盟邦如「兄弟之邦」等。只是，他沒說明，要用中華民國或台灣國去建「兄弟之邦」？這些，被指為蔡政府的「台灣方案」。聽起來，每一項都不同於蔡政府現行的「借殼台獨」。事後，他說，這不是政策，只是過去有人提過。

固然，現今不宜由政府提出「台灣方案」。但何以陳明通可以提，卻為何不容國人也與大陸來台人士進行辯論，正可濟政府之窮？請問：還有什麼較此更能展示台灣的民主優勢？

國人皆反對北京如今所提一國兩制。但習近平敢提「民主協商」，而蔡政府卻剝奪了國人與大陸進行「民主對話」以對一國兩制提出異議的權利。蔡政府不但「無信心」，而且已是「反民主」了。

蔡英文看似強勢，其實色厲內荏。她的「台灣方案」若是台獨，當然只能渲染「威脅論」，而不敢回應習近平的問題。但倘若能以中華民國為「台灣方案」的主軸，台灣應當可以站在「信心論」與「可愛論」上，與大陸任何來客進行辯論。

香港人當年沒有對一國兩制與北京進行辯論的機會，如今蔡英文政府憑什麼也因台獨而要剝奪台灣人此一自救的權利？

兩岸的未來，是包子還是餃子，台灣人不能失去參與揉麵的權利。

二〇一九・五・五

韓國瑜的枕頭與郭台銘的帽子

韓國瑜一直被逼問，是否贊成「一國兩制」。他有點被惹火地說：「我可以在我的枕頭上刻『反對一國兩制』。」

我覺得，韓國瑜還可以在他的被子上繡幾個大字：九二共識，一中各表。

郭台銘則戴著他客製的國旗帽，在國民黨中常會上宣讀總理遺囑，又向國父與蔣中正、蔣經國總統遺像行三鞠躬禮。

韓國瑜的政治號召是：台灣安全，人民有錢。

郭台銘則修潤了「韓四靠」，提出了他自己的「郭四靠」：國防靠和平，市場靠競爭，技術靠研發，命運靠自己。

韓郭二人的二大交集是：

一、中華民國：數十年來，中華民國被指為「外來政權」、「流亡政府」。韓郭是在嘗試扶大廈之將傾、挽狂瀾於既倒。想要把青天白日滿地紅國旗的認同尋回來，把孫中山的理想找回來，也把公道還給蔣中正、蔣經國。然後，將台灣的安全及未來建立在中華民國的實體之上，而不是建立在台灣國的虛幻之上。

二、發展經濟：韓國瑜的「高雄發大財」及「人民有錢」，都是這個目標。郭台銘問蕭美琴，台灣不能參加區域經貿組織，廠商比他國至少會多承擔五％的關稅，要加入這些組織的鑰匙在華府還是在北京？今後，應當會經常聽到郭台銘提出更多類似的問題。

韓郭的交集，是在皆要用中華民國來解決台灣的問題。

台灣面臨的問題，是大家都看得見的。比如說，韓國瑜也反對一國兩制。但藍綠的不同，是在台獨主張用台獨或借殼台獨來對抗一國兩制，但韓國瑜則主張用「一中各表」來節制一國兩制。

他說，台獨比梅毒更可怕，因而不會認為台獨能對付得了一國兩制。

韓郭令民進黨頭痛。唯一的對策是給二人戴紅帽子。但郭台銘鴻海集團二十多年來的尾牙都唱國歌，而民進黨到今天唱國歌都還是扭扭捏捏。韓國瑜的三山大會，一片青天白日滿地紅的旗海；陳其邁的場子則是一片綠色「台灣十字路旗」，一面國旗都沒有。可見，這根本是台獨與反台獨的鬥爭，而不是什麼統獨鬥爭。

中華民國是對台獨和中華人民共和國兩面作戰，而台獨則是一路以來要與中華人民共和國聯手滅亡中華民國。

但是，連賴清德都轉彎了。他說：「台獨，是要捍衛中華民國。」奇怪，難道中華民國自己不能捍衛中華民國？而要靠台獨來捍衛？台獨是什麼時候轉業的？台獨不是一貫捍衛台灣國嗎？賴清德又說：「台獨，就是台灣已經獨立。」既然如此，這位「務實的台獨工作者」，是否也已失業？

韓國瑜和郭台銘這次最好能為大家搞清楚上面這些事。中華民國面對中華人民共和國，究竟要用台獨或借殼台獨來與之對抗，還是要用中華民國與之競合？台獨到底是在拖垮中華民國？還是在捍衛中華民國？

對中共來說，郭台銘和韓國瑜恐怕也是頭痛的事。北京必定希望這一股「台風」與「韓流」能夠翻轉情勢，打破兩岸僵局。但是，韓郭皆視此役為「中華民國生死存亡之戰」，則北京是不是仍要堅持其「中華民國已經滅亡論」？

例如，韓國瑜說「九二共識／一中各表」。郭台銘也說，「九二共識／一中各表」這八個字若拆開來即無意義。但賴清德每隔幾天就要說一次，九二共識沒有國民黨說的一中各表。那麼，北京該如王在希那樣否定一中各表，還是像馬曉光那樣找回一中各表？

又如，韓國瑜「反對一國兩制」。北京將如何區別台獨的「反對一國兩制」與韓國瑜的「反對一國兩制」？其實，「一國兩制」如果可以有「台灣方案」，應當是指包括韓國瑜在內皆可表達異議。韓國瑜既說，「不要懷疑共產黨必須收復台灣的決心」，他當然要準備面對兩岸終局方案的折衝；但他也說，「不要懷疑台灣人民追求民主與自由的決心」，所以他也必須回應台灣民意的寄託。

台灣的政治，解除戒嚴後的三十年，可說就是台獨追殺中華民國欲置之於死地的歷程。自二〇一八的九合一選舉，則可視為中華民國還手自救的開始。

這種自救行動，表現在「韓流」，是民意的大翻轉。台獨和北京皆應從中尋到啟示。

對台獨的啟示是：韓國瑜說「台灣安全，人民有錢」，郭台銘說「國防靠和平」。這幾句話，一跳出來馬上攫獲人心。立即的聯想是：幾十年來，台獨使台灣的內外都失去和平，也使台灣的內外都失去安全。而失去和平與安全的台灣，民生經濟的發展也受嚴重傷害，且早自亞太營運中心的幻滅始。

此刻，台獨政府更是自陷進退兩難、捉襟見肘之窘境，為掙扎求生，因而嚴重殘害民主、法治、自由、人權，不啻已是「台獨雅各賓專政」，而蔡英文則儼然已成民主法治的大叛徒。且台獨明明是躲在「中華民國」的殼裡苟活，卻竟然稱「台獨捍衛中華民國」，實已是非寧論。

如此這般，由李登輝換到陳水扁，是由一個騙子換到另一個騙子，現在，倘由蔡英文換到賴清德，又是由一個騙子換到另一個騙子。若用韓國瑜的口氣問：這是什麼意思？

對北京的啟示則是：現今似乎看到向「反台獨」移動的民意翻轉。但反台獨的民意是用中華民國來反台獨的，而不是要背棄中華民國。所以，這樣的民意是質疑一國兩制的，也是主張九二共識應當以一中各表為過程的。因此，任何人若要主持這個反台獨的大平台，他都不可能背離這樣的民意，即使韓國瑜與郭台銘也辦不到。

正好相反。韓國瑜與郭台銘的人格形象，皆是非常「中華民國」。韓國瑜說他可以在枕頭上刻字，郭台銘頭上一直頂著國旗帽，正是為與民眾建立這樣的政治信任，而民進黨則是要破壞這種信任。

因此，北京應知，台灣的反台獨領袖必須是中華民國的真正捍衛者。也就是說，想保住台灣，就要讓中華民國在台灣的民主政治中有能力來自我捍衛中華民國。不能讓台灣民眾誤以為，真的只有台獨借殼才能捍衛中華民國。

北京應知，若真到了台獨捍衛中華民國的那一天，沒有了中華民國，也不會有中國。

想像韓國瑜的枕頭上有六個字，這是兩岸多麼難解的問題。看郭台銘頭上的國旗帽，這又是多麼艱鉅的承當。

不是說，一定非要韓郭之屬來領導台灣不可。而是說，台獨仍不知悔改，台灣不能再落到台獨騙徒的手中。

明年一月十一日的大選，仍是一個滿場都是青天白日滿地紅國旗的場子，和另一個滿場都是台灣十字路綠旗的場子之對決。也就是，仍是台獨與反台獨的對決。

中華民國必須證明：中華民國有能力捍衛中華民國。

二〇一九・四・二一

韓習會接續馬習會

由群衆「親孕胎生」的政治領袖

本文是對國民黨總統候選人初選結果的評述。

在台灣政治史上，韓國瑜是第一個由群眾「親孕胎生」的政治領袖。李登輝、陳水扁、馬英九、蔡英文都不是，郭台銘當然也不是。

由於他是群眾的親生子，才能解釋自去年三山造勢至今日初選出線的一切奇幻歷程。

但是，如今的韓國瑜已非去年一一二四的韓國瑜，他遍體鱗傷、形容枯槁，顯得有些心餘力絀……。他及他的支持者當然要以當選中華民國第十五任總統為目標，但他也不無可能面對「雙殺」的結局。

何況，國民黨初選撕裂的變數，仍在蠢蠢欲動。

當然，韓國瑜是不完美的也是不完整的。但相對而言，蔡英文也許是更不完美的與更不完整的。因此，韓國瑜挑戰蔡英文，有其正當性。

此時的蔡英文的民進黨政府，將國家生存戰略扭曲至此地步，將民主法治摧殘至此地步，將社會撕裂至此地步，將種種下流邪惡操弄至此地步，如果再能經此次大選獲得人民的政治背書，其對國家未來的影響不堪設想。

「這個政府」根本是一群騙子，從台獨、民主、正義，到台灣價值，都是騙。

這是韓國瑜可挑戰蔡英文的正當性。從台灣大局的應然走向看，韓有優勢；但從選舉的技術層次看，蔡居上風。

標榜「台灣安全／人民有錢」的韓國瑜，將面對大選帶來的一切考驗。但兩岸政策無疑仍是根基，本文暫也僅及於此。

馬英九執政八年的兩岸關係，曾被北京稱為「最佳時期」，而以馬習會為顛峰。但二〇一六年政黨輪替，馬習會遂成斷點。

韓國瑜若當選總統，兩岸可設定以半年為期，安排雙方經貿部門政府首長（經濟部長／商務部長），以正式官銜互稱，進行會晤，由陸委會主委及國台辦主任（已互稱正式官銜）陪同。雙方商議以行政補充的途徑，加大加強ＥＣＦＡ架構下的互動關係，如貨貿及服貿，可由北京在行政權可及之處先行。

然後，再將一年內舉行韓習會設為目標。如此，斷點即成接點。

習近平當然知道，馬英九的兩岸政策主軸是「九二共識／一中各表」、「不統／不獨／不武」。所以，馬習會能夠舉行，其實可視為習近平對馬英九兩岸理念的理解，甚至是背書，至少是默認了這是可以延續嘗試的一條路。如今，且看韓國瑜能否使兩岸關係從馬習會的成績上接續下去。

這將是韓國瑜團隊與北京必須共同面對的課題，且自大選期間就要開始醞釀，雖然不必以此為大選的主題。

其實，正在此際，兩岸情勢已見巨變，可謂急轉直下。

總的來說，借殼台獨已更為成型。蔡英文的「中華民國台灣」，及賴清德的「台獨捍衛中華民國」，皆是指標。這個走向，將指向「變憲而不正名」，或「制憲而不正名」，除了留下「中華民國」四個字，台灣的憲政內涵將一直朝向去中華民國化及去中國化走下去。

相對而言，美國川普政府的「一中政策」也已是白馬非馬，更已儼然變成「美版台獨／美版獨台」，也除了留下「中華民國」四字、不給北京動武的藉口以外，台灣其實在美國心中也變成了蔡英文所說的「中華民國台灣」。

可以這麼說，在借殼台獨的目標上，美國政府與民進黨沒有這麼接近過。

在這樣的走向下，如果國民黨不想見到「台獨捍衛中華民國台灣」，就必須「以中華民國捍衛中華民國」。

韓國瑜的兩岸政策尚未完全成型。目前呈現的有：「反對一國兩制」、「威脅論／信心論」、「浴缸塞子論」、「圍牆論／道路論」及「九二共識／一中各表」或「九二共識／反對台獨」等。

值得注意的是，他的論述，似漸從「九二共識／一中各表」，轉變為「九二共識／反對台獨」。這兩個句型可以交替使用，但不能只用其一。因為，賴清德說：「九二共識沒有國民黨主張的一中各表。」如果韓國瑜連「九二共識／一中各表」都守不住，就很難通過大選的考驗，也別想在若當選後能接上馬習會的斷點。

相對而言，北京若希望國民黨能贏得大選，且在選後能接續馬習會的斷點，訣竅也是在大選中回到馬習會對於「一中各表」的試探。

盱衡兩岸情勢：一、中國大陸已成國際共同標靶，自顧不暇。北京在「六穩」以外，必須如郭台銘說的「穩台灣」。台灣不穩，中國內外都穩不住。「穩台灣」就是要「穩中華民國」。二、也許如汪洋所說，「美國不會為台灣和大陸打仗」。但至少在二十年內，美國一定做得到「使大陸不敢動念打台灣」。因此，北京必須放棄「武力統一」，慎重經營「統一前／未統一」的兩岸關係。三、美國與民進黨的「以借殼台獨捍衛中華民國台灣」的合作態勢已趨明朗。美國要借中華民國的殼，北京不能扯中華民國的腿。台灣若不能「以中華民國捍衛中華民國」，北京的「中華民國已經滅亡論」就會在美國與民進黨的合作下真正應驗，兩岸前景將更趨黯淡。

這就是：台灣是水，中華民國是杯；杯在水在，杯破水覆。

當民進黨與美國已經進入「以借殼台獨捍衛中華民國台灣」的合作之中，北京的兩岸政策，必須丟掉「要早一點統一台灣」的幻想，而應當變為「要中華民國站得住，且站得久」。要「讓中華民國自己來捍衛中華民國」，不容「以台獨捍衛中華民國台灣」得逞。

比對一下。三年來，美國一個大禮接著一個大禮，紛紛不斷地給台獨政府送上「捍衛中華民國台灣」的厚禮。北京卻迄未警覺必須「讓中華民國自己來捍衛中華民國」，反而用「一國兩制」等舉動給台獨政府撿到槍。因此出現了此消彼長。

如果北京不想台灣成為美國的棋子，就要將中華民國還給中華民國，讓中華民國有實力在台灣的民主選舉中捍衛自己。也就是必須在此次大選中，通過「一中各表」，來改變「中華民國已經滅亡論」。

北京的此一動作若愈能得到台灣人民的理解與感動，未來韓習會接續馬習會的可能性就愈高。

這是韓國瑜的課題，更是北京的課題。

二〇一九・七・一六

第6章 台灣方案 大屋頂中國兩制

兩岸關係的核心問題：中華民國要擺在哪裡？

答案：中華民國應當保全。原因是：

一、應該保全。這是中國五千年來唯一實現的民主政體，為人類文明、為中華民族，中華民國不可消滅，應當保全。

二、不保全不行。中華民國已是民主政體，「中國」若要消滅她，她怎願回到那個要消滅她的「中國」？

就台灣言。中華民國最珍貴的價值，就是她是中國五千年來唯一實現的民主政體。對台灣最凶險的事，則是她若要背離中國。對於中華民國來說，愈「中華」，「民國」愈有力量。愈「去中華（國）化」，「民國」愈危險，甚至無以立足。

因此，台灣自己，應當保全中華民國。

就中國大陸言。兩岸終局方案，必須要「為人類文明建立典範/為中華民族創造救贖」。中共若以消滅中華民國為終局方案，這是人類文明難以承受的災禍，也是中華民族無可饒恕的罪行。

那麼，如何保全中華民國？

過程論：現在進行式的一個中國。

目的論：共同締造論。

七十年前，中共未在內戰中盡滅中華民國。七十年後，中華民國已實現了國共當年所共同追求的民主政體，但中華人民共和國迄未完全實現中共在內戰時對中國許下的重要憲政承諾。保全中華民國，來「等待」中華人民共和國的自我「補課」，以最終共同實現內戰時期對全中國民主憲政許下的一致承諾。

未實現民主的，若反而把實現民主的消滅掉，這不是中國的公道與文明。

北京的「一國兩制」可向「大屋頂中國兩制」移動。

因為，「大屋頂中國」也是「一國」；「大屋頂中國兩制」，也是「一國兩制」。

一九四九年國共內戰留下的民族密碼

本文是二〇一八年十一月七日在馬英九基金會《馬習會三週年/兩岸關係何去何從/政策研討會》的發言紀錄。首次刊發。

一九四九年的國共內戰並未趕盡殺絕，而形成了兩岸分治的局面，至今即將進入第七十年。這個給台灣留下活口的局面，應當是蘊藏著中華民族大命盤中的一組密碼，兩岸皆應認真且虔敬地解讀。

內戰的主題是「中國往何處去」。不過，四九年國共在軍事上雖見勝敗，但這場內戰當年並沒有為「中國往何處去」提供答案。

四九年以後，大陸在改革開放以前的三十年，可以說是三十年的迷誤，一九七八年以後的改革開放也是「摸著石頭過河」。改革開放至今四十年，雖然出現「四個自信」、「中國方案」、「中國夢」、「中華民族的偉大復興」及「兩個一百年」，但有目共睹的是，這一切仍是在一個「艱辛探索」的過程之中，仍然有待加以完善及提升，因為連中華人民共和國憲法上的有些公民權亦尚未體現。也就是說，中國往何處去，其實仍是一張未完成的答卷。

回頭看台灣。在內外各種因素的衝擊和壓擠下，台灣已實現了民主政治，也就是大比例地實現了主權在民、政黨政治、集會結社言論信仰遷徙自由、軍隊國家化、社會平等及司法獨立等等憲法目標，這些都是當年內戰雙方在「中國往何處去」所共同追求的理想。也就是說，就四九年「中國往何處去」的追求而言，台灣的答卷比大陸優秀。

然而，在七十年後的今天，中國大陸可說已經成為一黨專政體制中最特殊的案例（例如已成全球第二大經濟體，及四十年使七億人口脫貧等），台灣則是民主轉型的一個珍貴的典範。對照一九四九年當時的中國樣態來說，兩岸今日的各別經歷，皆是中華民族歷史上非常殊異的表現，而且也是人類文明上的重要紀錄。

內戰小史觀與文明大史觀

四九年的內戰，沒有趕盡殺絕，而留下了台灣的活口，這個中華民族大命盤的奇特密碼，可說就是告訴我們：內戰未能引導中國往何處去，但兩岸七十年的分治發展過程，卻給了兩岸各自分別回答這張考卷的歷史恩典。

所以，我不贊同今天還要談「內戰的遺留」，好像說國共內戰還沒打完；又好像非要來個你死我活，才能了結四九年的那個公案。

其實，國民黨已兩度在野，還有什麼「國共內戰」？

今天兩岸問題的性質，已經不能再看成「內戰」，而是已經轉型成一個「中國文明」及「人類文明」的創造及型塑工程。如果在兩岸分治七十年後，還要說內戰沒打完，還要繼續打下去；這個很可笑，更很可悲。這不是順天應人，而是傷天害理。

我認為，兩岸應該相互尊重各別已經創造的成就。大陸的一黨專政，可視為中國往何處去的過渡性及工具性手段。未來，它必須珍惜及爭取中共及中國得以完善轉型的寶貴時間。台灣則已經實現民主政治，這非但是中華民族空前的歷史成就，也是普世價值及人類文明的珍貴成績。

因此，中華民國既未滅亡於一九四九年的國共內戰，後人就有責任為中華民族保全中華民國。這已不是國共的黨派勝負，而是中華民族共同的是非公道。這就是我要說的民族密碼。

所以，不能再用內戰的觀點來處理兩岸問題，而要提升到「文明型塑」的高度來處理兩岸問題。

因此，我說過，兩岸的終極解決方案，應當「為人類文明建立典範／為中華民族創造救贖」。

也就是，不能再講「國共內戰小史觀」，而要講「人類文明大史觀」。

兩岸不要搞「歷史終結論」

若從「一國兩制」的概念來說，大陸的一黨專政，這不容易改變，要改變也須有一個比較長的漸變過程，這樣對中共及中國也許比較安全。台灣則已實現民主政治，可以再加完善，但不應該倒退，不應該變。也就是說，在兩岸的互動過程中，「兩制」都不容易變。

「兩制」若在短期或中期不能變，「一國」就成了可能的運作空間。這就是「大屋頂中國」的概念：

在大屋頂中國下，中華民國是民主中國，中華人民共和國是社會主義中國，二者皆是一部分的中國，共同屬於並共同締造「一個（大屋頂）中國」。

「大屋頂中國」這個概念建立在「杯子理論」上：

台灣是水，中華民國是杯；杯在水在，杯破水覆。

也就是說，兩岸關係的思考，應當從「大陸與台灣都是中國的一部分」，轉向「中華人民共和國和中華民國都是一部分的中國」。

比起太平洋，中華民族的歷史及文明更深更大，一定容得下中華人民共和國與中華民國。雙方可在「大屋頂中國」下，如東西德及南北韓「互視為不是外國的國家」。兩岸走到今日，不能再有弱肉強食、生吞活剝，不能再有誰吃掉誰的內戰思維，而應走向「心靈契合／大同共生」的「大屋頂中國」，也就是共同屬於並共同締造「一個（大屋頂）中國」。

在未來相當時間內，兩岸都不要搞「歷史終結論」，亦即兩岸不要任意決定誰該被誰吃掉。兩岸應在「大屋頂中國」下，以中華人民共和國及中華民國並立分治的「現在進行式的一個中國」，相互砥礪切磋，繼續為「中國往何處去」及「共同締造論」共同努力。

如此，兩岸才能走出內戰的窠臼，而走向文明，走向救贖。

以上，是我對兩岸關係的粗淺的大歷史看法。接著，試從台灣的角度，來談一談台灣的兩岸戰略。

民主政治也有天花板

台灣的兩岸戰略必須做好兩個工程，也就是要做好「兩個正確」。

要正確處理兩岸關係。

要正確經營民主政治。

這兩大工程是相互連結的。一九八七年，蔣經國宣布解嚴及開放赴大陸探親，這就是把台灣的民主政治和兩岸關係連結在一起了。迄今為止，兩岸都沒有人能切斷這個連結。

兩岸關係是台灣的脊椎，脊椎若是歪曲了、斷裂了，台灣的生存與發展就會發生很大的困難。民主政治則不只是台灣對前途的選擇機制，也是對台灣選擇（前途的）能力的終極考驗。選對了方向或選錯了方向、選對了戰略或選錯了戰略，將決定台灣前途的利鈍禍福。

先談正確經營民主政治。如前所述，民主是一種作選擇的程序機制，但民主本身不能保證選擇的正確與否；選擇的正確與否，決定於選擇的能力，也就是決定於對民主的經營。

其實，民主不是吃到飽。比方說，民主不能投票決定全民免稅，也就是民主也有天花板。對台灣的民主政治來說，另有一個天花板，就是不可能藉公民投票之類的方法跨進台獨。這就是民進黨的主流派不再強調正名制憲或台獨公投的原因，因為台獨超越了台灣民主機制能夠處理的範圍。也就是說，有些目標不能成為民主的選項，那就是天花板。

但是，這裡卻存有一個弔詭，那就是：在兩岸抗衡的關係中，台灣最強壯的力量就是民主。雖然台灣不能用公民投票實現台獨，但是除了台獨以外，台灣的民主政治能在兩岸的折衝關係中發生非常強大的力量。

對台灣，兩岸關係可能是成也民主，敗也民主。在處理兩岸關係時，如果把台灣的民主政治引向台獨，那將是選擇了台灣最弱及風險最高的路徑。但台灣的民主政治若能擺脫台獨的挾持，在兩岸抗衡關係中即可能找到足以兼顧進退攻守的路徑。所以，要正確經營民主政治。

台獨是北京的OEM代工者

接著可談正確處理兩岸關係。台獨也許是台灣兩岸戰略架構中必然存在的側翼或黑臉，但要談正確處理兩岸關係，在主體戰略架構上就不能搞台獨。

一、兩岸硬實力的消長是一個不可逆的大走向，大走向若不能改變，能改變的只是台灣方面的因應戰略。且此一戰略應當在未來不論「中國崛起」、「中國崩潰」或「潰而不崩」的情勢中，皆能為台灣保持進退攻守的空間。也就是，無論消長浮沉，都能進退攻守。這個戰略架構應當就是「中華民國」及「中華民國憲法」，而不會是台獨。

二、中華民國的戰略架構，可與國際戰略架構對接。國際間的兩岸戰略架構，以「一個中國（不獨）／和平解決（不武）」為地板，而以「反對任何一方片面改變台海現狀」為天花板。這個天花板的最高點在「反對改變（中華民國）的現狀」，但不可能再向「支持台獨」突破。也就是說，國際可以作到「反對改變（中華民國）現狀」，但作不到「支持台獨」。

三、台獨的「去中華民國化」，與北京的「去中華民國化」，其實是相互代工。但從兩岸消長情勢看，兩方面共同「去中華民國化」的成果，不會落給台獨，而北京應是最後的收割者。因為，台獨愈去中華民國化，就使台灣愈失去抗衡北京的能量。台獨的去中華民國化只是「頻年壓線／為人作嫁」，台獨的去中華民國化是北京的OEM代工者。

四、北韓對國際抗衡的憑藉是核武器，而台灣在兩岸互動中的最重要憑藉是民主。我認為，民主比核武強大。前面說，台獨是台灣民主跨不過的天花板，但在這天花板以下，皆是對台灣民主有利的戰略空間。例如，倘若台灣能在民主政治下共同以「一中各表／和平競合」的大戰略與中共相抗衡，這即可能是一條可以兼顧進退攻守的路徑。也就是說，台獨是台灣的民主機制辦不到的，但「一中各表／和平競合」則是台灣的民主政治辦得到的。

五、台獨是以十四億中國人為敵，但在兩岸抗衡關係中，台灣若能堅持中華民國，亦即持守「中華」與「民國」，應可以獲得十四億中相當多數人的理解與維護，那將是台灣十分重要的戰略支撐。

六、「一中各表／和平競合」是一種過程論，且台灣也應當面對「統一」或「和平協議」的目的論。對台灣而言，應當以「如何統一」（或「如何簽議和平協議」）的議題，來節制「是否統一」（是否簽和平協議）及「何時統一」（何時簽和平協議）。北京若信守「和平統一」、「心靈契合的統一」，及「不是誰吃掉誰的統一」，就必須回應台灣「如何統一」的主張，例如「共同締造論」、「互統一」及「大屋頂中國兩制」。

七、在國際及兩岸，台灣的最高道德價值與戰略憑藉就是中華民國，也就是「中華」加「民國」。愈「中華」，「民國」愈有力量；愈「去中華」，「民國」就愈失去能量，甚至無以立足。

總之，台灣應當找到「正確處理兩岸關係」的方案，然後經由「正確經營民主政治」，來展現台灣有能力透過民主政治的機制，作出在兩岸大方向及大戰略的正確選擇。那麼，台灣就能站到一個在兩岸互動上可以進退攻守的正確戰略地位。

穩固「統一前」及「未統一」的兩岸關係

接著，簡略談一下北京的角度。台灣的主體戰略架構，如果能自台獨淡出，而從「一中各表」淡入「現在進行式的一個中國」，並嘗試構築「大屋頂中國」，這應當也符合北京的利益。

一、就現實利害言：自中共十九大引領修憲到中美貿易戰延燒，中共的內外處境出現種種警訊。反映在兩岸關係方面，就是國際認為台灣抗衡中國的作用有了提升。這種影響，有點像是韓戰爆發提升了台灣的地位與角色。此一情勢必會影響中共想統一台灣的難度，而尤其使得武統更不可能，因此亦勢將延長兩岸分治的時間。實際上，如今已聽不到大陸有人說要在「兩個一百年」解決台灣問題，也就是沒有人能開出「統一時間表」了。在這個情勢中，北京應當會加重思考如何穩固兩岸在「統一前」及「未統一」的關係，也就是思考建構「現在進行式的一個中國」。因為，兩岸愈不能統一，就愈需要穩定。兩岸關係若不穩定，中國大陸內外的整個情勢就難以穩定。

二、就文明理念言：中華民國為中華民族實現了三大成就：完成了辛亥革命、打贏了抗日戰爭，並在今天實現了中華民族五千年來首見的民主政治。而且，就一九四九年內戰的「中國往何處去」的議題來說，中華民國的自由、民主、人權、法治已交出一張「中國也可以往此處去」的難能可貴的答卷。這是中華民族的文明成就，不能在七十年後再以國共內戰來搞個你死我活。為了中華民族共同的文明公道，不能消滅中華民國。何況，保全中華民國，無礙統一。反而，必須保全中華民國，始能保全兩岸統一的平台。「消滅中華民國的統一」是內戰思維，「不消滅中華民國的統一」始是「文明型塑」。由「現在進行式的一個中國」，向「大屋頂中國／共同締造論」移動，應是能夠實現「不是誰吃掉誰的統一」、「和平統一」，或「心靈契合的統一」的唯一路徑。始有可能「為人類文明建立典範／為中華民族創造救贖」。

寄望兩岸，應認真且虔誠恭敬地解讀一九四九年內戰留下的那組民族密碼。

20年前 汪道涵早知道

想一想「大屋頂中國兩制」

本文是二〇一七年十月二十八日在上海「兩岸關係三十周年」座談會的發言節要。

本次座談會的主題是紀念兩岸關係三十周年。但我希望我們大家能藉此機會，來共同紀念汪道涵先生發表「現在進行式的一個中國」二十周年。

二十年前，一九九七年十一月十六日，在接見許歷農時，汪道涵敘述了他個人對兩岸關係的兩大主張：

一、現在進行式的一個中國。他說：一個中國不是「現在式」，因為目前很困難；也不是「未來式」，因為可望不可即，夜長夢多。因此，為何不用「現在進行式」？也就是「現在進行式的一個中國」。

二、共同締造論。他說：「一個中國不等於中華人民共和國，也不等於中華民國，而是兩岸共同締造統一的中國。」他並說：「所謂一個中國，應是一個尚未統一的中國，共同邁向統一的中國。」

以下，對此一架構試作解讀：

一、這個架構於一九九七年提出，時在九二年兩岸香港會談之後，所以顯然可見其中反映了九二會談的主要經緯，如今甚至可以直接將之視為是對「九二共識」的闡釋與發展，雖然當年尚無「九二共識」這個詞彙。

二、此說發表於一九九七年十一月，香港在「一國兩制」下回歸則在七月。由此可知，這個架構不同於一國兩制，不是一國兩制。

三、無論在「現在進行式的一個中國」，或「共同締造論」中，中華民國均為存在的事實，受到接納，沒有滅亡。因此，這不是「中華民國已經滅亡論」。

四、現在進行式的一個中國，顯然是指中華民國和中華人民共和國二者並立分治的「一個中國」之現狀。可以說，這也就是一種「一中各表」。「一中」是連結點，「各表」是主體性，從而維持了「現在進行式的一個中國」。

五、共同締造論稱，一個中國不等於中華人民共和國，也不等於中華民國。也就是說，在統一前，及進入統一本身，皆維持了中華民國的地位與角色。因此，在「共同締造論」中，「統一」應當不是「你吃掉我，我吃掉你」的統一，不是「被統一」，而可能是一種「互統一」，或「不消滅中華民國的統一」，或「大屋頂中國」。

六、一九九五年，汪道涵見邵玉銘時曾說：「解決香港問題用聯邦，解決兩岸問題用邦聯。」汪道涵提「邦聯論」，比「共同締造論」還早兩年；兩年後，他迴避了「邦聯」的禁忌語，改說「現在進行式的一個中國」及「共同締造論」，這能不能看成他仍是在主張一種「有中國特色的邦聯論」？

綜上所論，「現在進行式的一個中國」，顯然和台灣方面所主張的「一中各表」有大幅度的交集；「共同締造論」則與台灣方面有人主張的「大屋頂中國」、「互統一」或「一中三憲」等有大面積的交疊。

因此，我們可以確定，這類思考不只是出自台灣方面，其實在大陸方面也有這類思考。最具高度的代表人物，就是汪道涵。提出的時間，則早在二十年前。

當然，這些都是汪道涵的個人觀點，不是他以海協會會長身分所能發表的主張，甚至在發表當年曾受到內部的批判。不過，我認為，二十年來，北京當局在兩岸關係的現實操作上，汪道涵的主張其實從未消失，且占重要分量，一直存在。

例如，二〇〇〇年八月，錢其琛提出「新三句」。二〇〇八年三月，胡錦濤在布胡熱線說：「九二共識就是指雙方都認知只有一個中國，但同意對其有不同的定義。」王毅曾說：「儘管雙方對一個中國的認知有所不同，但可以求同存異，求同存異正是九二共識的精髓。」二〇一二年，胡錦濤見吳伯雄，提到「符合兩岸現行規定」。

二〇一四年，國台辦及陸委會首長互稱官銜。二〇一六年，王毅用了「他們自己的憲法」一語。類此種種，包括二〇一五年十一月，馬習會中的一切規儀，甚至餐會分別買單，處處皆在顯示「一中各表」是維繫兩岸互動的重要機制。

我認為，這就是汪道涵思維的核心元素：中華民國是存在的，不能否定。如果接納了「中華民國是一部分的中國」，就可以是「現在進行式的一個中國」。用今天的話來說，這就是一中各表。

或許可說，汪道涵的兩岸架構，雖然至今仍非政治正確，卻是在二〇〇八至二〇一六的所謂「兩岸關係空前最好時期」的八年之中，北京當局的主要政策憑藉。這八年間，北京雖未承認一中各表（其實布胡熱線承認了），但也沒否認。亦即，汪道涵的架構雖沒有被官方標舉出來，其實卻在運作。雖然只是小範圍、低層次、模糊與謹慎的運作。

基於這樣的認知，因此，在新華社突然對「一中各表」發出禁令時，令人感到十分驚異，不能理解。或許，北京從胡錦濤在布胡熱線承認「九二共識／一中各表」，倒退至「不再提一中各表／不正面贊同一中各表／但也不打擊一中各表」，其政策考量可以想像；因為，三輪車跑得快，要五毛給一塊，生怕給多了。但是，如今倘若竟突然轉而否定一中各表、打擊一中各表，則屬不可理解，甚至在理智上不可置信。因為，老太太坐三輪車，能連五毛也不給嗎？

接著，更大的不可置信是，一度曾有人擔心：「九二共識」有可能自兩岸的基礎語彙中作廢。

九二共識若作廢，牽動巨大。一、北京：九二共識是定海神針，作廢。二、國民黨：九二共識、一中各表，作廢。三、泛藍反獨勢力：一中各表、求同存異，作廢。四、蔡英文：九二會談求同存異精神達成的若干共同認知與諒解，作廢。

昔稱定海神針，政治語言多麼莊嚴。今日神針倘若突然沉海，政治語言多麼虛無。那麼，我們今天究竟是在紀念兩岸關係發展三十年？還是在哀悼兩岸關係倒退三十年？或至少倒退了二十五年，也就是一口氣倒退到了一九九二年共識以前！

邀天之幸，九二共識畢竟還是保存下來了。客觀以論，九二共識其實是兩岸關係三十年來的最大成就。就以二〇〇五年連戰赴北京到如今二〇一七年的十二年來說，九二共識的內涵有時寬鬆些，有時緊縮些，但它始終是兩岸求同存異的主要憑藉。這顯示，九二共識其實是一個仍可陶冶與發展的概念，紅綠藍三方均應珍惜，我們在今天對九二共識的認知，難道竟比一九九七年的汪道涵落後？

回顧九二共識二十五年來的演化，在此不妨將兩岸之間消長浮沉的幾組概念重新思考一次：

一、兩岸關係漸由「內戰決定論」，轉為「民主決定論」。

二、中華民國若不背棄「中國」，「中國」即不可否棄中華民國。
三、要藉中華民國實現統一，統一即不可丟棄中華民國。
四、現在就接受中華民國是一部分的中國，即是現在進行式的一個中國。
五、若要議簽和平協議，首須確立兩岸對等的簽約主體。如果能在「以一中同表為指向的一中各表」之下簽約，即能實現一種「輕統一」。
六、「統一」與「消滅中華民國」不是同一個概念，因為可以有「共同締造論」、「互統一」，也可以有「不消滅中華民國的統一」或「大屋頂中國」。
七、論及一國兩制，既然兩岸不可能放棄「兩制」，即應思考提升「一國」的意涵。也就是從「一國兩制」提升至「大屋頂中國兩制」。
八、大屋頂中國，就是從「台灣是中國的一部分」，轉換成「中華民國是一部分的中國」。
九、大屋頂中國，也是「一個中國」，也是「一中原則」，也是「兩岸同屬一個中國」。
十、「任何形式」的台獨，皆是「借殼台獨」。如果不讓兩岸都先回到真真實實的中華民國與中華民國憲法來，則等台獨一步一步掏空了中華民國，而它就是偏偏不肯正名制憲，偏偏不給你動武的藉口，那麼兩岸關係就如汪道涵所說，真的將是夜長夢多了。

以上這整套思維，我們在汪道涵的「現在進行式的一個中國」和「共同締造論」中，或許都找得到來龍去脈。

台獨的「去中華民國」，主要根源就是北京的「中華民國已經滅亡論」。因此，兩岸若要建立共同政治基礎，就應當兩岸都回到中華民國來，兩岸都回到中華民國憲法來。北京必須承認，只要真正回到中華民國，真正回到中華民國憲法，就是回到了「一中原則」，就不是台獨。如此，中華民國現在就是一部分的中國，這就是一中各表，這就是現在進行式的一個中國。進而，若能架構起「現在進行式的一個中國」，即有向「共同締造論」或「大屋頂中國兩制」探索的可能性。

我相信，這應當就是二十年前汪道涵腦中的兩岸圖像，現在我們應當是看得更清楚了。

九二共識仍是定海神針，並未沉海，我們今天還不必面對「折戟沉沙鐵未銷，自將磨洗認前朝」的場景。

我們可以粗暴地作廢「九二共識／一中各表」的話語，但不太可能再創比「九二共識／一中各表」更具兩岸生機的思維。

兩岸關係發展的路徑圖應當是：從「現在進行式的一個中國」或「一中各表」，朝向「共同締造論」或「大屋頂中國兩制」移動。

「大屋頂中國兩制」是相對於「一國兩制」。香港實施「一國兩制」，馬照跑，舞照跳。但中華民國和香港不一樣，因為還有「總統要不要照選」的問題，所以必須朝「大屋頂中國兩制」的方向思考。汪道涵說：「解決香港問題用聯邦，解決兩岸問題用邦聯。」現在，我們何妨三復斯言。

以色列的一位國安局首長，在談到解決以色列與巴勒斯坦衝突的前提時曾說：「我們要認知，他們不吃玻璃；他們要認知，我們不喝汽油。」

兩岸關係，台灣要認知北京不吃玻璃（不能接受台獨）；北京要認知台灣不喝汽油（不能接受把中華民國一筆勾銷）。

台灣不能要北京吃玻璃，北京不能要台灣喝汽油。

所以，想一想「大屋頂中國兩制」。

我每次到大陸來，都要提到汪道涵先生。我和汪先生見過一面，我相信，汪先生在天上，會看到一個台灣後輩在上海他的故里，再一次地說出他說過一次就不能再說的話。

哲人日已遠，典型在夙昔。曹操曾對楊修說：「乃覺三十里。」今天，我們願不願對汪先生說「乃覺二十年」？

二〇一七・十・二九

結語1

被台灣媒體辜負的一九八八

本書出版時，出現「同路媒體」及「假新聞」等政媒爭議，對政媒雙方均是考驗。本文原載《星雲真善美／播種人間十年》，部分增訂。以此文對照今日情勢，可見三十年來因兩岸關係牽動的台灣政媒關係變化。

一九八七年七月十五日解除戒嚴，並宣布自一九八八年一月一日解除報禁。因此，一九八八年標誌著台灣新聞媒體的新生再造，距今已滿三十年了。

解嚴是一個全盤的轉型正義及典範轉移。發展的方向應是：一、執政當局的操作，應自各種應當具有獨立典範及專業正義的領域撤手，例如不再汙染軍隊國家化、司法獨立、校園自主及媒體自由等等。二、相對地，那些在應當具有獨立典範及專業正義之領域的工作者，亦應一同營造並維護自我領域的共同價值、榮譽及社會使命，因而也各自努力抵拒來自執政當局的侵害，並相互支持此種共同努力。

因此，一九八八年解除報禁，一方面應當標誌著政治部門不再侵害媒體，維護「新聞自由」，這是外力的解放；另一方面媒體工作者亦當開始共同建立此一行業的獨立典範及專業正義，追求「自由的新聞」，這是媒體人的自我解放。

「新聞自由」，就是政治部門不將新聞媒體視為附庸。「自由的新聞」，就是新聞媒體拒做政治部門的附庸。

但是，回顧三十年來，政治部門不斷嚴重毀傷一九八八年的憧憬，台灣的媒體也似乎辜負了一九八八年的機遇。

政治部門的操作及政黨鬥爭侵害了媒體，破壞了「新聞自由」；而媒體也無能跳脫政爭，因此也就未能建立媒體的獨立典範及專業正義，玷汙了「自由的新聞」。

造成此一不幸的關鍵性事件，是李登輝總統在一九九二年主導發動的退《聯合報》運動。

一九九二年十月三十日，聯合報刊出中共政治局常委李瑞環說「中國大陸絕不會坐視台灣獨立，將用任何方法來阻止」的新聞報導。當時，台灣所有的媒體皆報導了此一消息。

李登輝卻發動台獨團體說：「我已經不看那個報紙了（專指《聯合報》），你們還看嗎？」

因此，一場由李登輝親自發動及主導的鋪天蓋地的「退報運動」於焉爆發。鼓動「退報」的群眾集會四處密集舉行、成堆的《聯合報》在台上被焚燒、民宅信箱被貼上「我家不看《聯合報》」的貼紙、超商不敢上架《聯合報》、一家民航班機上看不到《聯合報》，甚至有商家組成「廣告主協會」拒絕在《聯合報》上刊登廣告……。

總統號召，徒眾瘋狂。

總統的徒眾指《聯合報》：「向中國傾斜」，「是中共的傳聲筒」、「《人民日報》的台灣版」、「中共的同路人」。

且看，三十年後的今日，台灣媒體仍然每隔幾天就會報導「中共不會容忍任何形式的台獨」的「李瑞環式消息」。今天，大家皆知，這是「新聞自由」及「自由新聞」的正常狀態。

由此可見，李登輝當年的心胸多麼鄙薄，而其手段更是多麼殘暴。總統要以消滅報紙，來消滅新聞事實。

這場退報運動的操作手法是：一、總統把報紙汙名化為中共同路人。二、總統將退報操作成心狠手辣、鋪天蓋地的政治運動，傷害報紙的經營。

如此，雖說解除報禁，究竟解了什麼禁？如此，還有「新聞自由」可言嗎？

台灣新聞媒體在解嚴後的生機淪喪，李登輝是謀殺媒體的元凶首惡。他們退報運動的另一面向，是當年有許多新聞媒體也跟隨李登輝攻擊《聯合報》。他們完全不問自己也同樣刊出了李瑞環一模一樣的談話，也忘記了新聞工作者仍有共同的獨立典範及專業正義應當共同維護。在解嚴初期的市場競爭下，他們跟隨著當權者向新聞同業扔石頭。當媒體工作者自己用石頭扔向「新聞自由」，那麼，還能看到「自由的新聞」嗎？

李登輝的這場退報運動，關鍵性地決定了解嚴後至今的媒體生態。媒體界共同的獨立典範及專業正義被政治部門撕裂，而媒體界也自此無法跳脫被政黨鬥爭纏繞的悲劇。

李登輝任內開始將媒體涉及國家生存戰略的理念辯論，汙名化為「中共的同路人」，而新聞界也不知應當共同以社會守門人的立場來理智客觀地討論國家生存戰略，遂致始終陷於政治部門所設定的「藍綠統獨」的鬥爭之中。這正是解除報禁三十年但迄仍未見完全解除的媒體禁梏。

在解嚴三十年後的今日看台灣的媒體生態，處處仍可見到李登輝那場退報運動存留的遺毒。

台灣媒體界未能在解嚴後建立獨立典範及專業正義，政治部門的種種侵害與汙染固然是主因，但媒體界的失去自尊（未能自我解放，例如盲目追隨李登輝進行導致毀憲的修憲），及不知相互珍惜保護（反而互視為仇敵，相互撕裂給政治部門看）也是一種自殘。

美國有普立茲新聞獎，但台灣卻始終不能建立一個足可標誌媒體共同榮譽的新聞獎。金馬獎、金鐘獎、金曲獎，皆能代表共同的專業榮譽。但表揚文字媒體的金鼎獎，卻因一度出現批評當局的色彩而被取銷。如今雖有多種新聞獎，卻皆未能成為代表共同專業榮譽的台灣普立茲獎，甚至新聞獎也分藍綠。由此可見媒體界的撕裂多麼嚴重，因而距建立媒體的共同尊嚴與榮譽也愈來愈遠了。

三十年來這幾代的台灣媒體人，可謂辜負了一九八八年解除報禁的歷史機遇，錯過了這個應當共建媒體榮光的時會。政治部門固然仍在侵害「新聞自由」，更可悲的是媒體人在知識、理智及道德層次也都沒有盡力作出自我解放的「自由的新聞」。

未能「自由」於台灣的政治鬥爭，也未能「自由」於兩岸的政治鬥爭。

解嚴，對台灣的新聞界來說，三十年是不是白解了？

總統有任期，報紙無任期。這原是台灣新聞媒體界在解嚴後應有的共同抱負，目標即在建立「第四權」共同的獨立典範及專業正義，也就是應當建立新聞媒體自己的「本我」、「自我」與「超我」。

但是，我們是否辜負了此一歷史恩典？

二〇一九・五・一八

結語2

我們在意新聞，也在意歷史！

——祝《聯合晚報》三十歲生日快樂

本文發表於二〇一八年二月二十二日，《聯合晚報》三十周年社慶。我是《聯合晚報》的創報首任總編輯，撰此文時是《聯合晚報》發行人。

僅借此文及上篇〈被台灣媒體辜負的一九八八〉作為本書的結尾，略表台灣當代媒體在歷史與現實中的持守與掙扎。

我是一粒沙，給你作成塔。

三十歲了，祝《聯合晚報》生日快樂！

三十年前，《聯合晚報》是台灣解嚴後第一份新創的報紙，可知《聯合晚報》是抱著明顯的歷史意識而創刊的。

解嚴使台灣政經社會邁向新的前程，《聯合晚報》與解嚴的台灣一同啟程作伴，並自期也要與台灣的新聞同業共創解嚴後的媒體新天。

一九八八年二月二十二日，聯晚創刊。數日之內，就出現了各地超市下午有讀者等著買報紙的盛況。一年多後，聯晚發行量即達六十萬份，在當時所有報紙排序第三。這讓我們感覺到：新的台灣歡迎聯晚這個新旅伴，而聯晚也如願地成為與新台灣同行的征人。

新台灣，新報紙。這是聯晚的初心，也是聯晚的歷史感。

創刊伊始，在專業精神與編採方法上，聯晚皆有認真的自我期許。

專業精神：《聯合晚報》是台灣第一家橫式編排的報紙。這不僅突破了幾十年來「必須與大陸中文橫排做出區隔」的直排政治規範，也反映了當年聯晚編採隊伍私下的一番心志。

聯晚創刊的編採團隊，皆經歷過戒嚴時代「由上制下」的「垂直的政媒關係」。現在，聯晚不但將文字的編排橫過來，也要努力把「垂直的政媒關係」橫過來，力圖建構一種「橫過來」的「政媒對等」的「平行的政媒關係」。

如果，解嚴代表有了「新聞自由」；那麼，聯晚的心願，就是要作出「自由的新聞」。

自由的新聞，就是要讓媒體的專業精神與才能得到自由，要使媒體不受外力的支配與欺凌。

三十年來，在台灣，「新聞自由」與「自由新聞」並無當然的關係。但是，三十年來，聯晚抱持著這種「橫過來」的精神，及追求「自由的新聞」的努力，願意接受讀者公眾們的評論與指教。

編採方法：在編採架構上，聯晚有一個「蝴蝶理論」。蝴蝶的一邊翅膀是世界及國家大事，另一邊翅膀是人民生活上的要事。這就是聯晚的編採重點與議題設定的標尺。閱讀聯晚，讀者會感到，個人的社會生活與私家生活都找到了體貼的讀物。

還有「白菜理論」。新聞事件像一顆包心大白菜，從現實層面到思維層面，一層又一層。聯晚為讀者剝白菜，不會只給你看外層的包裹。

還有「鑽石理論」。新聞事件像鑽石，有許多切面。這些切面代表了不同的當事者或博弈者，及不同的認知、論述、思想，是非或利害。聯晚努力使讀者看到不同的切面，減少盲區。

這些編採方法，都在用以呈現「自由的新聞」。三十年，聯晚的讀者不會感覺不到編採團隊的用心。

聯晚曾是「最大的晚報」，如今成為「唯一的晚報」。這個過程的背景，是台灣政經情勢的巨變及台灣媒體生態的不變。與世界及台灣的所有紙媒一樣，《聯合晚報》因而也由創造輝煌，進入了挑戰艱鉅的路程。

三十年來，台灣的路不好走；媒體的路也不好走。但是，路程崎嶇，聯晚初心不變。

讓我們一同回到三十年前解嚴時的歷史感。那時，台灣的政經前景有何憧憬？台灣的媒體工作者有何追求？只要一同回到三十年前的共同初心，歷史的道路如矢，只怕人會走岔了路。

三十年前，聯晚是在明顯的歷史意識下創刊。聯晚三十年的腳印，也是台灣三十年的足跡。

我們是寫新聞的，但我們更在意歷史。

親愛的聯晚，生日快樂！

二〇一八・二・二十二

社會人文 BGB476

韓國瑜VS.蔡英文／總統大選與兩岸變局

作　者 — 黃年

事業群發行人／CEO／總編輯 — 王力行
資深行政副總編輯 — 吳佩穎
主編：沈珮君（特約）
美編：邱士娟（特約）
封面設計：邱士娟（特約）
封面照片：聯合報知識庫

出版者 — 遠見天下文化出版股份有限公司
創辦人 — 高希均、王力行
遠見・天下文化・事業群　董事長 — 高希均
事業群發行人／CEO — 王力行
天下文化社長／總經理 — 林天來
國際事務開發部兼版權中心總監 — 潘欣
法律顧問 — 理律法律事務所陳長文律師
著作權顧問 — 魏啟翔律師
社址 — 臺北市104松江路93巷1號
讀者服務專線 — 02-2662-0012｜傳真 — 02-2662-0007；02-2662-0009
電子郵件信箱 — cwpc@cwgv.com.tw
直接郵撥帳號 — 1326703-6　遠見天下文化出版股份有限公司

電腦排版 — 邱士娟
製版場 — 東豪印刷事業有限公司
印刷廠 — 祥峰印刷事業有限公司
裝訂廠 — 中原造像股份有限公司
登記證 — 局版台業字第2517號
總經銷 — 大和書報圖書股份有限公司｜電話 — 02-8990-2588
出版日期 — 2019 年7月31日第一版第一次印行

定價 — NT 480元
ISBN — 978-986-479-775-2
書號 — BGB476
天下文化官網 — bookzone.cwgv.com.tw

國家圖書館出版品預行編目(CIP)資料

韓國瑜VS.蔡英文／總統大選與兩岸變局　黃年著
. -- 第一版. -- 臺北市：遠見天下文化, 2019.07
　面；　公分. -- (社會人文；BGB476)
ISBN 978-986-479-775-2(平裝)

1.兩岸關係 2.台灣政治 3.文集

573.09　　　108011176

天下·文化
BELIEVE IN READING